图书在版编目（CIP）数据

逆行天使：厦门医护人员援鄂抗疫纪实 / 王永盛等著. — 厦门：鹭江出版社，2020.10
ISBN 978-7-5459-1810-6

Ⅰ．①逆… Ⅱ．①王… Ⅲ．①医药卫生人员－先进事迹－厦门－现代 Ⅳ．①K826.2

中国版本图书馆CIP数据核字（2020）第195583号

NIXING TIANSHI

**逆行天使**

——厦门医护人员援鄂抗疫纪实

王永盛　沈世豪　张宇　肖秀文　邓宁　尹雪帆　著

| | | | |
|---|---|---|---|
| 出版发行： | 鹭江出版社 | | |
| 地　　址： | 厦门市湖明路22号 | 邮政编码： | 361004 |
| 印　　刷： | 恒美印务（广州）有限公司 | | |
| 地　　址： | 广州南沙开发区环市大道南334号 | 联系电话： | 020-84981812 |
| 开　　本： | 700mm×1000mm　1/16 | | |
| 插　　页： | 6 | | |
| 印　　张： | 19.25 | | |
| 字　　数： | 267千字 | | |
| 版　　次： | 2020年10月第1版　2020年10月第1次印刷 | | |
| 书　　号： | ISBN 978-7-5459-1810-6 | | |
| 定　　价： | 80.00元 | | |

如发现印装质量问题，请寄承印厂调换。

出征

福建省第一批援鄂医疗队厦门队员合影

福建省援鄂专科护理队厦门队员合影

厦门市援鄂医疗一队、二队合影

厦门市心理专家、护理人员支援湖北

厦门市援鄂医疗一队凯旋

厦门市援鄂医疗二队凯旋

# 逆行天使

## NIXING TIANSHI

### 厦门医护人员援鄂抗疫纪实

王永盛　沈世豪　张　宇　著
肖秀文　邓　宁　尹雪帆

2020年·厦门

**总 策 划**

李辉跃

**副总策划**

姚冠华　黄碧珊　唐向阳　林进春

**策　划**

苏　璇　张从云

**项目统筹**

王永盛

**联合出品**

中共厦门市委宣传部

厦门市卫生健康委员会

**组织实施**

厦门市文艺创作中心

# 序

岁末年初，新型冠状病毒肺炎疫情突袭大江南北，一场抗击疫情的人民战争、总体战、阻击战全面打响！

习近平总书记全程全面亲自指挥、亲自部署，统筹全局、沉着应对，领导全国人民众志成城、团结奋战，采取了最全面、最严格、最彻底的防控举措，引领武汉保卫战、湖北保卫战取得决定性胜利，疫情防控阻击战取得重大战略成果，统筹推进疫情防控和经济社会发展工作取得积极成效。

厦门市委、市政府认真学习贯彻落实习总书记重要讲话重要指示批示精神和党中央决策部署，团结带领全市各级各部门和广大干部群众齐心协力、英勇奋斗，全力以赴把疫情防控各项工作抓紧抓实抓细抓到位，尽最大努力防控疫情、守护生命。

1月25日，驰援湖北的集结号吹响。

国家有难，荆楚大疫，举国齐心，万死不辞。厦门市委、市政府坚决服从党中央决定，服从福建省委、省政府的援鄂抗疫工作安排，先后派出三批医护人员共302名，逆行奔赴武汉抗疫第一线，占福建省派出援鄂医护人员总人数的近四分之一。

302名逆行天使舍小家为大家，他们有的抛下年幼的儿女，有的离开多病的父母，有的还在甜蜜的新婚期，有的刚刚走上工作岗位……他们有不舍，有遗憾，有担忧，也有恐惧……

但他们闻令而动、挺身而出，勇敢逆行、义无反顾，不畏艰险、冲锋在前，不忘初心、恪尽职守，与武汉人民一道，筑起了护佑生命的"钢铁长城"，圆满完成支援救治护理任务，为武汉、为全国打赢疫情防控的人民战争、总体战、阻击战作出了重要贡献。

仅厦门市援鄂医疗一队和医疗二队，自2月10日接管病区到3月30日病区患者"清零"，累计救治患者248人，治愈出院患者224人，成功救治危重症患者28例。其中，厦门市医疗二队累计救治的患者数、治愈出院数及疑难病例讨论数在同济医院光谷院区17支医疗队中排名第一，也是最早开展心理干预治疗的医疗队，实现了出院病人"零回头"、病区"零投诉"，安全管理"零事故"，医疗队员"零感染"，死亡率最低的目标。

厦门市援鄂医疗队医疗救治工作做法与成效得到国家卫健委认可，6次被写进呈报给孙春兰副总理、马晓伟主任的工作简报中。厦门市援鄂医疗队还受到世界卫生组织（WHO）总干事高级顾问布鲁斯·艾尔沃德与WHO流行病学、感染控制专家高度的赞扬。

这是一群平凡的人，他们秉持职业精神，在国家危难、人民需要的时候义无反顾逆行而上，用生命守护了人民群众健康，他们就是习总书记称赞的"最可爱的人"。

这又是一群不平凡的人，他们举旗铭志、逆行出征的爱国精神，白衣执甲、扶危度厄的担当精神，大爱无疆、倾情为民的奉献精神，大医精术、恭勤不倦的专业精神，无畏生死、敢于胜利的团结精神，生动诠释了敬佑生命、救死扶伤的崇高职业精神。他们的故事理应为世人所知晓！他们的品格理应为世人所传颂！

培根铸魂是文艺工作者义不容辞的工作。在中共厦门市委宣传部、厦门市卫生健康委员会的指导下，厦门市文艺创作中心组织作家，经过三个多月的采访创作，用报告文学形式记录这些"最可爱的人"，就是为时代画像，为时代立言，为时代明德。

　　我们要在党中央的坚强领导下，众志成城，继续同疫情进行英勇顽强的斗争。同时，我们也要牢记"慎终如始"，在逆行英雄的精神感召下，化危为机，奋力夺取"双胜利"，谱写团结一心、共克时艰的壮丽篇章。

　　是为序。

中共厦门市委宣传部<br>
厦门市卫生健康委员会<br>
2020 年 9 月

# 目 录

特殊使命
  ——记厦门市卫健委党组书记、主任姚冠华和他带领的团队 /1

 福建省第一批援鄂医疗队厦门队员名单 /16

恪守：科学治疗
  ——记福建省第一批援鄂医疗队队员江贵源 /17

完美的答卷
  ——记福建省第一批援鄂医疗队队员汤丰榕 /25

 福建省援鄂专科护理队厦门队名单 /34

慷慨赴"疫"
  ——记福建省援鄂专科护理队厦门队队长王伦 /35

 厦门市援鄂医疗队名单 /46

"诚"以定军心
  ——记厦门市援鄂医疗队总领队林燕诚 /57

"一个都没有少"
  ——记厦门市援鄂医疗一队领队乐家振 /68

优秀"管家"是如何炼成的？
  ——记厦门市援鄂医疗一队联络员庄良金 /77

白衣战士的战"疫"后盾
　　——记厦门市援鄂医疗一队队员黄辉萍 /86

新婚医生武汉战疫
　　——记厦门市援鄂医疗一队队员马爱平 /95

此生无悔赴江汉
　　——记厦门市援鄂医疗一队队员丁丽丽 /103

灾难面前的生死淬炼
　　——记厦门市援鄂医疗一队病区科主任尤颢 /113

"知心姐姐"
　　——记厦门市援鄂医疗一队队员郑一雄 /124

默默付出是更深沉的爱
　　——记厦门市援鄂医疗一队队员马蕾 /134

妈妈的"请战书"女儿的亲笔信
　　——记厦门市援鄂医疗一队队员杨春燕 /142

三次请战终成行
　　——记厦门市援鄂医疗一队队员林凯 /152

重　生
　　——记厦门市援鄂医疗一队队员邱淑华 /163

白衣素影
　　——记厦门市援鄂医疗一队队员张育红 /172

遍地英雄下夕烟
　　——记厦门市援鄂医疗二队领队尹震宇 /182

治病更要治心
　　——记厦门市援鄂医疗二队心理专家丁丽君 /191

没进舱的幕后英雄
　　——记厦门市援鄂医疗二队队员蓝玉培 /203

抗疫阵前的"联络官"
　　——记厦门市援鄂医疗二队队员洪顺攀 /212

我是你最美的样子
　　——记厦门市援鄂医疗二队队员韩秋英 /220

零距离之外是春天
　　——记厦门市援鄂医疗二队队员傅建国 /229

兰之猗猗　扬扬其香
　　——记厦门市援鄂医疗二队病区行政主任陈兰 /239

悬崖之花
　　——记厦门市援鄂医疗二队病区护士长张素真 /248

"愿以寸心寄华夏"
　　——记厦门市援鄂医疗二队队员苏方方 /260

"涂鸦"护士
　　——记厦门市援鄂医疗二队队员张楠 /270

身为父母亦为儿女的"逆行者"
　　——记厦门市援鄂医疗二队队员吴资瑶 /279

让病区"温暖花开"
　　——记厦门市援鄂医疗二队队员梁金凤 /287

后　记 /296

# 特殊使命

—— 记厦门市卫健委党组书记、主任姚冠华和他带领的团队

文◎沈世豪

一

万石岩下，虎园路一侧，小巷通幽。厦门市卫生健康委员会，静静地伫立在一座九层楼房里。要了解这个单位承担的特殊使命，请从其挂帅人——厦门市卫生健康委员会党组书记、主任姚冠华说起。

姚冠华原籍江苏无锡，出生在上海。太湖明珠人杰地灵，上海大都市气象万千，陶冶出他的气质、情怀和风采：高高的个子，俊朗、清秀、文雅。1990年，他毕业于复旦大学上海医学院。是学临床的医生吗？不是，他选择的是六年制公共卫生专业。对于这个专业，人们都很陌生。

如果按照标准的解释，公共卫生是关系到一个国家或地区人群健康的公共事业。具体内容包括对重大疾病，尤其是传染病，如艾滋病、"非典"（SARS）等，以及如高血压、糖尿病等慢性非传染性疾病的预防与控制；对妇女、儿童健康的保护；对与职业相关疾病的防护；对食品、饮用水以及公共环境卫生的监测，以及相关的卫生宣传、健康教育、免疫接种等。2020年春开始爆发的全球性新型冠状病毒肺炎，则是一起典型的公共卫生事件。

复旦大学所属的上海医学院，声名远播，不少名医都出自其名下。在现代社会，医生是一种令人羡慕和崇敬的职业。医生是白衣天使，甚至是救命恩人，人人都离不开他们。姚冠华为什么不选择临床医学而选择公共卫生专业呢？原来，当年一身书生意气的他，喜欢搞科学研究。进了大学以后，他才发现要学好公共卫生这个专业并没有他想象的那么轻松。他要先学好临床学科，只有懂得并掌握医学的专业知识，才能进一步学好公共卫生专业。因此，从这个专业出来的人，不是医生却胜似医生，他们面对的不是病人的个体，而是全社会人群的群体。特别是当社会发生严重危害人们健康甚至生命的传染病时，他们更是重任在肩。

让姚冠华深切感受到这个专业极为重要的职责和使命，是他当学生时遇到的上海市民因为食用毛蚶而发生的甲肝大流行事件。当时，老师带领他们进行流行病学调查。人是在实践中成长起来的，从这一直接影响全国的公共卫生事件中，他更明确了环境对人们健康的深刻影响。

人们现在高度重视的PM2.5，是指大气中空气动力学当量直径小于或等于2.5微米的颗粒物，也称为可入肺颗粒物。虽然PM2.5在地球大气成分中含量很少，但它因富含大量的有毒、有害物质且在大气中的停留时间长、输送距离远，而对人体健康和大气环境质量有重要的影响。2012年2月，国务院同意发布新修订的《环境空气质量标准》增加了PM2.5监测指标，并对其进行公布。PM2.5超标，可能会对身体健康造成影响，这就是公共卫生问题。

姚冠华的毕业论文《吸入玻璃纤维对人体健康的影响》，就是研究可吸入粉尘对人群健康的影响。社会在飞速前进，人们的公共健康问题，越来越受到重视。特别是全球气候和环境遭受到后现代工业严峻挑战，大自然尤其是环境对人类过度开发而不断发出警告甚至毫不留情进行惩罚的时候，更是彰显他这个专业和这方面人才的重要性。

姚冠华大学毕业时恰好遇到厦门首次公开招考公务员，他以优异成绩被录取，成为厦门市卫生局第一个公开招考录取的大学毕业生。起初，他被安排到厦门市卫生局疾病控制处工作，后来又调任厦门市卫生防疫站领导。作为专业人才，他以高标准全力投入到厦门市卫生防疫站的建设工作中，包括规划、实验室的设备和人才配置，以及与北京、上海等相关科研部门、单位的联系等。由于他出色的工作表现，得到了国家有关部门领导、专家的赞许和高度评价。在2003年处理全国的"非典"事件中，他发挥了重要的作用，也积累了应对突发公共卫生事件的丰富经验。

姚冠华在忙碌的工作之余仍坚持学习，不断精进。1995年，他先后到日本、韩国学习。2003年，他又到美国耶鲁大学学习，重点攻读传染病等疾病的预防、干预与控制相关专业的理论和技术，汲取国外的先进经验和科学应对措施。2009年，他在英国取得了管理学的硕士学位。一路走来，他已成为这一领域的专家、管理者。2017年2月，姚冠华正式担任厦门市卫生健康委员会党组书记、主任的重要职务。

他选择了这个有点特殊的专业，这个专业乃至社会也选择了他。

二

2020年初，新冠肺炎疫情波及全国。厦门虽然不是疫情重大的爆发城市，但同样有着不可懈怠的重大防控任务。厦门市卫健委所在的这座原本宁静的办公大楼，顷刻繁忙起来，成为全市抗击新冠肺炎疫情指挥部的重要参谋部，在战"疫"中发挥中流砥柱作用。

从2020年的大年初一开始，厦门市卫健委就停止了休假，同时成立了多个工作小组。市卫健委所有领导班子成员魏晓萌、王挹青、王章

荣、陈文峰、苏妙玲、林进春和林刚分别担任各小组的负责人，领导干部日夜值班，带领大家。作为书记和主任，姚冠华更是身体力行，一天24小时连轴转，坐镇中军大帐。在对待如何处理这次特大公共卫生事件的问题上，经历过战胜"非典"等实践的姚冠华特别认真、谨慎和细致。他知道，任何疏忽都有可能带来难以想象的损失和严重后果。

姚冠华带领他的团队做了些什么呢？

2019年12月，武汉发生"不明原因肺炎事件"时，市卫健委就未雨绸缪，密切关注。2020年1月6日，市卫健委即组织市疾病预防控制中心等专业机构，开展有关防控新冠肺炎疫情事宜。

这是一个真实的故事：

1月29日，市疾控中心收到厦门大学附属中山医院报告，称该院发热门诊留观室收治了3例疑似病例A、B、C。接到报告后，市、区疾控中心立即出动，派员前往医院了解病人具体情况，如发病及诊疗经过、发病前14天的外出史及接触史、发病后的接触史等相关信息。

通过细致的调查，了解到宫某（为病例A、B、C的共同密切接触者）的父亲（病例F）和母亲（病例C）于1月5日自西安抵厦，宫某叔叔（病例B）和婶婶（病例A）于1月20日自湖北抵厦，共同居住于宫某（病例D）和其丈夫黄某（病例E）家中。

1月26日宫某婶婶（病例A）首先出现低热等症状，当日由宫某驾车送其到中山医院发热门诊就诊，中山医院给予口服药物治疗后回家观察。1月29日病例A仍有发热症状，病例B、病例C也出现类似症状，由宫某驾车送3人一同到中山医院就诊，以疑似病例收治入院后转入市定点医院即厦门大学附属第一医院杏林分院（简称"杏林医院"）隔离治疗，随后全部确诊为新冠肺炎。

经过进一步调查发现：病例A、B、C发病前两天除去中山医院就诊外，均居留于宫某家中，无其他外出史，除家人宫某（病例D）、黄某（病例E）和宫某父亲（病例F）有密切接触外，均未与他人有过无有效防护措施下的密切接触，故除家人外无其他密切接触者；而宫某（病例D）、黄某（病例E）和宫某父亲（病例F）当时尚未发病、作为密切接触者被立即送往市密切接触者留观酒店进行集中医学观察，后相继发病，确诊为新冠肺炎。

在市卫健委的直接关注和指导下，市疾控中心及时开展了详细的流行病学调查，迅速推断了其感染来源（湖北感染）、判定密切接触者、划定疫点，并立即对密切接触者进行了集中医学观察、对疫点（患者住家）进行了终末消毒。虽然本起疫情波及家庭内所有成员，但由于及时对密切接触者实施了集中医学观察，使后者发病后能在第一时间发现并由"120"专车送往定点医院诊断治疗，真正实现了病例的早发现、早报告、早隔离、早治疗，及时阻断传播、防止重症病例和死亡病例的发生，杜绝了疫情的社区传播。

这是一个典型的成功案例。

市疾控中心的任务就是通过认真细致而严密科学的流行病学调查，弄清楚病人发病前后的"来龙去脉"，从中探究病人感染的来源、过程，分析出可能扩展的范围，准确地确定有哪些密切接触者有潜在的感染风险，从而采取病人隔离、接触者医学观察、消毒等措施，以防止或减少类似病人发生，控制疫情的蔓延。如果把病毒形象地比喻为"犯罪分子"，疾控中心所做的工作就是追查和捕获它们，在侦察清楚之后，联合有关部门和单位，将病毒连同它们的"窝点"一锅端。

在抗击传染病流行的战斗中，最关键的环节是诊断、救治、流行病学调查、密切接触者隔离、被污染环境消毒等五个环节，除了救治由临床医生承担外，其余四个环节，疾控人都是主力军。尤其是流行病学调查环节，更是疾控人进行战斗的主战场和与疫情赛跑的主要途径。

因此，从一定意义上看，临床医疗是针对病人个体的"战术"工作，其任务是处理存量；而疾控中心则是控制疫情蔓延的"战略"大局，其任务是严密控制增量。可以说，疾控人是打好疫情防控阻击战的先遣尖兵。他们穿梭在危机四伏的医院隔离区，近距离面对病人，用手中的纸、笔作为武器进行战斗，谱写着动人的篇章。

在抗击如新冠肺炎这样重大的传染病中，姚冠华和他带领的团队肩负着面对全社会的战略重任，此任光荣而艰巨。

姚冠华曾在疾控部门工作多年，有着丰富的经验，因此，面对疫情防控可谓得心应手，步步到位。

三

厦门市卫健委有个医疗救治组，它承担的使命是专题研究并部署全市新冠肺炎病人的救治工作。人命关天，不得有丝毫的懈怠。他们按照"集中患者、集中专家、集中资源、集中救治"的要求，切实落实"早发现、早诊断、早隔离、早治疗"的措施，最终取得了显著的成效：截至6月3日，厦门市累计确诊新冠肺炎患者54例（其中危重症2例，重症6例，含境外19例），已治愈出院53例。无症状阳性检测者7例，已全部解除隔离。无死亡病例，无医务人员感染。

取得如此辉煌的成果，实在是太不容易了！

严防死守，重在早发现。在医疗救治组的统筹和协调下，全市各个医疗机构的发热门诊成为抗击新冠肺炎前沿阵地。关键是规范化的管理，按照国家规范的标准，紧紧抓住各个环节的实施到位。从专家、医护人员、工作人员，直至各个社区，编织起第一道防护网。正是有一道这样严密的防护网，所有新冠肺炎的患者，都在第一时间被发现并得到及时的治疗。

厦门市治疗新冠肺炎的定点医院，是按照战时医院的模式重新组建的杏林医院。在各方的共同努力下，昼夜施工，只用短短的5天时间，就完成了两层负压病房的改造，新增负压病房26间，床位48张；并紧

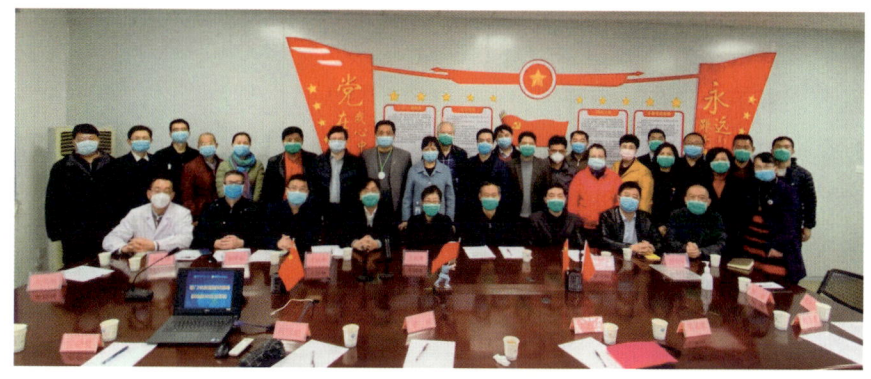

急完成了杏林医院2号楼的加速改造，新增负压病房55间，床位110张。这样一来，该医院可用于新冠肺炎患者救治的床位达到394张。为了以防万一，厦门市第三医院被列为新冠肺炎定点救治的后备医院。

这些完备充实的硬件设施，为厦门抗疫之战提供了强有力的保障。

新冠肺炎传染性强，死亡率高，而且没有特效药，尤其是对重症患者的救治，任务更是严峻。深谙这一情况的姚冠华和他率领的团队，在第一时间成立了一支特别有战斗力的队伍，其中有市级救治专家96人、核心专家组23人；并根据实际情况，专项成立了新冠肺炎孕产妇专家组20人，儿童防控专家组26人，中医专家组10人；同时，搭建了国家、省、市三级集成式跨区域远程会诊中心平台，还和广州呼吸疾病研究所、复旦大学附属中山医院、四川大学华西医院完成了远程会诊连线，必要时可请国内知名专家进行会诊治疗。正因为有如此强大的医疗力量，厦门对新冠肺炎的治愈率才能达到100%，创造了零死亡的奇迹。

厦门在抗疫期间的医疗救治，不仅高水平、高效率，而且洋溢着浓郁的关爱之情。

这是发生在集中观察人员居住的定点酒店的故事：

2020年5月5日上午11点，悦来酒店接收了一名特殊的境外入厦人员——怀孕37周的孕妇，随她而来的还有她的丈夫和年仅11个月的孩子。本来他们的目的地是上海，但孕妇孕周较大，已经有临盆的感觉，只好在厦门停留下来。在隔离的状态下，厦门没有任何推辞，而是立即做好接收的各项准备。5月11日，孕妇在厦门大学附属第一医院顺利产下一女。悦来酒店为最小的客人准备了婴儿床、婴儿澡盆、产后月子餐、水果等全套的私家管理服务。驻点医护人员做好产后随访及护理，竭尽全力做好各项服务工作。不是亲人胜似亲人，厦门人如春天般温暖的佳话，成为抗疫期间的美谈。

四

最为紧迫的任务来了！

武汉疫情大爆发！中央下令，全国包括解放军派出4万多精锐医护人员，紧急驰援武汉。厦门连续有三批医护人员慷慨逆行奔赴战场。第一批17人，参加福建首批援鄂医疗队；第二批10人，全是优秀护士，参加福建省医疗队；根据国务院应对新冠肺炎疫情联防联控机制（医疗救治组）通知要求，厦门独立组建两支共275人的重症患者救治医疗队，作为第三批援鄂人员，奔赴武汉。

不得不赞叹厦门的速度！

2月8日晚，只有短短的4个小时，第三批赴鄂医疗队就组建完毕，2月9日乘包机抵达武汉，从集结到出发不到10个小时。经过短暂的培训后，于2月10日正式接管华中科技大学同济医学院附属同济医院光谷院区的两个重症病区。

厦门精选出来的优秀的白衣天使，慷慨出征。他们都是在时间紧、任务重的情况下启程的，尤其是第三批，人数最多。虽然厦门的医护人员早就做好驰援武汉的准备，个个都写了请战书，挑选和组织起来不难，但每个人都不能空手出发。战胜气势汹汹的新冠肺炎，不仅需要人的勇气和高超医术，而且还需要大量的装备，从最简单的口罩、护目镜，到

如盔甲一样的防护服以及呼吸机、监护仪等医疗设备，缺一不可。如何在医疗用品严重短缺的情况下，在最短的时间内筹集到这些重要的装备，就成为迫在眉睫的问题。

抗疫犹如作战，强大的后勤保障等问题，就这样落在姚冠华和他的团队的肩膀上。第三批厦门独立成建制的医疗队包机飞往武汉的时候，分乘两架专机，装备就装了满满的一架专机，其中有医疗及生活物资26吨，总价值260多万的呼吸机、监护仪等设备。后续市卫健委调配防护用品8万余件，生活物资10余吨。援鄂医疗队接到社会各界组织、爱心企业、热心人士捐赠的医疗防护物资20余吨，生活物资15余吨；先后运用6次顺丰快递、2辆物流专车、4架厦航包机，运送大批的各类物资到武汉，有力地保障了医疗队前方抗疫工作的需要。

更值得人们赞叹的是厦门援鄂医疗队坚定的政治保障和思想保障。扎实地做好党建工作，充分发挥党组织的核心堡垒作用和共产党员的先锋模范作用，是厦门援鄂医疗队的成功经验。厦门援鄂医疗队成立了临时党委，2个临时党总支、13个临时党支部，由党组织统领全局、协调各方，充分发挥党建的引领抗疫工作组织力、聚合力、战斗力。援鄂医疗队员中，共产党员占46.2%，162名非党员队伍中，有125人递交了入党申请书。共产党是旗帜、是方向，正因为发挥了党组织的作用，厦门援鄂医疗队才克服了一个个困难，取得辉煌的战绩。

前所未有的抗击新冠肺炎之战，同样是一场政治仗、思想仗。这是一个成熟的领导者的站位和标志。

厦门派出前往武汉参加抗疫的300多位医护人员，他们日夜和狰狞的死神拼搏，他们的家属时时牵挂着亲人。于是，关心、关爱这些白衣勇士们的亲属，解除前方医护人员的后顾之忧，就及时进入姚冠华和他带领团队的视野。

有什么好办法吗？

一对一服务，就是对每一位参战的医护人员，通过他们原来所在的单位以及社区等，派专人采用一人对一户家庭的办法，进行全方位的对接服务。不只是简单的嘘寒问暖、送慰问品，而是切实地了解医护家属的思想动态、情绪、心绪以及所遇到的困难，及时帮助他们解决。不是亲人胜似亲人，情感产生的力量是无穷的。

前方与后方心心相连、息息相通，形成了无坚不摧的合力。厦门市援鄂医疗队累计管理患者248人，共治愈出院患者224人，病亡4人（其中3人为首批入院患者，入院12小时内死亡，入院时就是危重患者，且为高龄，并患有多种基础性疾病）。厦门医疗队所管理的两个重症病区，死亡率仅为1.6%，远远低于武汉、湖北的死亡率。他们从死亡线中挽救了一个个生命，并且实现了出院患者"零回头""零投诉"。厦门医疗队在病人收治数、治愈出院数、病例讨论数等方面，在光谷院区的17支国家医疗队中排名第一。厦门医疗队的救治工作做法和成效，先后6次得到国家卫健委的肯定并写进呈报给孙春兰副总理、马晓伟主任的工作简报中。

他们不负厦门人民的厚望，取得如此的佳绩，直接组织、指挥他们的厦门市卫健委功不可没。

## 五

组合发力，高效抗疫。1月30日，市卫健委成立市级心理危机干预小组；2月2日，整合全市36家单位、54条由心理咨询热线从业人员组成的心理援助队伍，为全市提供全方位、24小时心理咨询帮助；2月18日，组建两支为一线医务人员提供服务的心理咨询小分队；2月20日，又增派两名副高以上职称的精神心理专家队伍奔赴武汉，开展心理疏导和心理支持工作。此时，武汉疫情非常严重，乌云压城，人们往往只注意到患者疾病的物理治疗，使用各种最现代的医疗设备，而他们的心理问题，却被忽视了。新冠肺炎患者普遍存在紧张、恐惧、甚至绝望等负面情绪，严重影响了治疗的质量。而那些勇敢逆风而行的医护人员，到了武汉，因为环境的突然改变，尤其是目睹了新冠肺炎疫情爆发所造成的一幕幕超乎想象的情景，再加上超负荷的劳作，同样会产生焦虑、失眠、高度紧张等情况。因此，及时疏导患者和医护人员的心理，使之进入正常的状态，是不可或缺的一环。

于是，厦门派出的心理咨询师队伍的及时出现，恰如一缕阳光，引起社会以及媒体的高度重视和广泛关注。

他们做了哪些工作呢？

他们与医生一起走进病房，通过视频、电话、面对面交流等形式，对患者出现的焦虑、茫然、恐慌情绪进行心理疏导，甚至追踪，帮助患者放松心情、调整精神状态，尽快走出心理困境。

在武汉期间，厦门心理咨询服务小分队，参与病房会诊8人次，病人心理干预和随访225人次，在全国首创"安心卡"。在对医护人员的心理干预方面，组织云视频小组会议71场，516人参与咨询交流，队员个别咨询和随访356人次，极大地缓解了医护人员的恐慌、焦虑、抑郁，稳定了"军心"。他们还综合前线的实战经验，在人民网开展"为'心'穿上防护衣——疫情下医务人员的心理调适"直播授课，播放量高达70万。厦门医疗队心理干预治疗的创新举措以及所取得的良好效果，得到央视新闻频道两次专题报道，各级媒体也进行了相应的报道，取得了良好的社会效果。

在惊心动魄的抗击新冠肺炎的战斗中，组建心理危机干预小组，制定心理危机干预工作方案，广泛联络各部门、各单位，将心理干预工作纳入疫情防控的总体工作中，并派心理医生前往最前线，是姚冠华和他带领的团队的精彩一笔。

心理危机干预在厦门同样取得了独特的成效。

这是发生在厦门市委党校隔离点真实的事情：

"马上把我点的外卖送进来，不然我投诉你们！"一名隔离"旅客"私自点了外卖，要求工作人员一定要立刻给他送进去。

"先生，您好！非常抱歉，按照国家密接隔离点的政策要求是不允许点外卖到酒店的，以免增加新冠肺炎的感染风险。而且我们的饮食标准都很好的……"工作人员耐心地劝说。

"不行，你们什么破规定，不然我自己出去拿！""旅客"还是不依不饶，情绪极为暴躁，大声地向工作人员吼道。

"先生，实在抱歉！这个是真不行的。我们这里也有类似的饮品可以给您提供。"对于不符合规定的需求，工作组人员坚决说"不"。

经过近20分钟的耐心劝说，这名"旅客"情绪仍未平息，愤怒地关上了房门。

此后，虽然有过不愉快，但是工作人员依旧耐心地为他提供服务。隔离期满，他感激地写下感谢信向工作人员表示致谢。

这是又一件轶事：

"我害怕，我不敢一个人睡。"一日凌晨1点左右，工作人员接收两名隔离对象，是一对夫妻。他们要求同住一间客房。这可严重违反隔离规定中"一人一室"原则。接待的医护人员从个人安全、隔离政策等方面耐心地向他们解释。晓之以理，动之以情，最终这对夫妻放弃了要求同住的想法。

这些虽然属于琐事，同样可以看到工作人员的耐心和负责精神：

"你好！我的房门反锁了，进不去，我好怕。"凌晨3点，一名"旅客"到房门口放垃圾，不小心把房门反锁了，向防疫组紧急求救。带班组长二话不说，穿上防护服进入隔离区帮助开门。

有一天，一名被隔离的"旅客"家属送来换洗衣服，因家属写错房间号也未留下联系电话，工作人员穿上防护服，一间一间询问，经过半个小时的努力，才找到接收人。

一位新冠确诊病例密切接触者的家属，被送进隔离点。这一天正好过生日，工作组知道后，便安排为其准备生日蛋糕，认真倾听他的诉求，并以拉家常、交朋友等方式缓解他的紧张情绪。

在心理危机干预工作中，专程服务特需人员是很重要的，尤其是对治疗新冠肺炎确诊病人的心理疏导，缓解他们紧张、恐惧的情绪，防止突发的心理危机事件发生，很有必要。据统计，仅杏林医院心理专家组，截至5月8日，就受理了6个相关个案，3个援鄂专线来电，2个密切接触者个案等。对于安置境外入厦人员的留置酒店，处理的个案数量更多。截至5月8日，受理境外回国人员23名，酒店工作人员1名。

心理干预，强化心理疏导，不仅仅是面对病人和医护人员，而是面向全社会的事情。在抗击新冠肺炎疫情期间，在厦门市卫健委的指导下，把这一工作提高到服务全民的重要位置，整合文明办、教育、民政、残联、文旅、团市委等36家单位，建立了遍及全市的50多条心理咨询热线，形成了一个覆盖全市且24小时全程服务的网络。这在厦门抗击新冠肺炎疫情、保障社会稳定过程中发挥了重大的作用。

社会的公共卫生事业，天高地阔。服务无止境，工作更是无止境。

## 六

这是又一个奇迹。

在抗击新冠肺炎疫情的战斗中，如何在最短的时间内，建立一个可以将疫情信息公开，进而形成一个全社会公开透明且理性的防控机制，避免因信息不透明造成民众恐慌成为摆上议事日程的重任。

人们自然想到运用如今最为时髦而又神力无穷的大数据，打造一个云速度处理疫情大数据的"最强大脑"。

"谁能在运用大数据上领先一步，谁就掌握了疾控工作的主动权。"专家、行家如是说。

人们或许没有料到，建立如此强大、神奇的"最强大脑"，厦门仅仅用了短短的四天。

如今，大数据就像雷达侦察兵，运用信息化手段，在茫茫人海中寻找特定人群；它像火眼金睛，从出租车到居住区域追踪病毒的蛛丝马迹；它利用数字防控体系和AI（人工智能）技术助力临床一线疫情防控，创造出神话般的佳绩。它就是厦门市健康医疗大数据中心（厦门市医药研究所）研发的"新冠肺炎溯源系统"，简称"溯源系统"。

溯源系统分为多渠道摸排系统、医疗急救管理、发热疑似病人处置管理、密切接触人群监测管理、重点人群康复管理、大数据疫情监测分析、医疗机构物资管理和境外人员核酸管理八大模块。在溯源系统的管理下，系统中的各大模块紧密协同，实现了信息的实时交互共享，在不同的空间由不同的监管主体接力负责，将公共卫生治理体系与基层社区管理体系结合，将疫情防控提升到了全社会治理层面，形成联防联控的立体式的完整机制。

这一神奇的系统是在全市跨部门、跨层级的信息共享、数据同步、业务协同的完整体系的支撑下，以及在社区网格化平台的基础上创造出来的。面对国内没有先例可参考，所有功能点、页面设计、系统流程等都要从无到有进行规划的困难条件，大数据中心研发团队在厦门市卫健委的统一指挥和协调下，硬是"摸着石头过河"，在短短四天内研发出溯源系统。该系统作为全市的顶层设计，整合多部门资源，在全市医院、市疾控中心、社区和口岸系统对接上线，"最强大脑"产生的"1+1＞2"的叠加效应开始显现。

溯源系统的运行，不仅让厦门抗击新冠肺炎战役进入大数据时代，而且便利了每一个市民，正如姚冠华所说："为最大限度减少交叉感染，我们建设千名医生'在线问诊系统'，居民在家即可在线咨询，线上续方可快递到家，真正实现'零接触'就诊。"

这就是厦门的水平、厦门的自豪和骄傲。

全国抗击新冠肺炎之战，已经取得阶段性的辉煌胜利，彰显了我国制度的优越和防控机制的无比威力，中国经验造福并饮誉世界。拭目全球，抗"疫"之战依然烽火连天。为防止境外的病毒输入中国，使病毒在中国死灰复燃，警惕的人们仍然严守阵地。姚冠华和他带领的团队更是如此。

五月盛夏，厦门的凤凰花开得如火如荼，是在深情地向抗"疫"的英雄儿女致敬吗？

# 福建省第一批援鄂医疗队厦门队员名单

## 第一批普通患者救治医疗队队员

彭丽红　厦门大学附属中山医院副主任医师
蔡芳荣　厦门大学附属中山医院主治医师
冯水土　厦门市海沧医院肿瘤内科行政副主任、主任医师
林　勇　厦门市海沧医院主治医师
薛克营　厦门医学院附属第二医院呼吸病医院副院长、呼吸内科二病区负责人、主任医师
江贵源　厦门医学院附属第二医院主任医师
赵贯金　厦门大学附属第一医院主管护师
陈　敏　厦门市中医院副护士长、主管护师
汤丰榕　复旦大学附属中山医院厦门医院主管护师
李秀丽　厦门市第五医院副主任护师

## 第一批危重症患者救治医疗队队员

刘慧恒　厦门大学附属中山医院副主任医师
肖　琦　厦门市海沧医院主治医师
叶长青　厦门医学院附属第二医院主治医师
龚华峰　厦门大学附属第一医院主管护师
胡路豫　厦门市中医院护士
林豪俊　厦门市第五医院护士
张妮妮　厦门弘爱医院护理组长、护师

# 恪守：科学治疗

——记福建省第一批援鄂医疗队队员江贵源

文◎沈世豪

一

集美，陈嘉庚先生的故里，如今已经成为厦门的一颗璀璨明珠。这里碧海如诗如画。从集美学村绵延而去的城区，更是繁华、热闹。厦门医学院附属第二医院位于集美城区的闹市中，她像温情脉脉的保护神，守望着这片神奇的土地。江贵源主任医师在这所医院的呼吸科工作。

江贵源今年49岁，龙岩永定人，中等的个子，清秀、和蔼，和许多从事医生这一职业的人们一样，说话声音轻轻的，清晰、亲切，给人信任之感。在福建省首批援鄂医疗队的17名厦门队员中，他的年龄是最大的。他于1996年毕业于福建医科大学医学系，曾在龙岩市第二医院呼吸科、厦门长庚医院呼吸科工作多年，并先后到首都医科大学附属北京朝阳医院、北京呼吸研究所、台湾林口长庚医院以及高雄长庚医院呼吸科进修。通过长期的实践和学习，他已经成为治疗呼吸科疾病的专家。尤其是在治疗咳嗽方面，他更是出类拔萃，创造不少堪称传奇的成功案例。而咳嗽正是新冠肺炎重要的病症表现之一。得知厦门要组织医护人员奔赴武汉抗疫的消息后，江贵源在第一时间就报了名。获得批准的时候，他还在医院值班。他仅用短短的五个小时便做好了准备，于农历大年初二（1月26日）登车离开厦门转福州奔赴战地。

对于江贵源的情况，2020年2月17日，《厦门晚报》"我要说"栏目的头条，即"好感动"一栏发表了林女士的一封短信，篇首这样写道："如今，江贵源医生作为逆行者，成为福建省第一批驰援武汉的医疗队员，我希望借贵报致敬这位好医生，希望他平安凯旋。"原来，这位林女士在2014年春季因胸痛、咳嗽四处求诊，医生诊断其为肺部疑似真菌感染，治疗了大半年才出院；2018年复发，医生依然诊断是肺部疑似真菌感染。林女士慕名找到江贵源医生，他用听诊器听了一会，果断地告诉林女士，她的病不在肺，而是在胃。林女士听后大吃一惊，疑惑地看着江医生，心想怎么会出现如此之大的差错呢？只见江贵源摘下听诊器，说道："你给我三个月，我还你一个奇迹。"果然，林女士入院治疗才五天，折腾她整整五年之久的咳嗽就消失了，四十天左右胸痛也不见了。不到三个月，奇迹就出现了。

短短不到两百字的短信，却展现了江贵源医生对症下药、科学治疗的高超医术。

此次驰援武汉，江贵源还能创造新的奇迹吗？

二

1月27日，福建首批援鄂医疗队137人在凛冽的寒风中抵达武汉，经过短时间的培训便进入最前线。一开始是成建制进驻武汉市中心医院后湖院区，江贵源任医疗小组的组长。虽然在该医院只有短短的十天时间，却给他留下了深刻的记忆。

当时正值武汉疫情高爆发期，病人非常多，医院里人满为患。这个医院就是被人们誉为"吹哨人"的李文亮医生所在的医院，医疗队进驻该医院后便得知该医院距离武汉华南海鲜市场较近，已有部分医护人员感染新冠肺炎。在风暴中心的武汉，作为暴风眼的武汉市中心医院，面对这一陌生的新型传染病，福建医疗队的队员们没有畏惧，他们在领队的指导下，按照科学防护、科学治疗的方针，开始逐步开展救治工作。

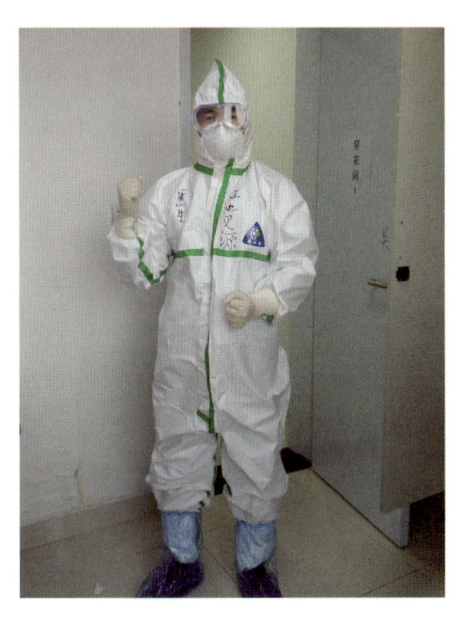

江贵源穿好防护服，全副武装第一次走进病房，就像上战场的新战士，虽然做好了思想准备，但发现实际情况比想象的困难多了。当时防护服还比较紧缺，一旦进入病区就不能随便出来，一个班有九个小时，中途不能喝水，不能上厕所，这是一项极为严峻的考验。因此，上班前的两三个小时，队员们就不喝水、不吃食物，为了防止万一，有的队员甚至还穿上纸尿裤。

不过，最让江贵源担心和忧虑的还是因为对新型传染病的恐惧，疫区民众普遍存在过度医疗的问题。他曾在武汉市中心医院接触到一位重症患者，为了尽早控制病情，竟然同时服用克立兹、阿比多尔、奥司他韦等多种中西抗病毒药及抗菌药，结果上吐下泻，还尿血，病情从重症转为危重症，情况十分危急。

过度治疗的最主要原因是对疫情的恐惧。中国有句老话"是药三分毒"，这是有道理的。医者仁心，在多年的从医生涯中，江贵源都希望并积极实践以最小的药物不良反应，争取最好的医疗效果。江贵源说，在多年的临床生涯中，他看到太多因为不当治疗或过度治疗给病人带来的影响。有了病固然应当治疗，但未必一定要吃药，吃药也不是多多益善。

对科学治疗问题，江贵源是认真、谨慎和高度负责的。在武汉市中心医院后湖院区战斗期间，他坚决服从医疗队安排，参与医疗小组值班及新冠肺炎患者救治，在医疗诊治过程中仔细观察患者病情变化，发现部分患者存在抗病毒药物过度使用并可能导致病情加重的情况后，及时通过农工民主党全国支援湖北医务群中的农工党中央参政议政处的单同志，勇敢地向防控办提出合理使用抗病毒药及合理使用抗菌药物的建议，在我国后续发布的新冠肺炎诊疗方案中得以体现。众多民主党派中，像江贵源这样科学合理的建议，为我国防治新冠肺炎提供了及时、重要的信息。

## 三

不久，福建省首批援鄂医疗队转战金银潭医院，全面接管了该院的四病区和五病区。该医院是武汉收治新冠肺炎重症患者的重点医院，原来由部队接管。江贵源到新的战区一看，情不自禁地赞叹来自解放军部队医院科学、严谨、有序的作风。

病区严格地分为绿区、黄区、红区三个部分，各司其职、分工明确。每班时间从原来的九个小时缩短为四个小时，进入红区的医护人员也可根据需要进行调整，不必一下涌进过多人。这样即节省了有限的医疗资源，也减轻了医护人员的沉重压力，并保护了他们的安全，更提高了效率。当进入正常的工作状态以后，目光敏锐并富有经验的江贵源很快就发现，这里同样存在过度治疗的问题。气势汹汹的新冠病毒几乎把人们吓坏了，病急乱投医的现象是可以理解的，但作为医生，则必须有清醒的头脑。

她姓姜，是某医院员工，得了新冠肺炎后吃了不少抗病毒药及抗细菌药物，治疗后烧是退了，但还老是气喘、胸闷，不想吃饭，浑身不舒服，还拉肚子。她很紧张，以为熬不过去了。江贵源仔细询问了她的药物治疗情况以及检查、检验的结果，发现她已同时患有药物性胃炎与药物性肝损害，新冠肺炎已经不是导致她气喘、胸闷的主因，而是药物治疗等原因导致她的胃食管反流。于是，江贵源果断决定：立即停用所有抗病毒药及抗菌药，并适当进行抗反流治疗。果然，药一停，情况立即好转，患者感觉舒服多了。正因为如此，姜女士后来顺利地恢复健康出院。

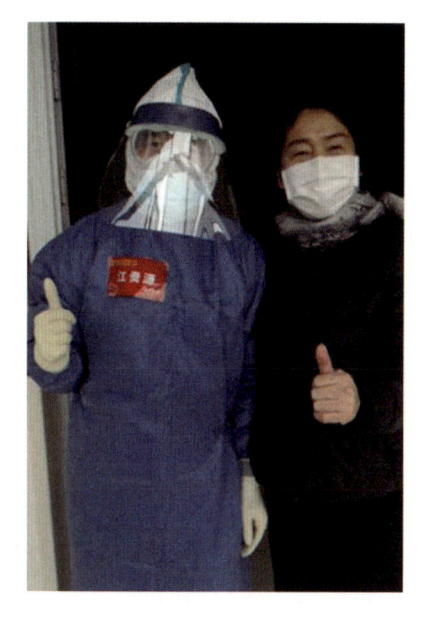

江贵源的父亲是中医，虽主要在乡村行医，但用的不少中药效果都很不错，这让他从小就对中医产生了浓厚的兴趣。通过在多年的医疗实践中不断总结病人的舌苔变化，他掌握了从舌苔看部分疾病病情的精湛技术。按照中医的理论，舌苔是患者身体状况和病情最直接的反映和表现。江贵源的电脑中存有5000多个各种患者的舌苔照片，他通过反复研究、比较、分析，从其细微变化中，进行准确判断，最终确定采取何种医治办法。

这是又一个有点传奇的故事：

他是小黄，是福建省首批援鄂医疗队入住的君澜酒店的职工。因为武汉疫情爆发，隔离在家的他也觉得胸闷、呼吸不畅，并伴有低热症状。他怀疑自己得了新冠肺炎。江医生在微信中给他义诊，看过舌苔后便笑了。因为感染性疾病的舌苔是有一定特点的，故同为感染性疾病的新冠肺炎，其患者的舌苔应该与之类似。然而，小黄的舌苔，一看就是年轻人因可乐喝得过多而导致其脾胃失调了。经询问后果真如此。小黄平时酷爱喝可乐，最近喝了四瓶后出现反酸、胃胀症状。他的身体不舒服，除了精神紧张，主要是因为喝多了可乐造成的，并不是什么病毒感染。

根据江贵源医生的诊断，他停止喝可乐，所有的症状就消失了。

江贵源在抗疫结束时接受记者采访，幽默地说道："我在武汉做得最多的事情，就是把很多病人的药停掉。医者仁心，坚持尽量小的副作用，争取最好的医疗效果，这是多数医生的愿望。"停药，需要果断，更需要高超的医术和严谨的科学精神，以及丰富的临床经验，它无疑是科学治疗的重要内容之一。

四

从目前来看，治疗新冠肺炎还没有特效药，西医主要采取抗病毒治疗和抗菌药物治疗这两种基本方法；中医的治疗，对大量的轻型患者或并不严重的中型患者具有相当的作用。因此，住在方舱医院的患者往往是依靠喝中药并辅助西药进行治疗而康复的。然而，每个患者都有特殊性，必须具体分析后再进行治疗。

根据对新冠肺炎其他病原体的检查，发现新冠肺炎患者很少有合并其他病毒感染的情况，过多合并使用其他抗病毒药物，既增加国家的负担，又容易引起患者的不良反应。对于抗感染药物的过度使用，江贵源通过住院患者的问卷调查，有一个惊人的发现：80%的患者预防性同时使用抗菌药物，尤其是喹诺酮类的药物，但临床观察，合并细菌感染的病历不到15%。他的这一调查结果对纠正过度治疗的倾向提供了极有说服力的论据。

科学治疗并非一句空话，也不是简单的停药或减少药物的使用就可以解决的，关键是因人而异、因病而异，学问大焉！

江贵源始终和医疗组的战友并肩战斗，在发现病人病情加重的时候，及时调整治疗方案，该吸氧的吸氧，该上呼吸机的就上呼吸机。在新冠肺炎治疗过程中，他善于发现问题，并在临床诊疗的同时开展了三个新冠肺炎相关主题的科学研究，已经完成了咽喉反流与新冠肺炎关系探讨、现代医学舌苔理论在新冠肺炎诊断及病情观察中的价值等论文的书写。他不断地总结经验，让更多的同行和患者受益。

利用微信及时和患者进行沟通，了解患者病情变化，为新冠肺炎带来更及时、高效、正确的诊疗，是江贵源常用的办法。了解患者的身体状况包括他们的心理、情绪，乃至吃药以后的感觉、感受，是他持之不懈的工作内容。有时为了保障患者的健康和安全，他甚至自己试药，先吃吃看有没有什么不良反应。一个专家能够做到如此，太不容易了！

武汉得新冠肺炎的患者多，初期的住院治疗很不容易。江贵源发挥微信线上问诊、治疗的优势和作用，通过"好大夫"平台，为武汉和全国民众进行义诊，赢得了武汉以及其他地区许多同胞的赞许。

崇高的医风、医德、仁心仁术，是医者最为可贵之处。也是江贵源医生得到无数患者崇敬和信任的原因所在。

## 五

终于凯旋！

出征时寒风凛冽，回来时已春深似海、花团锦簇，满目美景看不尽。

江贵源激情满怀地说道："经历了疫情，让我们清醒地意识到，除了健康，一切都是浮云。大灾大难让我们懂得什么叫珍惜。是什么惊扰了我们原本平静的生活？是意外。是什么打破了我们原本平常的日子？是无常。是什么撼动了我们毫无波澜的内心？是爱和温暖。是什么让我们陷入灵魂深处的思索？是良知和悲哀。是什么让我们在灾难面前无所畏惧、义无反顾？是担当和使命。"他说得太好了。

江贵源见到了家人，见到他非常喜欢的两个娃：一个是小姑娘，已经上初中；一个是小男孩，还在幼儿园小班。他非常自豪地给他们讲自己这次逆风而行到武汉第一线抗疫的经历和故事。生命中有这么一段极为难得的日子，他感到特别的自豪和骄傲。

虽然，生死拼搏的激战之后，生活往往又会恢复平静乃至平庸，但不寻常的经历将会如丰满而多情的种子播撒在岁月的土壤里，萌芽、生长，成为洋溢着理想和阳光的参天大树。

终于可以暂时歇一歇了，江贵源发现右侧脖子隐隐作痛，经检查是神经纤维鞘瘤。身为医生的他，此时却成了患者，立即入院进行切除手术。同事和他同去武汉的战友都非常牵挂他。手术很顺利也很成功。经过短暂时间的调养，他又出现在岗位上。人们发现，他右侧脖子留下一道 6 厘米长的紫红色疤痕，有时还会发痛，甚至影响右脚和脸部神经。他没有太在意，相信会完全恢复健康。

　　他是医生，但从武汉回来后，他更像是一个忠诚的战士，默默地履行着天职。他是个可敬可佩之人。

# 完美的答卷

## ——记福建省第一批援鄂医疗队队员汤丰榕

文◎沈世豪

一

厦门五缘湾，风光奇秀。一方天籁，一方净土，以独具神韵的大自然之美和深沉博大的人文精神和谐地融合而饮誉鹭岛。复旦大学附属中山医院厦门医院，就在最美的湾区里。现代化的建筑群，浅灰色，玻璃大窗，四周花团锦簇，美不胜收。这座医院是2017年8月开业试运营，领军的专家是来自上海复旦大学附属中山医院各学科的大咖。汤丰榕，一介普通的主管护师，在这高手云集的三甲医院里，本来并不起眼；然而，却因参加福建省首批援鄂医疗队而引人瞩目。这批福建参加首战的援鄂医疗队共137人，厦门各个医院精选了17人参战。而她所在的医院，只有她一人出征。

　　她有特别的能耐吗？

　　她是扬州姑娘。白皙的肤色，清秀的脸庞，明净、活泼的眼睛，一见到她，便令人情不自禁地想起盛传的一句民谚："扬州出美女"，果然名不虚传。在护理这一行当里，她不愧是经过历练的佼佼者。她从复旦大学护理学院本科毕业以后，还读了三年在职护理专业研究生进修班；从2002年到2015年，曾在驻上海中国人民解放军（海军）411医院工作，2010年、2013年参加"和平方舟"866医院船演习保障任务。她虽然不是军人，但经常随部队执行各种任务，其中包括出海演习等。见识过碧波万顷，更领略过惊涛骇浪。部队医院和地方医院最大的不同，就是作风。她深受熏陶。正因为如此，当上级下达组建福建首批援鄂医疗队前往武汉执行战"疫"的紧急任务时，她立即报了名。

　　当时，武汉疫情十分严重，险象环生，到那里去执行救治任务就像上战场。不禁佩服中国的医护人员，他们个个都是敢于逆行的白衣战士。汤丰榕所在的医院，医护人员纷纷主动写下请战书，要求上抗疫最激烈的前线。医院之所以选上汤丰榕参加福建省首批援鄂医疗队，除了她思想、技术等方面都出类拔萃之外，还有一个重要原因：当时急需既懂护理又懂心理的医护人员。她除了是个经验丰富、技术精湛的主管护师，还是国家二级心理咨询师。在上海工作时，她是上海精神卫生中心危机干预热线12320、上海共青团青少年热线12355从事心理活动的志愿者，在心理疏导方面同样有着丰富的实践经验。于是，她便成了最佳人选。

　　新冠肺炎是传播极快又具有很大"杀伤力"的传染病，一个姑娘要到疫情极为严重的武汉参战，医院领导和同事们都为她的安全担心。她会担心和害怕吗？她是凡人，当然也会。所有参战人员都做好了思想准备，他们像上战场的勇士一样，偷偷写好了遗书，收藏在手机里。她也如此。后来，他们全部平安凯旋，便把遗书删去了。是不好意思，还是觉得有点"不吉利"？或者，两者皆有吧！

汤丰榕所在医院的领导对其赴武汉战"疫"的安全高度重视和负责。该院的苏成豪副书记在她临行前，亲自传授安全防护知识，一遍遍、手把手地教她如何穿好防护服、如何消毒等实际本领。有备而战，众志成城，汤丰榕信心十足地出发了。

## 二

2020年1月27日，福建省首批援鄂医疗队在凛冽的寒风中到达武汉。从机场到驻地，一路上空荡荡的，萧条、凄凉，几乎不见人影。

1月29日，福建省首批援鄂医疗队进入武汉市中心医院后湖院区康复科进行救治任务，当时已有不少医护人员被确诊得了新冠肺炎，情况很是危急。汤丰榕永远不会忘记让她无比震撼的场景：当该医院一名一脸疲惫的医护人员看到福建省首批援鄂医疗队犹如天降般突然出现在她面前的时候，放声大哭，哭得很伤心。是激动，还是勾起她心中痛楚而复杂的情感？同行的哭声，声声落在汤丰榕的心田里，太令人心疼了！顷刻间，初战时的紧张和惶恐烟消云散，一种庄严的责任感和使命感油然而生，激励着他们毅然奋进。

在这个备受瞩目的医院，他们首次参与了患者的治疗与护理。

2月2日，福建省首批援鄂医疗队正式进入金银潭医院执行救治任务。这是主要收治新冠肺炎重症病人的医院。他们全面接管金银潭医院综合楼4楼和5楼两个病区，每个病区核定床位约50多张，分配护士46人。他们的工作模式是每班4小时工作制，每班6人完成3区工作。病区分为绿区、黄区、红区三个区域，绿区主要负责物资申领配送等所有对外连接工作，黄区主要负责电脑医嘱执行、补液冲配、口服药摆放等所有工作，红区主要负责患者的治疗与护理，直接与患者交流的场所。每个区都是通过传递窗传递物品和治疗所需药品等。

汤丰榕是主管护师，直接和患者接触，岗位主要是在红区，那是面对面和死神血拼的第一线。虽不见战火硝烟，但时时处处都有黑色的魔影在摇曳。

刚和病人接触时，汤丰榕就敏锐地发现，这些病患者除了物理病痛以外，让人更为忧虑的是心理上的病。新冠肺炎是由一种新型变异病毒引起的，严重威胁着人们的生命。该病毒在武汉大爆发的初期，人们包括医务人员对它并不了解，传染速度之快，死亡率之高，造成的恐怖、恐惧之氛围，对病患者心理上往往是致命的摧残。不少确诊得了新冠肺炎的患者，往往错误地认为自己必死无疑了，因而产生悲观、绝望的情绪。这种情况，非常不利于治疗和患者的康复。

这是汤丰榕最初见到的一位病人，一个才25岁的小伙子，他全家都得了新冠肺炎，分别在不同的地方救治。他极为紧张，脸色苍白，一双手冰冷、冰冷，以为自己已经踩进阴森可怕的地狱了。汤丰榕牵着他的手，一边走一边静静听他倾诉，和他整整交流了两个多小时。在汤丰榕细心的心理开导和疏通下，这个小伙子的双手才渐渐有了暖意。后来，这个小伙子终于病愈出院。

心病要用心药治。逆行天使最艰难的地方，往往就在这里。

## 三

一场极为罕见的大雪，夹杂着呼啸的狂风，突然气势汹汹地扑来。

漫天皆白，寒气袭人。福建医疗队的两顶帐篷倒了，衣物等用品全部泡在厚厚的积雪里，很快就湿透了，无法使用。队员们出发时带来的六七套衣服都穿过了，最后两套集中放在帐篷中。出现了如此的意外，谁也无法换洗了。

抗击疫情的人们，穿着厚厚的、不透气的防护服，全副武装。为了安全，他们不得不执行严格的自我保护规定。从医院的第一线回来，要在帐篷换衣服后才能回房间。即使在他们所住的宾馆房间里，也分为三个区：首先，进门的位置，是污染区；其次，是半污染区，那就是卫生间，换下衣服，到那里洗个澡；最后，到自己的床铺上休息，那才是清洁区。因为大雪压塌了储藏衣服等用品的帐篷，队里开始帮队员们申请物资。

"困难总是打不垮我们的，不是吗？"一提起这段艰难而又尴尬的

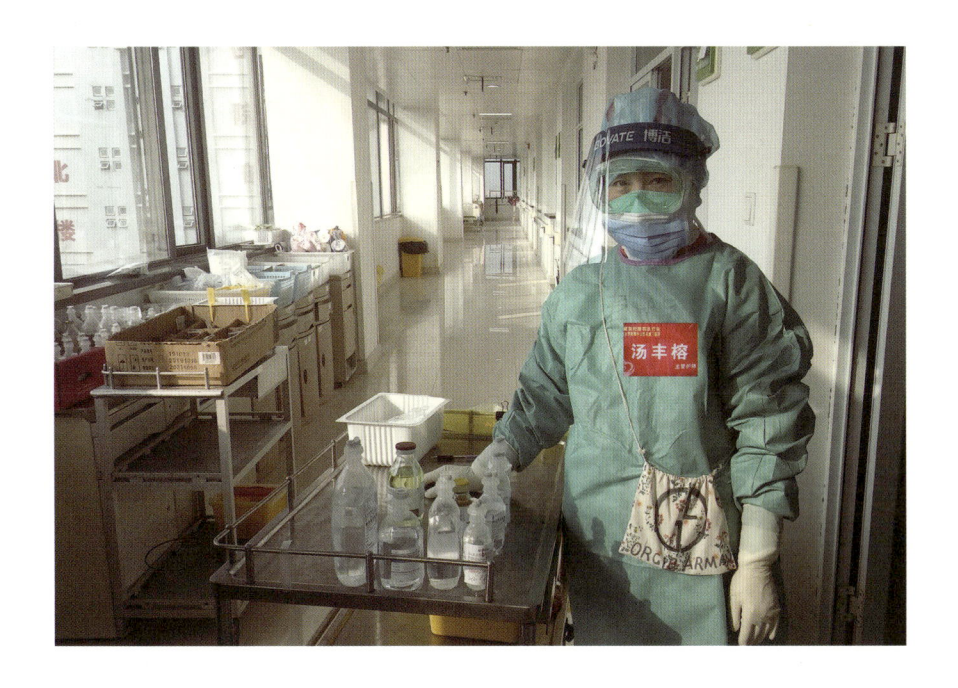

日子，汤丰榕苦笑道。

连鞋子也无法换了，有的人只好穿着宾馆的拖鞋上战场。汤丰榕介绍说，金银潭医院是武汉的老医院，设施配备并不理想。医疗队不少人是在靠近窗户的走廊工作的，没有空调，奇冷无比。此外，天气热的时候穿着防护服，里面全是闷出的汗水。换下防护服，地面上就湿漉漉一片了。凡是拖地板这样的活儿，男同志就全包了。他们不让女同志干，凡是女同志去抢干这些活儿的时候，男同志就笑着说道："谁叫我们是战友呢！"这是让汤丰榕感到非常温暖的话。

医疗队员最为高兴和自豪的事情，就是看到亲手治疗的病患者康复出院。这时，大家就会一起兴高采烈地分享胜利的成果。一是到群里发红包，大家嘻嘻哈哈地去抢；二是在群里高歌一曲，痛快淋漓地宣泄那种狂喜之情。就像战场上冒着敌人的炮火冲锋陷阵的将士，终于将红旗插上敌人曾经占据的峰顶一样。

抗"疫"之战艰苦卓绝，人人咬着牙坚持，每天都几乎到达生命的极限，但参战的汤丰榕等白衣战士也深深感受到，有时也非常快乐！鏖战和血拼之后胜利的欣喜若狂,是对他们最美、最好的回报吧!

汤丰榕的父亲在扬州。他当过兵,是个退伍军人,知道上战场的滋味。他支持女儿,更时刻挂念着女儿。这位可敬的父辈,每天在微信中问候的话只有一句:"下班回家了没有?"一直等到汤丰榕安全下班的信息回复之后,她的父亲才去休息。福建省首批援鄂医疗队在武汉激战58天后凯旋回闽,汤丰榕的父亲在微信中这样写道:"我终于可以安心睡一觉了。"

当然,汤丰榕和她的战友也可以美美地睡一觉了。

## 四

这是曾经让汤丰榕感到十分头疼的一位病人。

她叫李实华,39床,79岁了,被确诊患上新冠肺炎入院后,始终不肯配合治疗。她想念家人,日夜闹着要回家。她像许多进入重症病房的患者一样,以为自己逃不出这次劫难。于是,她因缺乏安全感而始终把随身带的沉重的包背在身上,连睡觉也背着。汤丰榕等医护人员劝她,请她把包放下,她就是不肯。

这一天,汤丰榕好不容易给她打好吊针。因为医护人员都戴着护目镜,镜面上容易起雾,遮挡视线看不清楚。汤丰榕只能凭她的经验和感觉,从护目镜一侧的缝隙中,集中眼神看出去,依稀可以见到患者血管的位置。因此,每打一针,尤其是打吊针时,都如一场硬仗。她完全没有想到,她好不容易完成操作,帮李实华扎好针、挂上补液,可一转身,这位老太太居然伸过头来,用牙齿狠狠地一咬,活生生地把系着吊针的橡皮管咬断了!

汤丰榕大吃一惊!从医多年,她还是第一次遇到患者如此拒绝治疗的怪事。

不能发火,也不能生气,汤丰榕只能轻声地用吴侬软语慢慢解开老太太的心结。

原来,这位老太太年纪虽大,但身体很好,一天要扛好几百斤重的东西出去做小买卖。她得的是重症，大小便都无法自理，吃饭也要喂，生活完全依靠医护人员。她觉得自己很可能无法治好了，因此特别想念家人。她想在离开这个世界前，能够最后见他们一面。汤丰榕耐心地告诉她："你如果回家了，你的病就会传染给家人，你这样做，不是爱他们，而是害他们。"老太太听懂了，慢慢安静下来。

能不能治好呢？这是这位老人家最大的心结。汤丰榕用成功的病例开导她，真诚地告诉她说，只要积极配合治疗，她的病完全是可以治好的。老太太的心结悄然打开了。在她身体稍微有了好转之后，经主治医生同意，汤丰榕等医护人员小心翼翼地把她扶下床，在病房里走一走，鼓励她战胜病魔。经过一个多月的精心治疗，这位老太太终于痊愈出院了。

出院这天，老太太满脸是笑。医护人员向她献上鲜花，祝贺她战胜病魔，恢复健康。淳朴的老人，说不出满腹的心里话，只是两眼含着泪花，不断地说："谢谢！谢谢！"

汤丰榕同样情如潮涌，她深深地为老人家祝福。

一个个患者在福建首批援鄂医疗队的精心治疗下恢复健康，笑吟吟地走出医院。武汉人民深深地感谢他们。不少企业还捐赠了大量的物品。武汉的百姓，包括送快递的小哥，见到他们，第一句话就是谢谢两字。

逆行天使不孤单。他们的事迹感动了别人，他们自己同样也收获太多的感动。

## 五

汤丰榕清晰记得，2020年1月26日，厦门参加福建首批援鄂医疗队的17名队员，同坐一辆大巴从厦门启程去福州。刚开始大家还不熟悉，加上情势严峻、前程未卜，队员们都默默无言，气氛凝重。4月7日，他们在福州隔离14天后回厦门。前后历时73天，回厦门的路上，就大不一样了。他们真的成为战友，大家亲密无间，有说有笑。共患难、同生死的特殊经历改变了他们，也成就了他们。

汤丰榕结识了太多的战友：厦门市第二医院呼吸病医院副院长薛克营主任医师，担任此次医疗组组长，四楼病区副主任，他是全队中进红区最多，收到患者表扬最多的医师。江贵源主任医师是全队加患者微信最多，远程服务患者最多的医师。冯水土主任在腰椎间盘突出行走困难的情况下仍坚持岗位。刘慧恒主任来自厦大中山医院急诊ICU，她总是操心着队里的一切，为医疗队配备物资，关心大家的生活；在繁忙的医疗工作后，她还要关注大家的身体状况，记得刚来的初期；她为大家不被感染紧抓院感的每个环节，督促大家做好房间的分区和外出注意事项等；林勇、肖琦、彭丽红、蔡芳荣、叶长青医师在以优质的工作成绩管理自己床位患者的同时还关注全病区患者，每次交班、每次病情讨论、每份病例书写都受到队友的赞誉和肯定，为厦门参战的医疗人员赢得了应有的声誉。

汤丰榕所在护理组共有8人，在这段难忘的工作历程中，护士作为一线工作的中坚力量、主力军，圆满完成党和国家赋予她们的神圣使命。

陈敏、李秀丽、龚华峰同志开动脑筋运用6S管理理念，为患者创造了一个安静、整洁、舒适的休养环境。汤丰榕和张妮妮则使用国际通用的SBAR交接单，规范详细记录了每位病人的各项数据和既往病史，使医生和接班护士更深入了解患者病情变化，交班重点也更突出。胡路豫、林豪俊总是认真倾听患者的叙说，让患者在医院有更多的安全感。

这是一段铭刻他们生命之旅中极不寻常的特殊经历。

福建省首批援鄂医疗队不忘医者初心，牢记使命，在最危险地带与时间赛跑，与病魔较量，在武汉战斗的58个日日夜夜里，累计管理患者246人，其中出院163人，危重患者75人。他们以良好的职业精神和专业素养圆满完成任务，全队17人零感染，救治患者零死亡，向厦门，向福建，向祖国，尤其是向处在严重疫区的武汉人民递交了一份最为完美的答卷。

重回厦门五缘湾，重回她工作的复旦中山厦门医院，汤丰榕发现：她所在的医院更美了，五缘湾和厦门更美了！

## 福建省援鄂专科护理队厦门队名单

王　伦　厦门大学附属中山医院主管护师
薛文新　厦门大学附属中山医院护师
黄代兴　厦门大学附属心血管病医院护士
谢昭端　厦门大学附属心血管病医院护师
詹西荣　厦门莲花医院主管护师
黄二燕　厦门莲花医院护师
范锦哲　厦门市儿童医院护士
张军英　厦门医学院附属第二医院护师
王赫铭　厦门市第三医院副主任护师
许婉婷　厦门市第五医院护师

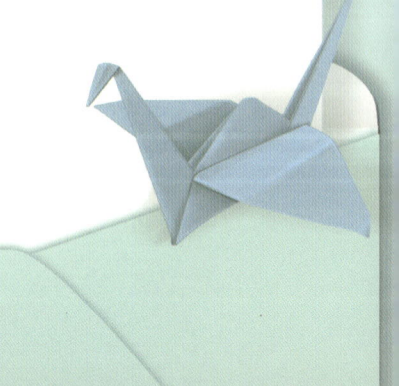

# 慷慨赴"疫"

## ——记福建省援鄂专科护理队厦门队队长王伦

文◎王永盛

福建省支援湖北抗击新冠肺炎专科护理队副护士长、厦门队队长、临时党支部委员及武汉东西湖方舱医院A舱护理副主任，来自厦门大学附属中山医院神经外科的王伦，不但多次被福建领队点名表扬，还创造了优异的成绩。为期44天的奋战，福建专科护理队分管区域共收治295名患者，治愈出院133人，创造了"患者零死亡、医护人员零感染、安全生产零事故、进驻人员零投诉、治愈人员零复发"的战绩。

在福建省援鄂专科护理队各地市队伍中，不论是人均进舱次数还是总进舱次数以及总工作岗位次数，厦门队始终在10支地市队中位列首位。不仅如此，队中共有8人获得"先进标兵"荣誉称号，也是10支地市队中获此殊荣人数最多的一支,所在的专科护理队更荣获"全国卫生健康系统新冠肺炎疫情防控工作先进集体"。这些成绩离不开全队的共同努力,也离不开王伦每时每刻的督促和积极向上的引导,他用实际行动诠释着抗疫逆行者应有的使命和担当。

一

而立之年,如日方中,主管护师王伦从事重病监护工作已七年,是厦门大学附属中山医院急危重症及肠内营养专科护理小组核心成员。八年的党龄,让王伦有比同龄人更成熟的思想,更缜密的思维,危急之时冲在一线,关键时刻勇挑重担。

庚子年初,荆楚大疫,全国上下,一心抗疫。身为党员,王伦每天密切关注着疫情,渴望奔赴一线,去助力打赢这场没有硝烟的战争。得知医院在征集第一批赴武汉抗疫的医护人员,王伦主动请缨。2月2日,王伦与神经外科其他20名党员一道,正式向院党委递交了《请战书》——

尊敬的院党委:

目前新型冠状病毒疫情形势严峻,为保护人民,救治患者,我们神经外科党支部向院党委请战。我们时刻准备着,随时听候调遣,愿奔赴武汉前线或是其他疫情严重灾区,以及杏林医院或我院感染病房,贡献我们的一份力量。共产党员坚决听党指挥,牢记使命,人民至上,生命为重!我们承诺:不计报酬,无论生死。

神经外科党支部<br>2020年2月2日

落款背后空白处,齐整地签下每一名党员的名字,义无反顾;每一个名字上,按上一个个鲜红的手印,视死如归。

两天后,王伦带着来自全市各家医院的九名护士,赶赴福州和其他地市队伍汇合,组成福建省援鄂专科护理队,接管武汉东西湖(客厅)方舱医院A舱病区。

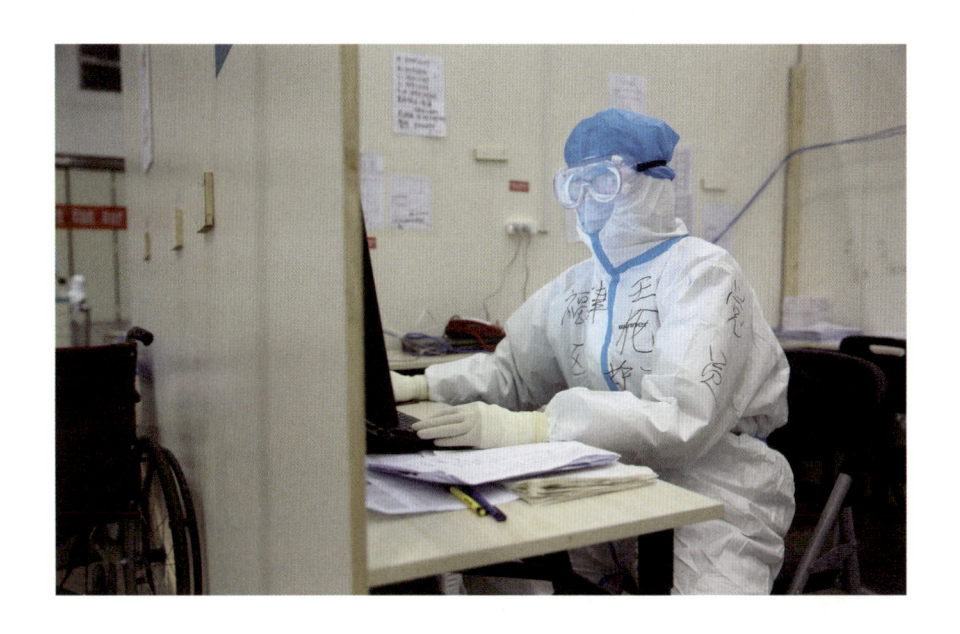

到达武汉的第一周，是王伦援鄂期间最艰苦的日子。每天工作十几个小时，有太多的事情需要他去完成。早上5点半出发去熟悉方舱医院，下午2点半出舱回到酒店，刚刚洗完热水澡，马上就通知要召开方舱会议，泡下去的方便面都还没熟透，赶紧以最快的速度胡乱扒拉几口，再次赶往了方舱。睡眠严重不足，一路上只觉天旋地转，为了在会议中让自己保持高度专注，王伦狠狠地掐着自己的大腿硬是坚持了下来。会后他匆匆赶回酒店，继续布置任务、安排工作。

夜间的工作从晚上7点的队会开始，为了按时参加会议，他通常来不及吃晚饭。万事开头难，而且人命关天，来不得半点马虎。队会经常一开就要两三个小时——讨论反馈当日工作情况；传达相关会议内容及精神；定制度、定标准、定方案等。各组长和各小队长领取相应的任务要求后，合理安排所在队组成员，做好落实工作。

那一周，对王伦的身心都是巨大的冲击和考验。他顶着的是压力，背负的是责任，扛着的是希望。都说"天塌下来有高个顶着"，此时的他就是厦门队的那个瘦高个，是这支专科护理队的顶梁柱。一支百人的队伍管理起来谈何容易，大到建章立制，小到队员来例假，一点一滴容不得半点懈怠，任何一个环节出现纰漏都可能严重影响到整支队伍，影响到后续的救援工作。由于长时间的连轴转，头晕头痛、睡眠不足、食欲不振对于王伦来说已是常态，头疼了就往太阳穴涂抹万金油，胃疼了就靠止疼药外加手揉。他用上了各种手段来极力克制身体上产生的各种不适。

2月8日是方舱医院开舱后的第一个白天，为了让第一次值夜班的护士尽快得到休息，王伦一行人凌晨5点多就前去接班，一干就是13个小时，直到晚上7点半队员们才出舱。出舱时，王伦的身体疲惫得接近极限，出现头晕、乏力等明显的低血糖症状。他认真清洗后去就餐，胃开始持续绞痛了起来。为了不占用医疗资源、不让同行队员担心，王伦强忍疼痛，回到房间自行揉抚胃部，过了很久症状才稍为减退。

王伦掏出手机准备跟家里人例行通话，才看到朋友圈大家都已经晒起了"团圆"，忙碌的他浑然不知今天竟是一年一度的元宵佳节，内心不由得泛起些许酸楚。

"今天看上去特别疲惫，很累吗？"王伦的爱人看着视频里的王伦，有些心疼地问。

"今天是方舱开舱后第一个正式白班，有太多的工作要进行梳理和总结，病人的情况也远比想象的复杂。舱内的各种制度和流程不是十分成熟。连续工作十几个小时，身体承受能力已经到了极限。"

"有时间一定要抓紧休息下。"王伦爱人哽咽着说，"身体是革命的本钱，只有养好身体才可能去帮助更多的人。"

"是爸爸吗？"三岁的儿子提着灯笼跑过来，抢着要跟爸爸视频。

王伦收起脸上的疲惫，笑着对孩子说："宝宝，灯笼很好看呀！你晚上吃汤圆了吗？"

"吃了。爸爸你去打怪兽，也要吃汤圆，吃汤圆才有力气打怪兽！"

"爸爸吃过了……"王伦匆匆把电话挂断，他担心自己会情不自禁地在儿子面前落泪。

"独在异乡为异客，每逢佳节倍思亲。"国难当头，亲人不能团聚，此时的王伦更加思念家人！但为了国家与人民，为了救治病人，王伦无怨无悔，愿以一轮明月遥寄相思意。

皇天不负苦心人。在领队李红的带领下，王伦积极协助，专科护理队在武汉东西湖（客厅）方舱医院建院不到一周，就制订出了总字数达一万六千字的方舱医院护理工作手册。这部手册对护理管理、工作守则、工作制度、工作流程、岗位职责、质量标准、突发应急预案等进行了详细规范，是全队开展护理工作的实施准则。

王伦与李红领队之间的联结绝不止于一本手册，更有着弥足珍贵的师生情谊。早在 2009 年就读福建医科大学时，王伦就有幸听过李红老师的课，听说过她在护理工作上的优秀事迹。李红获得过护理事业卓越贡献人员最高奖——第 47 届南丁格尔奖，她是所有护理人和她的学生们所敬仰的女神。

能和李红老师以这样的身份在武汉这个特殊的地点相见，是王伦始料未及的，师生携手奋战一线的经历让王伦感到弥足珍贵。

在援鄂的日子里，李红领队每天坚持凌晨起床为队员们熬参汤，叮嘱队员们要吃两个鸡蛋才可以去上班，亲自护送医护人员前往方舱……她就像一位慈爱的母亲疼爱自己的儿女一般，给予队员们无微不至的照顾。

"微意何曾有一毫，空携笔砚奉龙韬。"对于李红老师的帮助和栽培，王伦难以言表。44 天后，在福州贵安温泉会议中心酒店分别时，李红和王伦相拥道别,她对王伦寄予了厚望,希望将来有一天王伦能够考上她的研究生,延续这段弥足珍贵的师生情。

二

除了日常医护协调与管理工作外,王伦还特别重视护理服务质量,调动全体队员们竭尽全力为方舱"居民"排忧解难,关心照顾好每一位"居民"的衣食起居、用药治疗、心理健康。

王伦进舱的第一天,就接诊了三位重症患者。三位患者正在抢救室里接受治疗,体温反复高热,伴有胸闷,血氧饱和度不佳。其中有两人是夫妻,丈夫病情更严重,已经在吸氧。王伦凭借着多年的重症护理临床经验,在评估后认为妻子病情也很重,立即安排ICU经验丰富的护士照顾她,同时通知医生、联系舱外总值班、调度设备并启动转诊程序。女患者很快就反映胸闷、头晕得厉害。当王伦要给她安排吸氧时,她显得十分犹豫。原来她担心一旦自己吸氧,她爱人可能就没有氧气供给。丈夫是她的依靠,她想把生的希望留给对方。

大爱无疆,催人泪下。了解情况后,王伦不禁哽咽,多朴实的人啊!

"阿姨,您不用担心,氧气瓶我扛也要给您扛过来。"

为完全打消她的顾虑,王伦立刻到储备室搬运氧气钢瓶。穿戴着厚厚的防护设备,拖着100多斤的氧气钢瓶,不一会儿,王伦就气喘吁吁,衣服也全湿透了。

他笑着安慰患者:"阿姨,您只需安心配合,治疗护理交给我们来处理!"

阿姨看着忙得上气不接下气的王伦,连声道谢,感动得热泪盈眶。

有一次王伦巡视病房时,护士说有一位患者的情绪很不稳定。王伦赶紧跑过去,看到患者情绪十分低落,边打电话边哭泣,几乎是声嘶力竭,陷入绝望。王伦轻声地安抚患者,在断断续续的交流中得知,患者本身也是一名医护人员。她身在一线工作,不幸感染上了新冠病毒。为了不浪费医院的医疗资源,她主动离开收治危重症的医院而选择到方舱医院来接受治疗。

由于种种原因，她的各项检查始终无法顺利进行。患者情绪波动非常大，甚至做出绝食等极端行为。王伦一边耐心地倾听患者的诉说，让她将心中不愉快的情绪宣泄出来，一边细心地加以劝导。

患者的情绪慢慢舒缓下来。王伦接着严肃地跟她说："您有任何不满和委屈都可以跟我们诉说，但我不希望您采用这样的方式来解决问题。一来，您盼着能早日回到岗位，像我们一样奋战在一线继续救治更多的人，但身体始终是革命的本钱，没有一个好的身体，谈何继续奋战下去？二来，在这场战役中你们牺牲很大，我们非常理解你们此时此刻的心情，也一定会不遗余力地帮助你们。但前提是你必须先吃饭，养好身体，战胜病魔。"

经过王伦设身处地地耐心劝导，并帮助解决患者碰到的各种困难，患者的脸上终于重新绽放出笑容，虽然还有些犹豫，那是对病毒危害和能否治愈的不可知而生发隐隐的担忧。

方舱医院早期患者极度焦虑，甚至对救治产生恐惧，王伦带领队友们开展多种形式的心理抚慰活动。他们主动介绍自己："您好，我们是来自福建医疗队的。我们一起努力，一定能够战胜病毒，早日康复！"为了打开病人的心扉，王伦还发动队员们为患者过生日，在情人节时给舱内一对夫妻（同舱不同病区）献花，添置爱心角食品，美化心愿墙……

终于，在护理团队无微不至的关怀和细心体贴的护理下，患者由最初的怀疑、焦虑，逐步转变为主动参与、积极配合。

王伦主张护理工作要常巡视，常关心，常帮助。在他的督促下，队员们完全被带动起来了，和患者交朋友、聊天、谈心、答疑解惑；在病情允许的情况下，带患者打八段锦、做呼吸操和广播体操，以及听心理讲座；三八妇女节时，给妇女患者送上节日祝福等。

以心交心，以情暖情。王伦和队员们的努力深深地感动了患者们，他们自发连续地给福建省援鄂医疗队写了十来封表扬信。在第四封表扬信中，更是对王伦进行点名表扬。这是福建省专科护理队收到的第一封，也是为数不多的点名表扬信。医者与患者真诚相约，建立长久的福建—武汉兄弟情谊。王伦和队员们的事迹，多次被中央电视台等媒体宣传报道。

人们总说英雄只在传奇和虚构的神圣大殿里，跟平民百姓相隔绝，可抗疫英雄却实实在在地陪伴在我们周围。前有先行者谱写史歌，后有继任者紧紧跟随。没有被禁锢的城，只有不离开的爱！王伦，挺立在非常时期的最前沿，用满腔赤诚，守护在患者身边，期待洒满光明的未来！

三

事非经过不知难。每当王伦回忆起抗疫过程，几多欢快，几多惆怅，几多欣喜，几多沮丧，返厦后他仍回不过神来，一帧帧、一幕幕，在他脑海里轮回浮现。

2月15日凌晨5点，突然刮起阵阵狂风，接着瓢泼大雨倾盆而下，初春的武汉显得更加寒冷。王伦和其他早班队员冲出酒店，顶着风雨跑向开往方舱的接送车。李红领队一如既往地在寒风大雨中，目送王伦一行人，眼里是满满的关怀，期待他们再一次安全归来。

对王伦来说，这只是方舱抗疫两周里的普通一天，今天多了一阵怪异的狂风和恼人的大雨。到了方舱才知道，这确实是个不平凡的日子——武汉东西湖（客厅）方舱医院首批病人即将出院！

其中三名痊愈的患者，是来自王伦所负责的A舱B区、D区的病人。王伦怀着无比激动的心情，带着队员们挨个到病床旁，向即将出院的患者表示祝贺，并交代他们出院后一定要严格按要求继续做好居家隔离。

忙碌了一天，到了下班时，王伦很想送痊愈病人出舱，但他在舱内工作的时间过长，身体已经扛不住了。王伦只好遗憾地叮嘱下一班队员，务必把每一位痊愈的病患亲自送到指定地点。

王伦出舱后调整呼吸，缓和了好一阵才恢复精神。此时，天空竟然飘起了皑皑白雪。霎时，白雪照亮了整个天空，王伦仿佛明白了，原来黎明前总有最黑暗的一段时光。瑞雪兆丰年，白雪的降临预示着新的征程和起点。就像今天这狂风暴雨后，朵朵洁白的雪花包裹着春的气息袅袅而来，这是送给每一位医护人员、每一位病患最美、最特殊的礼物。此刻，王伦和队员们已然忘掉了寒冷，他们被这一刻的曼妙所感动——敬畏生命、守护生命、永不言败。

此情此景，宛如人们在混沌迷惘时，突然峰回路转、柳暗花明，让人找到了出口，看到了希望。他们相信，疫情阻击战的胜利，终将在一批又一批医护人员的接力奋斗中变为现实。

除了全力做好护理工作外，作为临时党支部组织委员，王伦积极主动履行职责。他在武汉前线协助开展党建工作，发挥党员先锋作用。王伦利用休息时间了解和掌握全队103名队员的思想状况及动向，对业务能力强、表现突出的队员，鼓励他们申请火线入党。最后，有63名队员递交火线入党申请书，11名队员加入中国共产党成为预备党员，18名同志发展为入党积极分子，为队伍注入强有力的新鲜血液，发挥团队的战斗堡垒作用。

衣带渐宽终不悔，为"疫"消得人憔悴。紧张忙碌，日夜奋战，44天后回到厦门，王伦的体重比去武汉前骤减了12斤。王伦无怨无悔，因为他见证了"同舟共济，众志成城，团结一心，患难与共"的中华民族伟大精神，见证了"人间有爱在方舱"的传奇！

时隔百年，梁思成先生的呼号如今听来仍振聋发聩："纵有千古，横有八荒；前途似海，来日方长。"

## 四

"此行，我感到最对不起的，是我的家人。"王伦有些悲伤地说。

王伦的爱人是厦门市妇幼保健院的一名护理工作者，作为双医疗卫生系统职工家庭，她一边要兼顾家庭，另一边则同样要兼顾繁重的院内疫情防控工作。家里有一个三岁大的孩子需要照看，还有两位带病的老人。王伦的母亲因长期劳作，落下了严重的椎间盘突出症伴椎管狭窄，无法自由行走，每次走路走不到500米就要停下脚步休息，由于椎管内神经受到压迫，尿失禁的情况也时有发生。他的父亲患有冠心病多年，时常会有胸闷、胸痛等不适表现，需要长期服用抗凝药物以及硝酸甘油来缓解。王伦的离开，将这个沉甸甸的担子交付到了他的爱人手中。他的爱人选择一直默默支持和信任他。

随着疫情形势不断严峻，在向医院请战后，王伦自我评估，以自己有重症工作经验、党员、男性、三十来岁的条件，很快就会被派往武汉抗疫一线，他甚至做好了也许不能回来的最坏打算。那几天，王伦尽量放下手头上的事情，一有时间就接送爱人上下班，多抽时间陪孩子，包揽了家里的家务，以弥补他对这个家的亏欠。

王伦的自我评估是对的。2月2日递交请战书，2月4日上午10点接到去武汉的通知——明天前往福州汇合；10点20分接到通知改当天晚上就出发；过一会又通知今天下午的飞机，现在就得出发去福州……随着时间的不断提前，王伦的压力越来越大，一定是前方的"战况"有变，才会加速时间的推移。

即刻动身，刻不容缓！五分钟后，接送的车已到达楼下了，来不及和家人好好告别，王伦匆忙抓了两件衣服塞到行李箱就下楼。

王伦的母亲目送他出家门后就收住了脚步，她怕在送王伦的路上会控制不住自己的情绪。平日里最爱唠叨的父亲，此刻也变得沉默了，他抱着王伦三岁大的儿子，默默地陪着王伦走到小区的大门口。父爱如山，沉重深广，在父亲波澜不惊的外表下，藏着激流涌动的心绪。王伦第一次见到父亲如此境况，竟不知如何去安慰。

这时天空下起了大雨，离别愁绪愈加浓烈，王伦感受到了前所未有的别离之痛。"风萧萧兮易水寒，壮士一去兮不复还。"他深吸了一口气，提着行李转身朝车子方向走去，他不敢再回过头看，生怕下一秒自己的内心会全盘决堤。

直到上车后，王伦才透过车窗，看着年迈父亲的身影和懵懂天真的儿子，不禁想起了朱自清的那篇《父亲》，泪水不自觉地从脸上滑落。"画阁魂销，高楼目断，斜阳只送平波远。"也许离别都在光阴中悄无声息地缓缓而行，拨动着余下岁月中离弦的心声。此去困难重重，疫情未灭，便没有归来的那一天。王伦暗下决心，一定要打败病毒平安归来，因为家里需要他，家里的亲人都在等着他。

2月4日上午10点半，当听说王伦要立刻出发支援武汉的消息时，王伦的爱人还在医院上班，她交接完手头上的工作后急急忙忙赶到了集合点。她塞给王伦一瓶提高免疫力的药，有些愧疚地说："怎么这么突然，什么都来不及准备。科里的同事看我走得匆忙，让我把这个带上，可以提高免疫力，要记得按时吃！"

接下来彼此便不再说话了，静静地守候这最后一点相处的时光。也许，此时，任何语言都会显得苍白无力，王伦读懂了妻子的每一个眼神、每一声叹息。

那叹息中，透着妻子对丈夫生命安危的担忧和生离死别的愁绪！

那眼神里，包含着妻子对丈夫赶赴抗疫一线的支持与赞许！

# 厦门市援鄂医疗队名单

## 总领队

林燕诚　厦门市卫健委党组成员、组织人事处处长

## 一队（136人）

乐家振　厦门大学附属第一医院副院长、主任医师
庄良金　厦门大学附属第一医院质量管理部副主任
黄辉萍　厦门大学附属第一医院主任医师
张育红　复旦大学附属中山医院厦门医院护理部副主任
李　鹏　厦门市仙岳医院保障部副主任
郑一雄　厦门市仙岳医院病区主任、副主任医师
马爱平　厦门大学附属第一医院副主任医师
郑彩霞　厦门大学附属第一医院主治医师
陈　菁　厦门大学附属第一医院主治医师
赵年贵　厦门医学院附属第二医院副主任医师
蒋海彬　厦门医学院附属第二医院副主任医师
贺赟贤　厦门医学院附属第二医院主治医师
郑福珍　厦门医学院附属第二医院主治医师
陈智德　厦门医学院附属第二医院主治医师
李可聪　厦门医学院附属第二医院主治医师
王建强　厦门医学院附属第二医院医师
丁丽丽　厦门市第五医院主任医师
彭永挑　厦门市第五医院副主任医师

郑和平　厦门市第五医院主治医师
米　俊　厦门市第五医院主治医师
饶燕彪　厦门市第五医院主治医师
刘启琳　厦门市第五医院主治医师
丁伟红　厦门市中医院副主任医师
曹　健　厦门市中医院主治医师
李世勇　厦门市中医院主治医师
叶志桥　厦门市中医院主治医师
柯志福　厦门市中医院主治医师
许圣威　厦门市海沧医院副主任医师
翁朝航　厦门市海沧医院副主任医师
王春青　厦门市海沧医院副主任医师
李雯雯　厦门市海沧医院副主任医师
叶小凯　厦门市海沧医院主治医师
尤　颢　厦门大学附属心血管病医院主任医师
王希星　厦门大学附属心血管病医院医师
林淑斌　厦门市儿童医院主治医师
高　亮　厦门市妇幼保健院主治医师
席雅君　厦门大学附属第一医院副主任护师
陈云峰　厦门大学附属第一医院副主任护师
陈如福　厦门大学附属第一医院主管护师
侯丽娜　厦门大学附属第一医院主管护师
马　蕾　厦门大学附属第一医院主管护师
李发银　厦门大学附属第一医院主管护师
郑金全　厦门大学附属第一医院护师
卓阿美　厦门大学附属第一医院护师
陈家荆　厦门大学附属第一医院护师
魏传杰　厦门大学附属第一医院护师

李阿美　厦门医学院附属第二医院主管护师
李秋平　厦门医学院附属第二医院护师
李明漩　厦门医学院附属第二医院护师
李永增　厦门医学院附属第二医院护士
陈淑惠　厦门医学院附属第二医院护士
方雅芳　厦门医学院附属第二医院护士
廖冬梅　厦门医学院附属第二医院护师
姚海龙　厦门医学院附属第二医院护士
吴小菊　厦门医学院附属第二医院护士
钱月洪　厦门医学院附属第二医院护师
李龙英　厦门医学院附属第二医院护师
林晓娇　厦门医学院附属第二医院护师
林秀芳　厦门医学院附属第二医院护师
余琼燕　厦门医学院附属第二医院护师
蒋丽艳　厦门医学院附属第二医院护师
张惠龙　厦门市第五医院副主任护师
江　琴　厦门市第五医院副主任护师
李　英　厦门市第五医院主管护师
彭林玲　厦门市第五医院主管护师
张　巍　厦门市第五医院主管护师
陈志妹　厦门市第五医院护师
纪海玲　厦门市第五医院护师
肖琦雯　厦门市第五医院护士
常佳琳　厦门市第五医院护师
涂秋婷　厦门市第五医院护师
陈慧娟　厦门市第五医院护士
张丽芳　厦门市第五医院护士
许景云　厦门市第五医院护师

纪妙音　厦门市第五医院护师

张美燕　厦门市中医院主管护师

许丽丽　厦门市中医院护士

陈玲燕　厦门市中医院护士

杨淑青　厦门市中医院护师

曾桂香　厦门市中医院护师

朱夏芸　厦门市中医院护师

陈　瑛　厦门市中医院护师

周　敏　厦门市中医院护师

李秀娟　厦门市中医院护师

杨紫鸾　厦门市中医院护师

陈威杨　厦门市中医院护师

石玉林　厦门市中医院护师

王鲁平　厦门市中医院护师

陈雅丽　厦门市中医院护士

蓝晓薇　厦门市中医院护师

许丽敏　厦门市海沧医院副主任护师

陈小梅　厦门市海沧医院副主任护师

杨春燕　厦门市海沧医院主管护师

李小凤　厦门市海沧医院主管护师

朱艺红　厦门市海沧医院主管护师

陈何艳　厦门市海沧医院主管护师

蔡兰英　厦门市海沧医院主管护师

黄爱治　厦门市海沧医院主管护师

吴雪娟　厦门市海沧医院主管护师

李淑梅　厦门市海沧医院主管护师

黄小玲　厦门市海沧医院主管护师

张巧敏　厦门市海沧医院护师

曾淑元　厦门市海沧医院护师
陈晓燕　厦门市海沧医院护师
吕东梅　厦门市海沧医院护师
卢珍珍　厦门市海沧医院护师
陈择煌　厦门市海沧医院护师
陈明艳　厦门市海沧医院护师
林倩倩　厦门市海沧医院护师
林月君　厦门市海沧医院护师
黄中灿　厦门大学附属心血管病医院护师
赵玉明　厦门大学附属心血管病医院护师
黄小莹　厦门大学附属心血管病医院护士
林　凯　厦门大学附属心血管病医院护师
朱晓群　厦门大学附属心血管病医院护士
黄晓敏　厦门大学附属心血管病医院护士
刘　娜　厦门大学附属心血管病医院护士
谢学金　厦门大学附属心血管病医院护师
王宝宁　厦门大学附属心血管病医院护士
刘雪竹　厦门大学附属心血管病医院护师
欧春梅　厦门市儿童医院护士长、主管护师
葛　博　厦门市儿童医院护师
朱文静　厦门市儿童医院护士
黄水秀　厦门市儿童医院护师
余　磊　厦门市儿童医院护师
孙奕斌　厦门市儿童医院护师
李惠燕　厦门市儿童医院护师
路　璐　厦门市儿童医院护士
张丽艳　厦门市儿童医院护师
叶碧凤　厦门市儿童医院护士

方玲君　厦门市妇幼保健院主管护师
何玉琼　厦门市妇幼保健院主管护师
何美娟　厦门市妇幼保健院主管护师
邱淑华　厦门市妇幼保健院护师
刘堃娇　厦门市妇幼保健院护士
陈晓琳　厦门市妇幼保健院护士

## 二队（138人）

尹震宇　厦门大学附属中山医院副院长、主任医师
洪顺攀　厦门大学附属中山医院科员、助理研究员
蓝玉培　厦门市海沧医院纪检书记兼综合办公室主任
傅建国　厦门大学附属中山医院院感科副主任、主治医师
韩秋英　厦门大学附属中山医院护理部副主任、主任护师
丁丽君　厦门市仙岳医院副院长、主任医师
陈　兰　厦门大学附属中山医院副主任医师
王　淼　厦门大学附属中山医院副主任医师
张孝斌　厦门大学附属中山医院副主任医师
吴豪杰　厦门大学附属中山医院副主任医师
侯炳波　厦门大学附属中山医院副主任医师
马素忍　厦门大学附属中山医院主治医师
杨肆玖　厦门大学附属中山医院主治医师
张振宇　厦门大学附属中山医院主治医师
马　敏　厦门大学附属中山医院主治医师
肖　雄　复旦大学附属中山医院厦门医院主治医师
谢榕城　复旦大学附属中山医院厦门医院主治医师
陈辉民　厦门市第三医院主任医师
张先锋　厦门市第三医院副主任医师

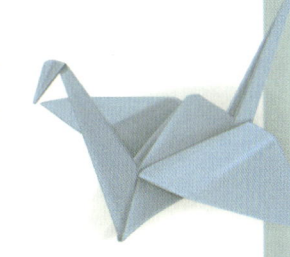

陈海挺　厦门市第三医院副主任医师
陈明智　厦门市第三医院副主任医师
郭　巍　厦门市第三医院副主任医师
吴奕群　厦门市第三医院主治医师
吴建伟　厦门市第三医院主治医师
吴资瑶　厦门市第三医院主治医师
陈先礼　厦门大学附属翔安医院副主任医师
胡　群　厦门大学附属翔安医院主治医师
陈瑛瑛　厦门市仙岳医院主治医师
胡燕玉　厦门市仙岳医院医师
刘荔龙　厦门弘爱医院主治医师
刘界兰　厦门莲花医院主治医师
李　磊　厦门莲花医院医师
钟德金　厦门长庚医院副主任医师
杨　娟　厦门长庚医院住院医师
朱其国　厦门市儿童医院主治医师
郭文兴　厦门市妇幼保健院主治医师
张素真　厦门大学附属中山医院副主任护师
张秀梅　厦门大学附属中山医院副主任护师
吕　伟　厦门大学附属中山医院主管护师
吴志英　厦门大学附属中山医院主管护师
余　蓉　厦门大学附属中山医院主管护师
刘丽燕　厦门大学附属中山医院主管护师
郑玉芳　厦门大学附属中山医院主管护师
庄源红　厦门大学附属中山医院主管护师
蔡　颖　厦门大学附属中山医院主管护师
李映君　厦门大学附属中山医院主管护师
张帮锋　厦门大学附属中山医院主管护师

张明明　厦门大学附属中山医院主管护师
周文智　厦门大学附属中山医院护士
秦志远　厦门大学附属中山医院护师
陈明淞　厦门大学附属中山医院护师
林少龄　厦门大学附属中山医院护士
吴永涛　厦门大学附属中山医院护师
郑铭锐　厦门大学附属中山医院护师
陈亚咪　厦门大学附属中山医院护师
李晓芬　厦门大学附属中山医院护师
曾淑敏　厦门大学附属中山医院护师
林炜聪　厦门大学附属中山医院护师
宋卓菁　复旦大学附属中山医院厦门医院主管护师
武伟鹏　复旦大学附属中山医院厦门医院护师
邹宇婷　复旦大学附属中山医院厦门医院护师
林　林　复旦大学附属中山医院厦门医院护师
林铭珊　复旦大学附属中山医院厦门医院护师
连丽娥　复旦大学附属中山医院厦门医院护士
艾　欣　复旦大学附属中山医院厦门医院护士
吕意达　复旦大学附属中山医院厦门医院护士
郭孝坤　复旦大学附属中山医院厦门医院护师
张思思　复旦大学附属中山医院厦门医院护士
吴秀玉　厦门市第三医院护士长、主任护师
陈德梅　厦门市第三医院护士长、主管护师
曾英彩　厦门市第三医院护士长、主管护师
陈密真　厦门市第三医院主管护师
张永锐　厦门市第三医院主管护师
庄吟吟　厦门市第三医院主管护师
刘小婧　厦门市第三医院主管护师

陈惠娜　厦门市第三医院主管护师
黄亚红　厦门市第三医院主管护师
张丽斌　厦门市第三医院主管护师
王亚兰　厦门市第三医院主管护师
叶阿芬　厦门市第三医院主管护师
吴志梅　厦门市第三医院主管护师
林小龙　厦门市第三医院主管护师
陈艺芳　厦门市第三医院护师
林育富　厦门市第三医院护师
林曙彬　厦门市第三医院护师
黄菊花　厦门市第三医院护师
李　超　厦门市第三医院护士
李丽青　厦门市第三医院护师
裴思丽　厦门大学附属翔安医院副主任护师
马　鑫　厦门大学附属翔安医院主管护师
罗晓春　厦门大学附属翔安医院主管护师
张　楠　厦门大学附属翔安医院护师
陈秋梅　厦门大学附属翔安医院护师
罗东生　厦门大学附属翔安医院护师
郭培锋　厦门大学附属翔安医院护师
熊慧芳　厦门大学附属翔安医院护师
李　楠　厦门大学附属翔安医院护师
陈前贵　厦门大学附属翔安医院护士
陈艳秋　厦门市仙岳医院主管护师
高　瑾　厦门市仙岳医院主管护师
王小昆　厦门市仙岳医院主管护师
许秀宾　厦门市仙岳医院主管护师
郑秀英　厦门市仙岳医院主管护师

赖　鹏　厦门市仙岳医院护师
李晓云　厦门市仙岳医院护师
连明香　厦门市仙岳医院护师
聂　一　厦门市仙岳医院护师
先小杰　厦门市仙岳医院护师
刘彩玉　厦门弘爱医院护师
陈衡金　厦门弘爱医院护师
王可新　厦门弘爱医院护士
马文清　厦门弘爱医院护士
郑燕丽　厦门弘爱医院护师
孙佳慧　厦门弘爱医院护士
李美萱　厦门弘爱医院护士
邱国建　厦门弘爱医院护士
梁金凤　厦门莲花医院护师
黄　林　厦门莲花医院护师
邱雨欣　厦门莲花医院护士
徐煜博　厦门莲花医院护士
许金玉　厦门莲花医院护士
余　欢　厦门莲花医院护士
郑晓璐　厦门莲花医院护士
林燕红　厦门莲花医院护士
耿　华　厦门长庚医院护师
史军艳　厦门市妇幼保健院主管护师
苏方方　厦门市妇幼保健院主管护师
张光宗　厦门市妇幼保健院主管护师
吴女琴　厦门市妇幼保健院主管护师
胡腾飞　厦门市妇幼保健院主管护师
杨怀平　厦门市妇幼保健院护师

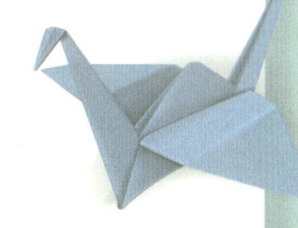

邱秀兰　厦门市妇幼保健院护师
柯巧红　厦门市妇幼保健院护师
郑松燕　厦门市妇幼保健院护师
白华美　厦门市妇幼保健院护师
叶玉兰　厦门市妇幼保健院护师
曹　曼　厦门市妇幼保健院护师
占　彦　厦门市妇幼保健院护师

# "诚"以定军心

## ——记厦门市援鄂医疗队总领队林燕诚

文◎王永盛

"我是党员,党需要的时候我必须站出来。"林燕诚临行前朴实的话语,表达了他投身抗疫的坚定决心。

林燕诚是厦门市卫健委党组成员、组织人事处处长,厦门市援鄂医疗队总领队、临时党委书记。

作为非医疗专业的卫生健康行政部门工作人员,林燕诚坦言,他无法从专业技术角度给予医务人员指导,但是他一定会尽全力做好援鄂医疗队的稳定军心和鼓舞士气工作。一到武汉,他就公开向厦门援鄂医护人员保证:"组织让我来了,我就会一直在这里陪着你们,无论是两个月、三个月还是半年、一年,直到抗疫胜利,我再和你们一起班师凯旋。"

"古之成大事者，不惟有超士之才，亦有坚忍不拔之志。"林燕诚是这样想的，也是这样做的。来鄂前的一个多月，在鄂期间的整整41个日夜，林燕诚配合组织协调厦门当地的抗疫工作和援鄂4支队伍302名医护人员，没有一天松懈。

一

武汉封城，全国抗疫形势严峻，厦门全体医护人员在岗、候岗，春节无休。林燕诚是市卫健委组织人事处负责人，对全市医务人员专业水平、思想素质非常熟悉。他要为市委、市政府、市卫健委组织厦门抗疫、援鄂抗疫，在选人、用人上提供决策参考。

在厦门本土，各家医院一级防控，林燕诚认真落实市卫健委党组的决定，督促各家医院做好医护人员防护培训和人员储备工作。杏林医院是厦门市新冠肺炎患者定点救治医院，林燕诚根据疫情防控需要，协调相关医院选派每一名参与其中的医生和护士。

1月底，举国齐心，驰援武汉，共克难关，全国各地医疗队伍赶赴湖北。福建省坚决贯彻落实习近平总书记关于疫情防控工作的重要批示精神，共派出援鄂医疗队员1393人。厦门市按照中央、省委统一指挥部署，应声而起，积极行动，先后派出三批医疗队，共302名队员驰援湖北武汉抗击疫情。

1月26日，林燕诚从全市各家医院报送的援鄂名单中，挑选了17名医护人员供厦门市卫健委党组决策，参加福建省第一批援鄂医疗队，从遴选到出发，用时6个小时；

2月4日，林燕诚挑选了10名护士供厦门市卫健委党组决策，报送参加福建省援鄂专科护理队，从通知到出发，最短的用时1.5小时；

2月8日晚上10点下达任务，厦门卫生系统彻夜不眠，16家医疗机构紧急动员，队长、领队、护士长、院感专家的人选，林燕诚和医政处处长陈洪涛、组织人事处副处长刘凌灵逐个斟酌，反复沟通。3个多小时之后，264名医务人员名单汇总到市卫健委组织人事处。林燕诚和陈洪涛将名单报送厦门市卫健委党组决策，将名单报送国家卫健委，组建厦门援鄂医疗一队、医疗二队，此时已是凌晨4点多了。

能被国家卫健委直接指派组建医疗队支援湖北抗击新冠肺炎疫情，说明厦门近年来的医疗卫生改革取得比较好的成效，医疗技术水平和服务能力得到国家卫健委的认可，是一件值得骄傲的事。

抗击疫情，党员先行。林燕诚在挑选援鄂医护人员时，始终把握这个原则。他认为，在国家危难之时，面对瘟疫、面对生死，党员必须冲在前，充分发挥党员的先锋模范作用，凝聚起众志成城的必胜信念，让党旗在防控疫情第一线高高飘扬，筑牢抗击疫情的钢铁防线。

厦门市援鄂医疗队到达武汉开展抗疫，党员也确实发挥了巨大作用，用实际行动践行"牢记初心，不辱使命"的信念。

林燕诚对厦门医护人员不畏生死、逆行出征的经过和场景，至今仍历历在目，也许此生都将无法忘怀。

场景一：刘慧恒，首批援鄂医疗队员、厦门大学附属中山医院重症室副主任医师。从1月26日出征武汉，3月24日返闽，到4月7日解除隔离，整整72天。19岁入党，冲锋在前，绝不退缩。2019年8月才从甘肃省临夏州支援归来，2020年1月，她又马上投入支援武汉抗疫的队伍中。怕家里老人担心，撒了善意的"谎言"，说是在杏林医院，没办法回家。

场景二：2月4日上午10点30分，距离出发时间仅不足1.5个小时，第五医院许婉婷接到即将出征武汉支援的紧急通知时，她还穿梭在病房忙碌地工作着。她心情十分平静地说："作为一名党员，使命必达，个人服从组织的一切安排，早就把生死置之度外，我不去前线，谁去？"

时间紧迫，婉婷的个人生活用品来不及准备，除了身上的衣服和手机，其他物品都由领导、同事临时现场备齐的。护理部黄忠琴主任从自己家里给她拿来了羽绒服，一路小跑到单位门口给她准备了两套新的保暖衣；护理部护士长李彩霞将自己新买的保温杯塞进婉婷的背包里；何素英护士把身上的羽绒服脱下直接套在婉婷身上；产科病房护理姐妹飞奔送来两件值班用的薄款羽绒服；行政人事部林婕主任跑回办公室将自己的手机数据线和充电宝塞到婉婷手上……车子快要开动时，细心的丁书记发现婉婷没带手套，路过的康复医学科护士长洪志评听到了，二话不说跑回寝室，从宿舍楼上扔下一套崭新的围巾、手套，让婉婷带上……万涓流水汇成了一股股爱的暖流。

场景三：2月8日，厦门市海沧医院普外一科副护士长陈何艳随厦门援鄂医疗二队出征。出发当天是她的外公下葬日。她的妈妈刚刚失去父亲，又送女儿上前线，生死未卜，是何等的煎熬！家乡东山县人民为表达敬意，捐赠了10吨海鲜给厦门医疗队。

……

大义凛然、视死如归，令人动容之事不胜枚举，林燕诚将其深藏心底。100多天过去了，此情此景却恍如昨天，一幕幕不时在林燕诚眼前浮现。每当说起就心潮澎湃，宛如平静的湖面泛起层层波澜，泪水不自觉地从眼眶溢出，久久不能平息。

二

2月20日，这个特殊春节的年味还未散去，厦门市卫健委党组决定，林燕诚以厦门援鄂医疗队总领队身份，奔赴武汉前线，做好前线党建工作、医疗事务的协调联络工作、医护人员的沟通协助工作。

厦门市卫健委党组决定让林燕诚上武汉前线，也是思量再三。一方面，武汉前线需要林燕诚这样能对接上下、统筹协调的角色去服务队伍、稳定军心；另一方面，厦门抗疫工作的人员安排也需要他来挑大梁。而且就当时武汉的形势来看，厦门随时可能接到新的援助任务，林燕诚不在厦门，谁来把关后续人选……

厦门市卫健委姚冠华主任把党组决定告诉林燕诚时，林燕诚没有感到意外。在党组决定选派机关工作人员赴武汉协助管理医疗队时，他已第一时间主动请缨。他对自己亲手挑选的300多名援鄂人员牵肠挂肚，也许只有去和他们并肩作战，才能缓解心中的担忧。

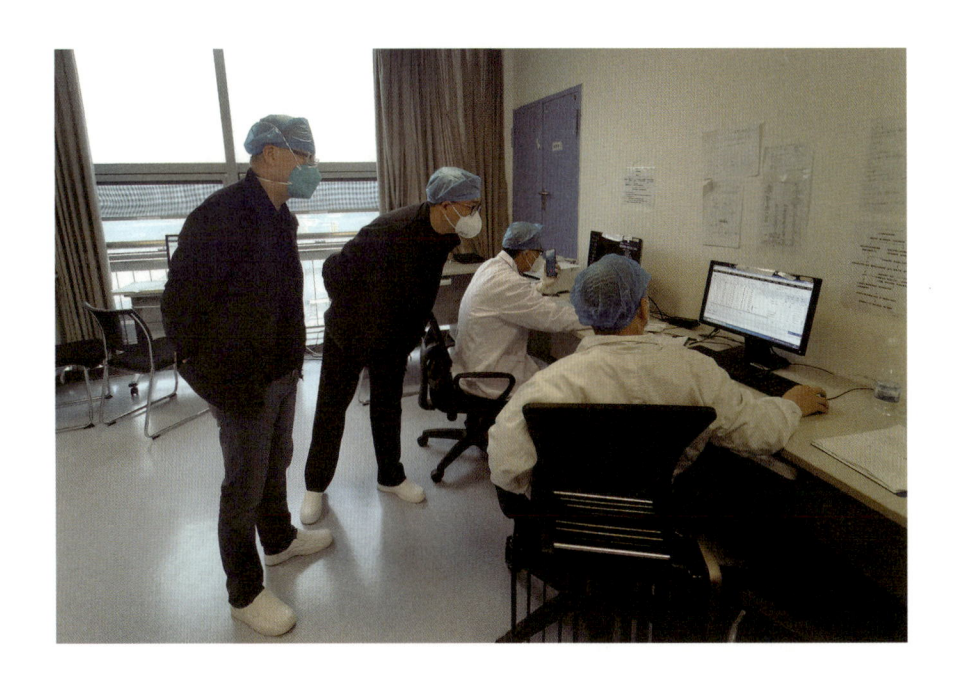

临行前，林燕诚轻描淡写地告知他的妻子和兄弟，他将去武汉抗疫。只言片语，却牵动着整个家的心。妻子支持林燕诚的决定，只是一再嘱咐——要保护好自己。

但林燕诚不敢把这个消息告诉在老家安度晚年、年逾八旬的母亲，怕年迈的老母亲担心。家人，永远是他内心最柔软的一隅。

赴鄂第一天，飞机刚落地，林燕诚便不顾疲惫，主动要求参加厦门市援鄂医疗二队当晚的全体队员会、指挥部例会。他向大家报告了组织派遣他来的目的，同时表达了自己与大部队一起抗疫到底的决心。此后的41天，林燕诚多次参加了厦门市援鄂医疗一队、二队的指挥部会议，了解医疗队抗疫情况，将疫情的防控指挥放在第一位。

抵达武汉的第二天晚上，林燕诚就组织召开厦门医疗队临时党委第一次会议，会上宣布了市卫健委直属党委关于援鄂医疗队成立临时党委的决定。会议还研究了临时党委工作意见，对临时党委委员进行了分工。他始终按照市卫健委党组的要求，做好管大局、保方向、作决策、抓落实的工作。按照国家卫建委的要求完成救治新冠肺炎患者的任务，同时做好医疗队员的院感防控工作,确保队员零感染。

坚持党建引领,能最大限度提升医疗队的凝聚力、战斗力和创造力。在驰援武汉的厦门医疗队中,队员来自厦门市16家医院,有公立医院,也有民营医院;有综合医院,也有专科医院,专业背景、工作经历、人员构成等较为复杂。要增强队伍的凝聚力、战斗力,淡化队内不同医院的界限,医疗队必须坚持党建引领,成立2个临时党总支,13个临时党支部,把支部建在小队上,充分发挥党组织战斗堡垒作用;党员自觉发挥先锋模范作用,脏活、累活、险活抢着干,党员的先锋模范事迹时刻激励队员冲锋向前。

本次驰援武汉的厦门医疗队队员中,有的家中有年迈老人需要照顾,有的担心老人牵挂而瞒着家人,有的新婚蜜月还没度完,有的推迟了蜜月期,有的妻子有孕在身,但他们仍然坚持逆行而上;有的队员在武汉抗疫过程中家人突然病故,擦干眼泪仍然坚守岗位。他们之所以能抛下这一切,义无反顾地奔赴、战斗在抗击疫情第一线,党员先锋模范作用是最主要的,同时他们还具有舍小家顾大家的奉献精神和"护佑生命、救死扶伤、无私奉献、大爱无疆"的职业精神。

厦门援鄂医疗队临时党委共火线发展了14名党员,在一线发挥了党组织的领导作用。

林燕诚是众多一线抗击疫情党员的缩影,坚守在抗疫一线,彰显担当,尽职履责。大事难事见担当,危难时刻显本色。红旗已指先锋路,青史应留正气歌。

三

笔者与林燕诚曾经共事多年,在我的印象中,林燕诚安静稳重,不苟言笑;偶尔插话一两句,幽默有趣,让人刮目相看。

但聊起厦门援鄂抗疫英雄的故事,无论是他亲眼目睹的,还是听医疗队汇报的,他是那样如数家珍,滔滔不绝,恨不得把知道的全部告诉我。讲述期间,他几度哽咽。

第一个是处理新冠病患尸体的故事。厦门市海沧医院泌尿外科副护士长陈小梅第一次进舱，就碰到新冠病人死亡需要尸体处理。当听见武汉的老师问谁去处理尸体时，陈小梅立马就站了出来。老师要求两两进病室，有个照应。陈小梅问了一声："谁同我一起进病房？"没人回应。大家都沉浸在首次入舱的紧张、恐惧中。当她穿完三级防护，准备去尸体料理时，转身看见另外一个小妹妹已戴全面罩、头套。于是她就像排雷一样，一步一步，靠着陈小梅的手语指挥，一同把病人擦拭干净、填塞七孔、包裹尸单……后来，陈小梅再遇到这位妹妹，才知道她是厦门市妇幼保健院的护士邱淑华。邱淑华从事新生儿科护理，没有见过死者，更不用说近距离处理死者。当听到老师问谁要去处理尸体时，一开始她退缩了。但她为什么最后又站出来了呢？她对陈小梅说："是你的勇敢鼓励了我！相信有你手把手教我，我也能做好。我是一名党员，不能在前线退缩！"

第二个是把队员"押送"回驻地酒店休息的故事。有一次，院感专家、厦门大学附属第一医院黄辉萍主任通过健康监测发现厦门市海沧医院普外科护士长许丽敏身体不适，便给她调班安排休息。没想到，第二天她的身影又出现在病区，正在穿防护服准备进舱。被队员发现时，许丽敏脸红了，头低低的。原来，她是不好意思让其他人顶班，觉得自己可以，偷偷跑来上班。队友们强制让她休息，不放心她自己回酒店，又派了专人陪同"押送"她回去休息。

第三个故事是一位护士到达武汉后第三天就开始发烧，做了核酸检测、血清抗体、CT检查，结果不是新冠肺炎。当时没地方让她住院，只好由医疗队员自己治疗，每天打点滴、隔离。

林燕诚到武汉的当天晚上，一参加完二队的会议就马上去看望她，给她带去市卫健委领导的关心和慰问。这位护士一直道歉，说自己不争气，拖了队伍的后腿，眼眶红红的，眼泪在打转。林燕诚耐心地劝导安慰，让她安心养病，早日康复投入抗疫工作。他让医疗队安排力所能及的工作给护士，让她融入，有存在感。护士慢慢平复了情绪，不再那么

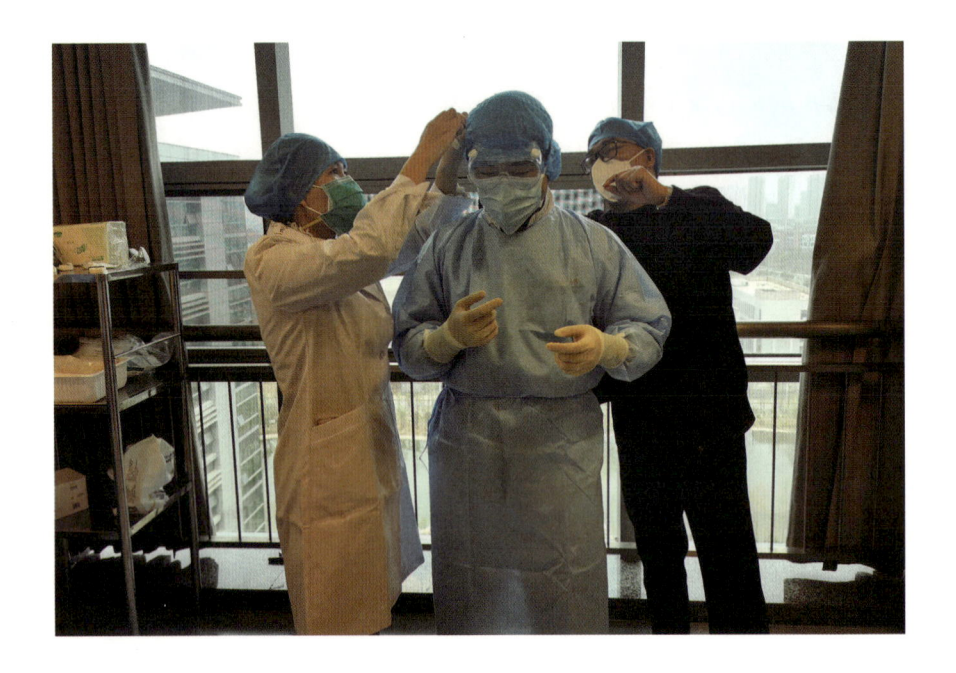

内疚、自责。

做好人的工作，是林燕诚带好队伍首要的工作。

在纪律方面，他要求全体队员严格遵守政治、工作、生活纪律。综合施治，严格管控，加强科学精准救治，开展优质护理。同时，他不厌其烦地要求每一位队员加强防护意识，注意心理健康，鼓励队员参加适当的体育活动来调节状态。

经过一段时间观察，林燕诚发现队员在援鄂前期存在失眠、焦虑，甚至轻度抑郁的问题。他结合疫情防控要求，带领队员开展体育活动，在酒店大堂做健身操，在酒店庭院打羽毛球。在条件允许和保持安全距离的前提下，医疗队举行了集体生日会、庆三八节等活动。

林燕诚利用一切机会与大家谈心，会议期间、领餐的时候，深入了解队员的身心状况。

抗疫初期气温较低，医护人员准备的大多是御寒衣服。到了三月中旬，气温回升，林燕诚立即联系组织保障处，购进较薄的春衣从厦门寄过去，为大家保障物资。

"曾缚苍龙开伟业，又乘骏马续长征。"林燕诚将统筹做好疫情防控和关心关爱医护人员的责任扛在肩上，坚定信念，克难攻坚，代表厦门为打赢疫情防控阻击战提供坚强保障。

## 四

武汉同济光谷院区开辟了一方纪念园，以纪念援助该院的17支医疗队。在园中心是一块刻有"抗疫纪念园"的石碑，靠近石碑最显眼处，是刻着"厦门一队""厦门二队"字眼的两块石碑，上面各种有一棵桂花树。纪念石碑承载着厦门医疗队队员50多个日夜风雨同舟的汗水与泪水，凝聚着厦门人民对武汉疫情早日结束的殷切期盼。这也是武汉同济光谷院方对厦门医疗队救治工作和成效的充分肯定。

正如厦门市妇幼保健院护士柯巧红所感慨："我们每个人都可能是一束微光，我们用微光吸引微光，也可以照亮微光，集中在一起就会形成一股力量，给所有人带去希望。"

2月15日，武汉下起了一场大雪，烟火染纤尘，白雪动人心。当时恶劣的情况令在紧密调度的林燕诚揪心不已，"愿所有病患挺过一切艰难险阻，早日痊愈；愿祖国度过一切荆棘载途，疫情早日结束。"出征前与凯旋后的林燕诚对此保持着同样的期盼。

"白雪却嫌春色晚，故穿庭树作飞花。"未若柳絮因风起，不期而至的晶莹。也许这场大雪意味着武汉冬去春来，春暖花开？！林燕诚不由忖度着。

从武汉返回厦门后，林燕诚隔离观察期一结束便开始上班。有一次，他在市政府大楼遇到市委组织部非公办的郭泽鹏主任。郭主任极力建议林燕诚将厦门援鄂医疗队的感人事迹分享给城市党建学院的学员们，用医护人员逆行出征、救死扶伤的人格魅力以及医者仁心、大爱无疆的职业精神，去鼓舞更多的干部群众。

林燕诚一开始颇犹豫，由于他基本参与了疫情发生以来所有的选派抗疫医护人员的工作，印象深刻的人和事太多，他担心自己讲不全。而且,他现在只要回忆起抗疫的点点滴滴,就会情绪激动,难以自控。

无奈之下,林燕诚将自己的忧虑向市卫健委姚冠华主任请示。姚主任跟他说:"向社会大众讲述卫健系统医护人员抗击新冠肺炎疫情的过程,意义重大,作为亲历者,你有必要克服一切困难,去把这件事做好。"

"捐躯赴国难,视死忽如归。"是啊,四五十个日夜的奉献与努力,无不透露着厦门援鄂医护人员举旗铭志、逆行出征的爱国之情;白衣执甲、扶危度厄的担当之勇;大爱无疆、倾情为民的奉献精神;大医精术、恭勤不倦的专业素养;无畏生死、敢于胜利的团结之心以及敬佑生命、救死扶伤的崇高职业精神。

每念及此,林燕诚的心情久久不能平复。为了向民众传递医护人员的高尚情操,促进全社会形成尊医重卫的良好风尚,他决定把厦门市医护人员抗击新冠肺炎疫情故事,汇总成一份沉甸甸的报告,将援鄂医疗队的措施成效、组建及救治情况和队员的体会感受一一记录下来,凝结成一份逆行出征、不辱使命的满意答卷。

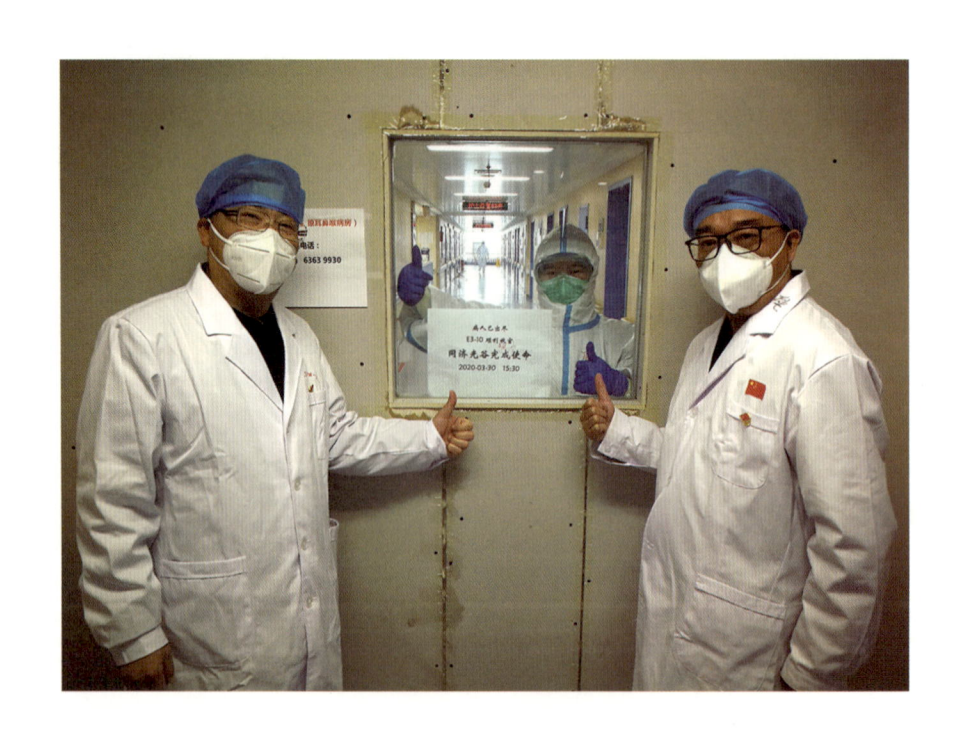

孙思邈曾言："人命至重，有贵千金，一方济之，德逾于此。"抗疫路上，总有最美的医护工作者，默默地为我们负重前行。他们用平凡的行动践行"决心竭尽全力除人类之病痛，助健康之完美"的伟大誓言。林燕诚切身经历过这场灾难，更懂得生命的可贵，也更理解医护人员的伟大。他衷心希望每个人都应明白这句话的含义：善待医护人员，就是善待生命；尊重医务人员，就是尊重生命。

林燕诚深有感悟，医务人员并不需要特殊待遇，他们只需要一份很简单的日常尊重，也许是一个善意的眼神，一句温暖的话语，都能够让其动容许久。营造尊医重卫的良好社会风尚，可从细微之处关心医务人员的生活，让医务人员成为全社会最受尊崇的职业之一。切实提高医务人员的福利待遇和社会地位，让更多优秀人才愿意献身医学事业，为健康中国打下坚实的人力基础。

"健康所系，性命相托。"医务人员是新时代最可爱的人，也是最值得信赖的人。林燕诚认为，尊重和礼遇医生成为常态，是一个文明社会的重要标志。只有让医务人员更舒心、更安心、更开心，全体人民的获得感、幸福感、安全感才更坚实。

林燕诚在演讲上这样感慨道："这场抗疫攻坚战是国家意志、党的领导、人民坚韧、医护情怀的集中体现。感谢所有医务工作者传递青春力量，担起国家责任，续写时代华章。"

诚然，当我们看到党旗高高飘扬在一线战场；英雄承担起千万人的期望；信念化作火光，划破黑夜照亮前行的路，不禁感叹奋战在一线的医务工作者，身躯犹可粉碎，但他们的家国情怀必永存于心。

岂不惮艰险，深怀国士恩。纵使已然凯旋，林燕诚依旧以平常之心，坚守在岗位上，为祖国的卫生健康事业默默奉献。正可谓一蓑烟雨犹可摧，看长风破浪，待花明柳暗。吾辈定竭余生力，佑我中华万古荣！

## "一个都没有少"
### ——记厦门市援鄂医疗一队领队乐家振

文◎肖秀文

一个都没有少，是他抗疫归来最开心的事。

52个日日夜夜，只有他和与他一起奋战的战友才知道经历了什么。这个面慈心善的湖北汉子，是厦门市援鄂医疗一队队长、厦门大学附属第一医院副院长乐家振。他是这130多个战士的大家长，默默地扛着各种压力，尽心尽责、无微不至地关爱着队员。

乐家振带领队员排除万难，取得了武汉抗疫的优异成绩。面对荣誉，他却说："我们只是做了该做的事。"

一

2020年2月8日晚上9点，他几乎同时接到厦门市卫健委和单位的电话，让他马上去开个碰头会，全市要派出两支医疗队前往武汉参与医疗援助，市卫健委领导问他愿不愿意作为一队的领队带队出征，他毫不犹豫就在电话中答应下来，随即赶到医院签下了请战书，回家收拾行李。乐家振于2020年1月由厦大附属中山医院调至厦大附属第一医院，职位仍然是副院长。疫情爆发后，第一医院杏林分院是厦门收治新冠肺炎的定点医院，他主动请缨调往杏林分院，主管疫情防控工作。那晚签下请战书回到家已经12点了，他告诉爱人："我明天要上武汉前线。"好像意料之中一样，爱人说："你也该去了，你是个'湖北佬'，又在武汉读的大学，现在那边需要你。放心吧，我会照顾好家里的。"那时他既是感动又是不舍。其实爱人是厦大附属中山医院呼吸科的一名主任医师，也做好了随时出征的准备。

乐家振说，大概1月12日开始，他从同学微信群里深深地感受到同为医生的老同学们，这个年过得太不容易。接下来看到采访钟南山院士的新闻报道说，武汉人不要出城，外地人也不要到武汉，再接下来看到福建省派出医疗队驰援武汉的消息，他就做好了随时驰援武汉的心理准备。

那晚收拾好行李已是深夜2点。第二天早上8点不到他就到达医院。这批出征的队员大都是2月8日晚11点到12点才接到通知，2月9日早上集结到位。在医院体检部，医院给出征队员每人打了一针免疫增强剂。出征前李卫华书记、王占祥院长等院领导为出征的战士送行，他们发言时都禁不住哽咽，现场气氛非常沉闷。大家都从网上知晓武汉疫情紧张，那情形就像20世纪60年代发鸡瘟一样，看着鸡走着走着就倒下了，大家对未来预期无从知晓，心里没有恐惧是不可能的。

乐家振带着来自10家医院的厦门一队130多个队员出发了。医疗队大多是年轻人，年龄最小的是1998年出生的。下午1点进入摆渡车广场，胡昌升书记、庄稼汉市长带领市领导班子和市卫健委姚冠华主任早已在那等候，大家眼含热泪欢送逆行英雄。下飞机后，武汉东湖高新开发区的管委会联络员前来对接。他们让医疗队先到酒店，再负责把大家的行李防护物资送达。那时是下午4点，天气阴沉，载着一队130多人的4辆大巴车，沿街默默行驶。武汉，这个昔日经济交通发达，这个乐家振无比熟悉的繁华喧闹的华中大都市，有着他抹不去的乡愁。此时，他看到的情景却是山水战栗、群鸟惊飞、人烟罕见，他的内心感慨万千。

车上所有人都沉默无语。乐家振感觉到队员们内心很迷茫，他赶紧对队员们鼓气："我是湖北黄冈人，1980年就读武汉医学院，也就是现在的同济医科大学。我们在座各位能主动奔赴前线抗疫，都是好样的！有困难跟我说，有我在，大家不要怕，我们同心抗疫！"队员们马上像吃了定心丸一样，很多人的脸上露出了舒缓的笑容。

酒店是前一天下午才接到通知，要接待他们这批130多人的医疗队。大部分的员工早就回家过年了，这时因为封城员工也回不来，一个五星级酒店留守的员工只有30多人。他们一到，酒店的管理人员就告诉他们，房间的清洁卫生都要自己负责。

随后，乐家振接到通知，当晚7点，四支队伍的领队（比较早到的青岛和厦门各两队）到即将接管的同济医院光谷院区开会。他赶紧叫队员们先去吃饭，饭后建立一个微信群，在各自的房间等他开完会回来发通知。

到会场时他们四个领队都还没吃晚饭，在开会前各自领了一个盒饭匆匆对付了事。开会时他才知道，这个由综合性三甲医院临时改建的三区两通道的传染病区，从设计到验收总共四天时间（一天设计，三天改造）。紧接着就通知他们第二天（2月10日）晚上5点就要接收患者。所有的领队都觉得不可思议，据理力争后，最终多争取了三个小时，也就是2月10日晚上8点开始接收患者。开完会9点，光谷院区负责人带领他们到病区看环境和设备，那时大部分的设备都还没安装，有的甚至连箱子都没打开，床铺也没有摆好。这时大家心里想：这种情况明天晚上肯定收不了病人。没想到光谷院区的办事效率真的很高，当晚12点多就全部安装就绪。乐家振感觉到光谷医院的领导也是顶着很大的压力，高效率地在做这件事情。

乐家振回到酒店把会议要求和相关通知发给队员时，已经夜里12点多了。他非常心疼这些队员，觉得他们又累、又饿、又冷，困了也不敢睡，就等着他通知第二天的任务。

摆在这种烈性传染病面前的首要任务是自身防护。第二天早上9点，光谷医院在一个小礼堂进行全员穿脱防护服的培训，17支进驻光谷医院的队伍总共2000多个队员在台下听课，台上两个培训老师轮流走台，一人讲授半个小时，像录像循环播放一样。看到这情景乐家振心急如焚！一般传染病的防护、消毒培训都要两三天，这样的培训怎么能行！他想起出征时对市政府、卫健委和医院领导的表态：一定要把所有的人平安带回来！这一刻他觉得当时说这句话的分量太重了，他要担的责任太大了！不禁不寒而栗。

## 二

还没缓口气，乐家振马上接到通知：中午11点在光谷院区，由国家卫健委医政医管局领导焦雅辉召开领队会议。会议气氛非常严峻，这个会议让各个援鄂领队明白了任务的紧迫性。焦雅辉说："这是习总书记的要求，应收尽收，应治尽治。昨天（2月9日）武汉就有1700多个重症患者。之前是用救护车一个一个接送患者，现在是用公交车拉患者。现在是战时状态，牢记！现在医院有什么条件就什么条件，你们不要给我提要求，任务太紧急，这是命令，大家不要讨价还价，要克服各种困难，把工作做好。"她还说，"本院区是接收重症和危重症患者，之所以把你们在座的全国最好的医院骨干召来，因为你们是国家选中的，是看中各个在座的医院，看中你们医院的牌子、影响力和你们的技术水平。现在时间紧急，条件有限，再重申一遍，应收尽收，应治尽治这是命令，不要讨价还价，否则你们从哪里来就回哪里去！大家回去马上进入工作状态，但是医者仁心，大家只管做，不要担心。"

这个会开完已经是下午1点，离晚上接收患者只有6个小时（8点

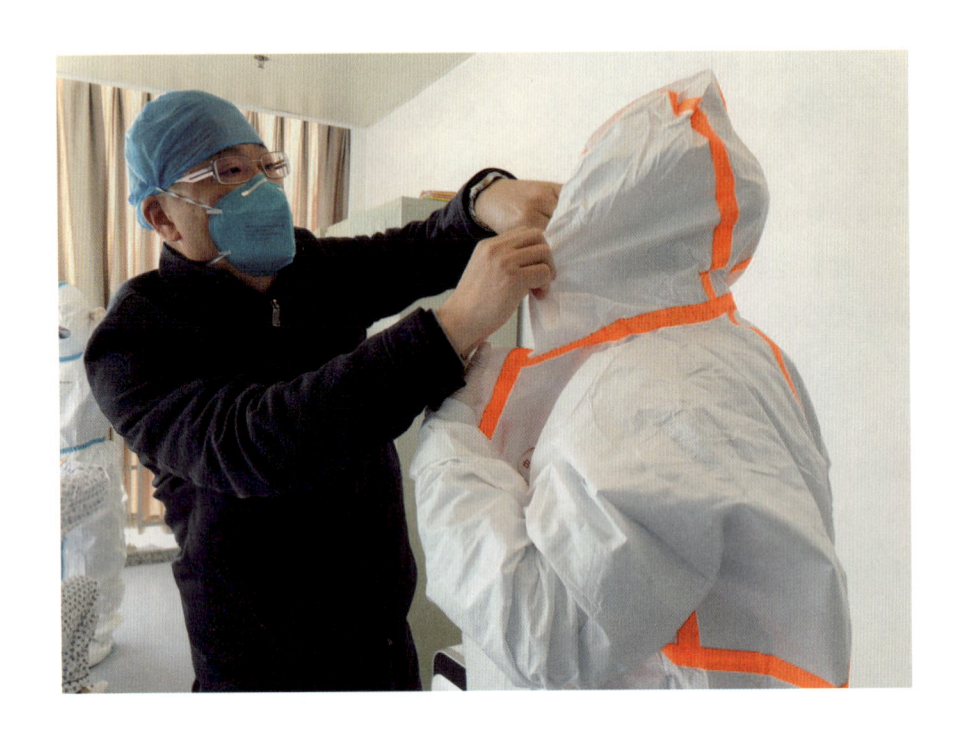

收治患者，7点就要出门）。回到酒店，乐家振赶紧进行全员一对一培训正确穿脱防护服和戴手套。那两个多小时，他从头到尾盯着。但是马上要收治患者，这样的培训他还是不放心。于是他想，只能先保证第一批和第二批进舱的队员。他亲自带着院感专家再次对第一、二批要进舱的队员进行一对一的培训，7点送他们到医院，看着他们穿好防护服进舱，回来培训第三、四批进舱的队员。刚开始那两天他每班都跟班，送下一班的队员去，接上一班的队员回来，盯着每个队员穿好防护服。那48个小时，他没合过眼。

乐家振为了给这些高压战斗的队员缓解身心疲惫、提高士气，他总是第一时间把厦门市委、市政府和市卫健委领导的关心、鼓励发到群里。他总是说："大家辛苦了！但是大家不要怕，有我在，我们一起努力抗疫！"2月14日情人节那天，乐家振想起这些队员都很年轻，没有办法和喜欢的人一起过节，他就在群里给大家发了红包。看到队员领到红包后的回复——"谢谢乐院长""乐院长我们一定不辱使命"……他的内心激动万分。

三

防护物资紧张，乐家振在培训时拿出自己的防护服和手套给队员们穿。他们反复练，直到把防护服、手套穿破了，甚至里面渗满了汗水才扔。为了节省口罩，那些天每天派几个人统一去餐厅领饭端上来。刚到武汉那些天伙食很一般，每天的早餐是蒸热的冰冻小馒头，一人一瓶牛奶。午餐和晚餐的饭菜都是温的，因为食物出炉后从分装好到领餐至房间需要两个小时。没有汤，乐家振心疼队员，就向酒店提出做点热汤。酒店说可以做，但是买不到碗。那些天大家又冷又饿，幸好出征前乐家振与同学聊天时，同学让他准备一些泡面，但是那些泡面在那个时候也是杯水车薪。他就自掏腰包托每天接送上下班的班车师傅买方便面，师傅花了三天才买到二十箱方便面。他说："说实话，那时大家吃到方便面是很开心的！吃到这些方便面可以说是吃得眼泪、鼻涕一起流。"

乐家振每天顶着很大的压力，晚上不管忙到多晚，他都要看完当天的各种监测简报后才敢睡觉。谁有困难他就马上帮忙协调解决。但是，他知道自己是这个队的大家长，是他们的坚强后盾。他每天总是笑嘻嘻地面对队员，所有负面信息他都不敢声张，只能马上启动应急预案，组织队员进行相关培训。

除了管理医疗队的日常工作，负责患者的救治，乐家振还时刻关注着队员的自身防护和身心健康问题。有个晚上，队员A向队长反映，到武汉后每晚都无法入睡。乐家振知道后非常操心，赶紧联系厦门二队的心理科高护士长找到该队员进行沟通疏导。但是队员A不想让别人知道他的状况，作为领队的乐家振做完幕后工作后就当不知有这回事。队员B干咳很多天了，忍不住在晚上12点多打电话给乐家振。通过临床经验分析判断，他觉得该队员可能是变态反应性咳嗽，由房间地毯的粉尘引起的刺激性咳嗽。他马上联系酒店服务员给队员B调换房间，但是队员B怕换房间睡不着。后来乐家振想，不然就在队员B的房间地板上都铺上床单，去除粉尘刺激因素。酒店方也非常给力，给队员 B 提供了一堆的床单。队员 B 把房间的地板都铺上床单后，顽固的咳嗽就不治而愈了。队员 C 驰援武汉不久后发现自己怀孕了，过了一个多月才说，乐家振知道后非常心疼地"责怪"她："你怎么不早说呢！"她说，她怕给队友拖后腿。后来乐家振就特殊照顾这个队员，不让其进舱，并且在凯旋时找到机场相关负责人，说明情况，让她不用通过安检通道……

## 四

2 月 17 日开始，陆陆续续有患者治愈出院，这都源于患者能够得到及时收治。看到刚来武汉时的"病人等床"变成了现在的"床等病人"，乐家振和他的队员们都开心极了。

WHO（世界卫生组织）高级顾问、联合考察组长布鲁斯·艾尔德沃与 WHO 流行病学、感染控制专家及湖北省卫健委领导等检查组成员认真地实地查看了厦门援鄂一队的病区管理，询问了平时的工作情况如

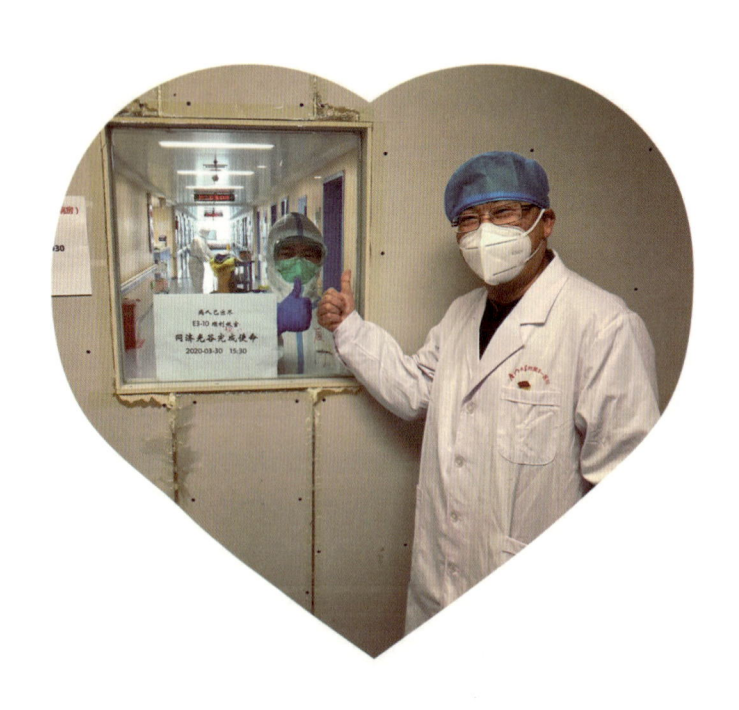

病区管理、医务人员排班与轮休、感染管理与培训等，并翻阅了一些工作资料。检查组的人员对厦门一队的工作给予了充分的肯定。那么多天的辛苦换来专家、领导的肯定，这对乐家振和他的队员们更是一个莫大的鼓励。

乐家振每天认真地记录武汉危重病人的数量，他看到疫情数据一天一天地下降，心里就一天一天的宽慰。疫情向好，他觉得回家的日子近了。但是他怕有些队员思想松懈，加上光谷院区有些队伍慢慢撤退，为防军心动摇，3月14日，乐家振在驻地酒店举办了一场誓师大会。在会上，他肯定了这段时间披荆斩棘、冲锋陷阵的队员们的成绩，接着带领队员们庄严地、斩钉截铁地进行宣誓："用我们坚强的意志，用我们的热血，守护患者的健康！疫情不退，我们不退！"队员们热烈呼应："疫情不退，我们不退！"在掌声雷动中，大家流着热泪在两面签名墙上签名。目前这两面签名墙，一面收藏在厦门博物馆，一面留在酒店作为纪念。

## 五

援鄂期间厦门一队总共收治患者106人，治愈96人，转院8人，是光谷院区救治成绩最好的一支队伍。3月28日，乐家振代表厦门一队的队员与光谷院区的另16支队伍的领队在光谷院区抗疫园，也就是院区的花圃，种下了纪念抗疫的桂花树。那天早上，天蒙蒙亮，乐家振就听到窗外一阵一阵的鸟雀声，它们此起彼伏地奏着欢乐的乐曲。来到花圃时，他看到苍翠葱茏的树木修剪得整整齐齐，不知名的各种花儿正当季开放，散发着迷人的芳香。熬过了冬天的这些花草是多么的明艳动人，就连落光了叶子的小树也萌生了满身的嫩叶。阳光非常的暖，一缕光辉斜照在乐家振的脸上，他的内心有着说不出来的感动。这么多天的努力终于换来武汉同胞的平安健康，在挥铲扬土的喜悦中，他听到围观的人群中有声音说："谢谢你们，谢谢厦门的医生们！"这一刻，他觉得这是他今生听到的最动听的声音！

## 六

乐家振说，其实当初驰援武汉的时候，大家都不知道能不能回来，因为这个疫魔的传染性太强了。他说这些年轻的队友跟他的孩子差不多大，他们太勇敢了，太不容易了！说这话时，这个没日没夜抗击疫魔的刚强英雄竟然哽咽泣泪，笔者也禁不住泪盈满眶。其实这场战役，他是这130多个战士的大家长，他为了这场战役默默地付出，默默地扛着各种压力，尽心尽责、无微不至地关爱着队员。

他说，非常感谢厦门市政府、卫健委以及医院领导对前线战士的倾力支持，对每个队员的家庭一对一的关心关爱和各种保障做得非常到位，让他们在前线安心战斗，没有后顾之忧，尽心尽力去抗击疫魔。他还说，他们不是英雄，抗疫成绩是全国人民共同努力的结果！

这是一次说走就走的逆行，英雄们负重前行，为生命保驾护航。面对荣誉，他说："这是我们的职责，是我们的使命！逆行抗疫，我们只是做了应该做的事！"

# 优秀"管家"是如何炼成的？

## ——记厦门市援鄂医疗一队联络员庄良金

文◎肖秀文

"顾大局、保湖北、战武汉！""最后的一碗米用来做军粮，最后的一尺布用来做军装。最后的老棉被盖在担架上，最后的亲骨肉送去上战场。"这是三进三出武汉的国家卫健委医政医管局医疗质量处副处长马旭东在武汉疫情最紧张的时候，发在朋友圈里的心里话，彰显了他愿为疫情战斗牺牲的决心。

马旭东是庄良金多年前在卫生部工作的同事，在武汉抗疫的一个风雪交加的晚上，庄良金在朋友圈回应道："你的老师、同学、战友都来了，你怎么可以落下？"

国有召，召必回，战必胜！这是庄良金对这次武汉战役的深刻体会。

原本在行政后勤岗位工作的他一心牵挂武汉一线疫情，并且奋不顾身地投入这场战斗，为这次疫情做出了非常重要的后勤联络与保障、战地医院医疗管理和信息化等工作。

在战地中火线入党，实现了他人生中的崇高理想，他说，再苦再累，此生无憾。

一

早在2019年12月新冠肺炎还叫"不明原因肺炎"的时候，厦门大学附属第一医院质量管理部主任庄良金就时刻关注着与该肺炎有关的新闻报道。他曾多次跟同事提起这事，同事说："新闻报道不是说就十几例，不会造成人传人吗？"尽管如此，庄良金还是时刻关注疫情的动态发展，一刻都不敢掉以轻心。有一天晚上他在家里来回地踱步，对爱人说："我想去临床前线抗击疫情。"爱人愣了一下，即刻回复他说："你要是想上前线，我会支持你的！我们俩都是医务人员，现在国家有需要，理所当然得尽自己的微薄之力！孩子还小，由我来照顾，你就放心去吧。"

随着疫情的扩散，想要冲到前线的念头时刻萦绕在庄良金的脑海中，他相信自己有这个能力，更认为自己有这个义务。虽然这几年他在行政后勤部工作，属于"十八线"之外，但是在这场没有硝烟的战争中，医疗队与实战的军队一样，要有相应的组织管理，因此，"组织后勤"也是不可或缺的战场。

庄良金毕业于福建医科大学，临床医学本科、医院管理硕士。在临床一线兢兢业业工作多年后，2012年，作为医院的优秀骨干，他被抽调到卫生部医政司医疗处工作一年半。回来后，在厦门市卫健委医政处挂职工作过一段时间，对厦门医疗系统软件与硬件、各个医院的专业擅长与人员配备等情况都相对熟悉和了解。

在庄良金的眼里，疫情没有控制下来，整个社会各行各业都会按下暂停键，正常的医学诊疗都会受到干扰。这也是他心急如焚、坚决要上前线的一个原因。所以，他很早就写了请战书，还向医院领导表明他的决心。

## 二

在飞机上，庄良金坐在领队乐家振身边，马上进入工作状态。因他先前整理、总结过一份注意事项，是关于早期去驰援武汉的医护人员遇到的相关问题。他利用在飞机上的第一时间，特别郑重地宣读并讲解给大家听，好让队员们提前做好相应的思想准备。

庄良金认为首先要确定好整个管理团队的班子，比如后勤管理、护理团队、医疗团队、院感方面等分别由谁负责。他拟出相应负责人，再与各负责人商量组建团队，从医疗队抽调骨干人员，了解哪些人可以做哪些事情，在紧急情况下建立应急的管理措施和要求。

由于对各家医院和人员比较熟悉，下飞机后，庄良金就协助领队乐家振副院长把团队的管理人员确定了下来，并且在等待武汉同济医院的后续工作指令期间，把这些负责人召集起来，建立各个分管管理群，帮助他们各自建群。同时，庄良金要求各个负责人强调组员进入战区必须注意个人防护，服从医疗队和光谷院区的调控安排，再进行有效的分组管理和工作布置。

入住酒店后，行李在晚上11点才到齐。因为厦门援鄂医疗一队、二队有些行李混淆了，送错了。还有一个队员行李弄丢了，到第二天才找到。行李的问题刚刚解决，又有队员因来得匆忙，只带了一套换洗衣服，冻得直哆嗦。庄良金马上意识到只带一套换洗衣服是不符合院感防护要求的，因为在医院穿的衣服是不能再穿回酒店的，每个人至少要准备3套衣服，他赶紧在群里让队员之间自发帮助调剂衣物。寒风瑟瑟中，他连夜带上分管后勤的马蕾副护士长在一堆码放如山的捐赠物资中翻找衣物，好不容易找到安踏捐赠的15件羽绒服。除了分给厦门市援鄂医疗二队8件，剩余7件羽绒服他在群里发出通告，让有需要的队员前来申领。当时武汉是雨雪天气，结果队员们互相推让，7件羽绒服还有剩余，这让大家都非常感动，铆足干劲。

为了队员的安全，当晚庄良金又在一队的群里紧急发通知，要求每个队员要把自己身边所有的人都当作是传染源，所有的人都要与身边的人保持一米以上的安全距离，同时要求队员不能在外面逗留，回到酒店后也坚决不允许串门。初来乍到，庄良金为了队员们的各种需求费尽心思。

出发去武汉时，国家要求每家医院给每个队员先带上一周的物资。可是很多医院准备仓促，有些医院甚至连N95口罩都是每人发放几个而已。在这种慌乱无序的状态下，很多队员马上就把这些N95口罩用掉了。接下来那几天，在接管的光谷医院方供应不足，厦门后方资源还没到位的情况下，庄良金就把自己的N95口罩拿出来给急需的队员用。

庄良金到战地除了协助乐家振领队的各项工作外，他还负责接管同济医院光谷院区临时医务处和综合协调组的所有事务，医疗队所有的群通知都是他拟发的。第二天晚上就要接收患者，他赶紧做好战时动员会的PPT，再次强调防护注意事项和各项纪律。最后，根据医疗团队和护理团队挑出的骨干人员，庄良金与领队、院感负责人一同认真地培训他

们熟练掌握穿脱防护服的步骤后送他们第一批进舱，给后续的队员一个经验和信心。

战地医院创建的工作群有几十个，庄良金每天都要接听上百通电话，根本就没有时间查看和回复微信。每天晚上回到酒店，他还要在线上组织病区疑难病例和死亡病例讨论，整理当日各种数据报表、记录每日工作日志、制定各种医疗制度和流程，以及向武汉医疗指挥部、福建和厦门后方报告医疗队的动态。刚到武汉那几天，他每天只睡两三个小时。因为事情太多，他一到武汉就关闭了所有战地工作群和队友之外的所有信息。

出征前，他在飞机上给母亲打了电话。由于他从没跟母亲提过想上前线的事，此刻突然告诉母亲自己准备走了，母亲有些纳闷，就问他要去哪里？他说去武汉。母亲当时就蒙了，她说："你怎么要去武汉？那你每天跟我视频或通话一下吧，报个平安。"怎料到庄良金到武汉后，每天忙得晕头转向，直至第三天晚上12点多才想起与母亲视频聊天。那个晚上，他只聊了三句话，就在沙发上沉睡过去……抗疫回来后他才知道那晚母亲吓得痛哭了一个晚上，为此他感到非常内疚。

## 三

2月20日，厦门市卫健委林燕诚处长驰援武汉，他在厦门驰援武汉的两个医疗队成立临时党支部，并在医疗队里发文：为了发挥党员的先锋模范作用，更加广泛地凝聚起抗疫的强大力量，在医疗队里发展火线入党成员。入党是庄良金人生一直追求的崇高理想，在他的心里占据着非常重要的位置。他说这次抗疫让他对党的组织领导有了更深刻的亲身体会。史无前例的疫情，在党和政府的领导下，全民积极努力地抗疫，这种动员机制是前所未有的。这次的新冠肺炎患者全是免费治疗，这是除了中国没有一个国家能够做到的事情，就是中国上下五千年，也没有一个年代能够做到的事情，但在今日的中国，做到了！他深深地感受到中国共产党正确、强有力的领导，入党的愿望愈发强烈。他觉得经过这

场特殊的"战场"考验，自己已具备党员素养，且在出发去往武汉前他已递交了入党申请书。2月27日，他成为厦门支援湖北医疗队第一批火线入党队员，"完成人生的愿望，激动且光荣"。

庄良金认为，作为一个士兵，他只是做到了认真完成国家交给的任务而已。如今能火线入党，他激动万分。在高高飘扬在抗疫一线的鲜红党旗下，他庄严地进行宣誓："我志愿加入中国共产党……对党忠诚，积极工作……随时准备为党和人民牺牲一切，永不叛党。"

他知道，行动是最好的入党宣誓，来武汉之前庄良金就觉得要把这个疫情当成一场战役来打，医务人员就是战场上的士兵，必须冲到第一线，与疫魔搏杀。光荣入党后，随时准备为党和人民牺牲一切的誓言时刻在他心头回响，他知道更要奋不顾身地进行抗疫工作，只要努力去做，一定能够取得抗疫的最终胜利！

四

因为有心理准备，出征前庄良金就让朋友给队员准备水胶体敷料和足跟贴，用于保护队员皮肤和缓解疼痛。他还自带了两台电脑、一台打印机、若干打印纸和订书机等办公用品。前期致力于战地医院后勤管理协调工作的庄良金，工作就绪后就开始研究医院信息化。厦门大学附属第一医院是通过JCI（国际认证）和HIMSS7级（医疗信息化最高级别）的医院，基于多数新冠肺炎患者都伴有肺外的并发症、合并症的情况，如何最大可能地解决人力不足，最大效率地去救治患者，利用手头上有限的医疗资源，进行多学科协作会诊？庄良金想，那就要搭建一个远程会诊平台。想到就要马上落实，他即刻向厦门市卫健委打报告求援。厦门后方很快就把远程会诊的摄像头，随同前方需要的物资运送到光谷院区。但是还差一台视频对话设备，庄良金赶紧协调当地朋友募捐了一台。

面对这一堆设备，庄良金又犯愁了，隔行如隔山，谁会安装呢？非常时期，他只能求助当地朋友找到工程师，让其在网上远程教授安装。那时庄良金带着几个同事，白衣战士秒变通讯工程师，通过视频一步一步学习安装，错了就从头再来……功夫不负有心人，一阵手忙脚乱后终于安装好了，设备与厦门院区的重症医学科的网络对接上了！这边的屏幕在光谷院区10层医生办公室，那头屏幕面前坐着厦大附一的会诊专家，远程会诊系统搭建成功了，那一刻庄良金激动得快要掉下泪来。非

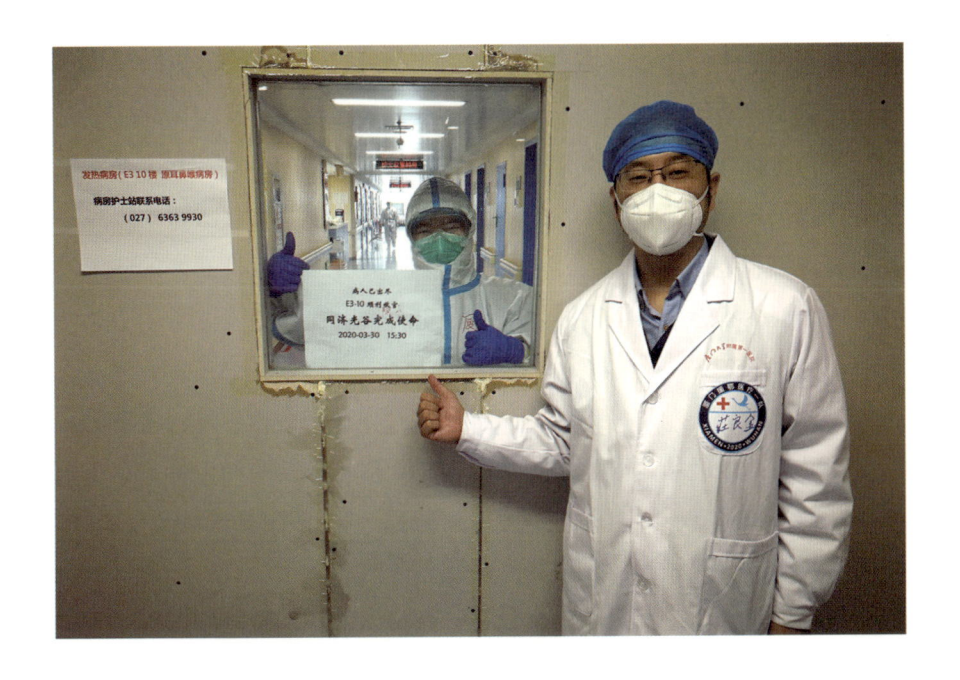

常时期，平时很容易做的事，在这个时候要做到是很不容易甚至是很奢侈的。为提高工作效率，庄良金又想到必须在病区安放两个摄像头，搭建一个院感和一个重症监护室云监控的平台，类似中央监控。他求助在厦门的朋友，让他们寄来了两个莹石云视频摄像头和网络设备。仍然是通过武汉当地朋友的技术指导，庄良金把一个摄像头安装在半污染区，即脱卸外层防护服的第四缓冲间，用于院感云监控。另一个摄像头安装在一个大的病房，把一些高危和有自残倾向的患者安排住在这间病房，用于重症监控。院感云监控对于院感防护起到非常重要的作用，因为进出隔离病区需要严格的穿脱防护服流程，而队员来自各个医院的不同科室，他们中大多数人都没有传染病防护工作经验。穿脱隔离衣，脱比穿更重要，一步都不能错，每个步骤都要用快手消消毒，边脱边往外卷，手部不可碰触里层的衣物。这样用信息化的手段去解决监控穿脱防护服的问题，管理人员可以通过手机实时查看医务人员穿脱防护服有没有规范，及时进行干预，既可以减少感染风险，又可以节约防护人力。重症监护室的云监控对重症、高危患者的病情动态监测起到非常重要的作用，护士在护理站可以随时关注这间病房的实时动态，管理人员同样可以在自己的手机上实时监控，提高了救治效果，并且及时制止了几个抑郁、焦虑患者的自杀行为。

　　庄良金创建的战地医院信息化系统在临时改造的病区起到了非常重要的作用。厦门援鄂医疗一队是光谷院区17支援鄂医疗队伍中唯一一支拥有先进信息设备的队伍，也是17支队伍中救治效果最好的队伍，取得了医疗队零感染、零投诉、零纠纷和治愈患者零复阳的可喜成绩。

五

　　特殊时期的经历，今生永不会忘记。面对猝不及防的疫情，党中央发动全国人民来支援湖北、支援武汉，做到了4万多医务人员逆行援鄂，一下子开放了3万张床位，跟时间赛跑，尽收、尽治所有的患者，很快地、顺利地控制住疫情。庄良金觉得，医疗队能顺利地开展工作，完成国家交给的任务，并不是个人的能力多伟大，最大的原因是要依靠国家和党组织，依靠集体的能力。在大事件面前，每个个体都很渺小，只有团结在集体的组织下，才能发挥个人的微薄能力。能打赢这场阻击战，得益于整个国家的动员机制，得益于每个人的奉献精神。

庄良金说，此次武汉抗疫的工作累但心甘情愿。因为他做过基层的临床工作，做过医院行政管理的工作，还在卫生部工作过，跟国家、省、市各方面的对接都比较顺畅。事实证明抗疫期间很多事情的处理，因为有过工作交集，彼此比较了解，起到了不小的作用，让他在战地的管理组织工作中，相对轻车熟路。经过了 52 天的努力，他终于交了一份满意的答卷。如今多了一层共产党员的身份，他说他将更加努力地行驶自己的初心使命。

去时千重雪，归来万里春。整个抗疫期间，庄良金没有半点恐惧心理，一个是实在忙得顾不上什么恐惧害怕，另一个是"常思奋不顾身，而殉国家之急""惊涛骇浪从容渡，越是艰险越向前"的家国情怀。他说，世界上有两种最耀眼的光芒，一种是太阳，一种是你努力的模样。他还说，武汉抗疫是他人生的一段高光时刻，人生有这样的一段经历，此生无憾。

# 白衣战士的战"疫"后盾

——记厦门市援鄂医疗一队队员黄辉萍

文◎肖秀文

面对烈性传染病，院感专业人员责任重大。黄辉萍放下两个年幼的孩子，前往武汉抗疫。

患者、保洁员、医护人员等在她的正确防护指导下，逐渐稳定下来。她为这场战役费尽心思，为"零感染"立下了汗马功劳。

一

唯愿再无分离之苦，唯愿再无瘟疫之痛。

2020年2月12日下午5点35分，黄辉萍接到了驰援武汉的电话，那时的她正在慰问支部驰援武汉的一个家属。黄辉萍在1月31日提交了驰援武汉的请战书，因为那时候医务人员的感染率很高，而自己是院感专业人员，2003年还曾在防非典指挥办工作。看到新冠肺炎病例数一天一天地增加，她心想有必要马上奔赴战场。接到电话通知的时候黄辉萍心情还是比较平静的。可是想到厦门医疗队是2月9日才出征，三天后就紧急通知驰援，她立刻意识到前方的形势一定是严峻的。她顾不上多想，赶紧辗转各个百货超市及便利店，购买方便面、一次性手套、快手消、口罩等。当天晚上，黄辉萍还把自己账户里的钱全部转给了爱人。

第二天一早，黄辉萍告别睡梦中的两个孩子，出发前往武汉，到达武汉天河机场是上午11点多。那真的是一个很难忘的经历，一出机舱门，她就感觉进入一种战备状态，心情特别的沉重。那时感受到的是一种不知能否从这个病毒笼罩的城市里走出去，能否再次坐上厦航的飞机回到厦门，见到亲人。封城中的武汉没有一点儿活力，店铺全关了，四周空荡荡的。黄辉萍等了两三个小时，才对接上来接她的厦门队员。

进了酒店的房间，平时做事认真仔细的她赶紧看了看周围的交通及酒店的设施，同时还查看了酒店的卫生间排气扇是否与空调出风口连在一起等。当晚看数据了解到确诊病例较昨日增加了一万多例，黄辉萍顿感毛骨悚然。黄辉萍想起二宝才刚满周岁几天，离不开妈妈，之前每晚都要她抱着、哄着入睡；大宝也才上小学五年级，因为疫情在家上网课，作业需要有人督导；爱人自己创业，节后正拟复工，公司事无巨细都得他操心。正想着，爱人发来视频通话，二宝看到视频里的妈妈，突然哇哇大哭。爱人看到她眼眶红了，赶紧抱开孩子，可是黄辉萍还是忍不住哭了！虽然来时的意志坚定不移，这时候也禁不住悲从中来，因为未来完全不可预知。随后，她从网上下载了穿脱防护服的视频，自己在房间里面加强训练。那一刻，她想，既然来了，就必须做好一个楔子，就算断了，也要楔进这个城市的水泥里。

二

与病毒作战，第一步是做好防护，保护好医务人员。黄辉萍要做的第一件事，就是帮助队员穿脱好防护用品。队员进舱时至少要穿 11 件防护用品，最快都得 20～30 分钟。光谷院区是由综合性三甲医院临时改造成的战地医院，不具备标准的传染病病房条件，医护人员工作时其实是与患者面对面直接接触的，感染风险很高，大家内心还是挺恐惧的。正因如此，黄辉萍坚持每天到一线给予医护人员正确指导，盯着他们穿戴防护用品。

进隔离舱戴的护目镜如果处理不好，不仅会起雾而影响操作，还可能压迫面部神经，导致头晕、头痛、呕吐，戴五分钟就受不了。前些天黄辉萍通过查阅文献得知碘伏、快手消、洗衣液等都可以用来涂抹护目镜，但是她通过实验对比，洗衣液有芳香剂味道，消毒剂有刺激味，戴上后眼睛都不舒服，最后认为洗手液是首选。她还摸索出涂抹的技巧，每次 2 毫升左右，用干纸巾涂抹均匀。抗疫期间，队员戴着她处理的护目镜从进舱到出舱，都看得清清楚楚。

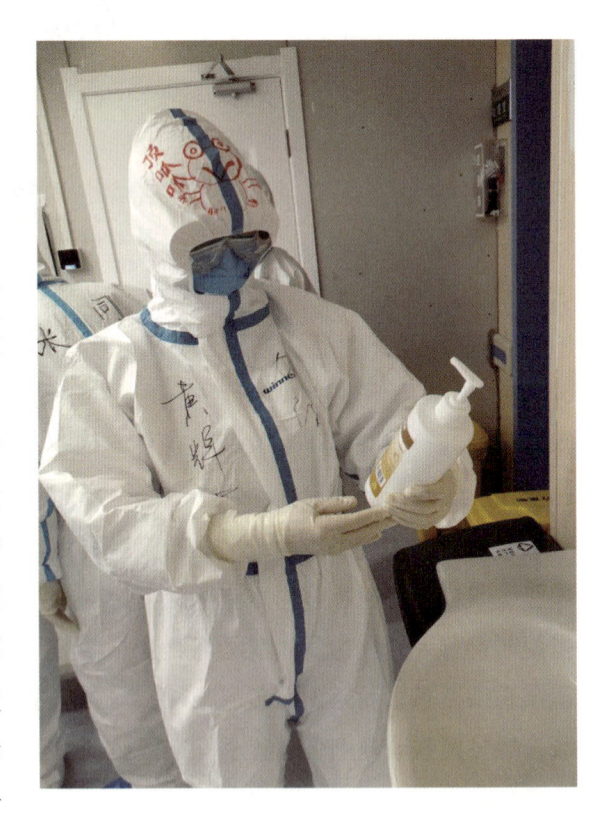

黄辉萍发现有的队员把透气孔所有的孔洞，用胶布封住，用棉片塞紧，一戴就形成雾珠，这种情况不要说怎么穿刺怎么治疗，走路都是个问题。她知道队员是出于害怕而导致防护过度，便与队员耐心解释：护目镜是用于防喷溅的，并不是要戴得密不透风，若要进行气管插管或者

吸痰操作时，再戴一个面屏就可以了。她还现身说法，对他们说："你们看，我进舱戴的护目镜都没有那样塞啊。"

刚开始的时候，防护用品比较紧张，大都是捐赠的，规格、型号、标准都不一样，每个批次黄辉萍都自己先试穿，了解穿脱时的注意细节。有的防护服质量很差，在脱卸时粘连得特别厉害，一撕就破了，她就把这些防护服都收起来，坚决不让使用。她每天一定要搭乘7点50分的早班车到达医院，一定要亲眼看着队员穿好防护服进舱才放心。

黄辉萍每两三天要进舱一次，检查病区消毒隔离措施是否得当，空气消毒机是否运转正常，医疗垃圾处理流程是否合乎规范等。她发现很多患者在房间里面待不住跑到走廊来，而且还不规范戴口罩。因为这不是标准的负压病房，这种行为传染性太强了，黄辉萍便耐心规劝患者，教他们如何正确佩戴口罩，并且把做实验发现戴口罩与没戴口罩时病毒载量不一样的数据给他们看，让他们认识到减少空气飞沫传播的重要性。

黄辉萍还耐心教会患者如何正确洗手及做好手卫生，让他们认识到手部若有新冠病毒，就会通过接触传播传染。同时，她还教会患者如何使用消毒湿纸巾擦拭床单等。有些患者怀疑医务人员来做诊疗活动时没有做好手卫生，黄辉萍就把医护人员每个操作前后做手卫生的细节拍成视频给患者看，消除患者的疑虑。

在巡察病房时，黄辉萍还发现倾倒呼吸机冷凝水的操作有气溶胶污染的风险。为了在不影响工作的前提下减少职业暴露的风险，她和护理团队想出一个两全其美的办法，就是用灭菌橡胶手套替代湿化瓶收集冷凝水，然后绑紧扔入医疗垃圾袋内。事实证明，这是一个简单又行之有效的好办法。

那时保洁人员很少，整个病区就一位保洁员。黄辉萍给这位保洁员培训穿脱防护服，陪她进舱，亲自指导他做新冠肺炎病毒消毒隔离工作。一开始黄辉萍发现这位保洁员收垃圾时，直接将医疗垃圾袋子抓起放在病区走廊，离医务人员工作场所仅两三米的地方，还看到保洁员挤压医疗垃圾袋，这些都是严重违规的操作。新冠肺炎的医疗垃圾处理需十分谨慎，不仅要双层包装，且每一层都要使用独立的鹅颈式包扎，还要喷洒消毒液。再一个就是浸泡、消毒物品的时候，保洁员不懂如何做浓度监测，黄辉萍就在桶外刻上水位刻度，教会保洁员根据不同消毒要求，多少毫升水放几片爱尔施（含氯消毒剂），保证消毒液的有效浓度。黄辉萍一一地发现问题，并一一给予纠正。

还有一件很重要的事情是黄辉萍发现医护人员都不敢在办公室吃饭，因为清洁办公区与隔离病房之间只有一扇透明的玻璃门，别说吃饭，他们甚至连喝水都不敢。医生二线班一班12个小时，不敢摘下口罩，不敢吃饭。黄辉萍耐心地与他们解释说，这些清洁区都有严格的消毒措施，但是他们坚持说不饿。黄辉萍理解他们面对这种感染的压力，可是还不知要战斗多久，大家能扛得住吗？黄辉萍就当着他们的面，每天都把办公室窗户打开通风，早上、下午各半个小时，再用紫外线照射消毒一个小时，接着用过氧化氢消毒液喷雾喷洒。此外，她用爱尔施消毒液擦拭消毒办公室物体表面，还用保鲜膜包裹键盘，且用过氧化氢湿纸巾随时擦拭。可队员还是不放心，依然不吃不喝。于是，黄辉萍就做清洁区的空气、物表、医务人员手表面、键盘、手机新冠肺炎病毒核酸检测，检测结果都阴性。她将这个结果公布出来后，大家才放下高悬的心开始在清洁办公区里吃饭。

## 三

武汉的气温像过山车一样，前后两天温差很大。昨天还二十多度，今天倒春寒就来了。大家洗个澡、吹个风都可能着凉，时不时有人出现咳嗽、咳痰等症状，体温虽然不高，但因咽炎、长智齿、扁桃体化脓、消毒剂过敏、戴口罩过敏等引起的咳嗽，在那个特殊环境，会让所有队员担心自己是否得了新冠肺炎。黄辉萍为大家争取到一台与患者分开检查的CT机，有症状的队员经过队医初诊后，需要排查的队员安排他们去做CT，让队员安心。抗疫期间有三个队员因得了结膜炎而痛得睁不开眼，黄辉萍便联系光谷院区的眼科医生给他们治疗。这时她发现队员得结膜炎的一个原因是护目镜戴久了，另一个原因是在宾馆时，有些队员会用紫外线灯照射衣服导致。于是，黄辉萍就在队里设置一个衣物臭氧消毒间，每个队员需要消毒的衣服统一拿去那里晾挂消毒。这个消毒间晚上12点左右开，第二天一早7点左右关，再解析两个小时后才让队员把衣服拿走。开关臭氧机这样琐碎的事情太多了，黄辉萍却不厌其烦，一直坚持做了下来。

新型冠状病毒有着前所未有的魔力，无所不入，防不胜防，需要大家有很强大的心理支撑和心里暗示能力。黄辉萍费尽心思，用科学、正确的防护理念，把大家担心的问题一一撕开，解除大家的焦虑，避免队员因过度担心被感染而出现睡眠障碍等症状。

酒店不只住厦门医疗队，因此黄辉萍在刚到的前三周就定了7个感控制度，17个标准化流程，包括酒店的管理规范、电梯消毒措施等。有些细节，比如从医院回到酒店房间时，口罩是必须换掉的，但是很多人舍不得，黄辉萍就耐心细致地做解释工作。由此可见，感控的工作从头到尾就没有轻松的时候。前期怕队员防护过度，后期疫情向好，又怕队员们放松警惕。黄辉萍注意到队员们很有爱心，对待病人都亲力亲为，与病人挨得特别近，就抓紧给队员强化培训，强调防护两个患者与一百个患者的风险是一样的，一定不能掉以轻心，防护这根弦始终要绷紧。曾经有个队员被强制休息后还要坚持上班，她说怕自己生病了给大家添麻烦。黄辉萍发现后赶紧强制她休息，强行把她"押送"回驻地。黄辉萍把她送到酒店门口，关心安慰她，让她好好休息。其实大家还有个心结，万一这是一个感染链，如若失守，后果就严重了。

四

黄辉萍把住宿的酒店房间设为三区，即污染区、半污染区、清洁区。污染区，就是房间门口水平线以外延伸到整个走廊的区域，并设置外出鞋、外出口罩、外出衣服等脱挂的地方；半污染区为洗漱间，就是换好鞋子进卫生间洗涤出来的那块区域；清洗好进到里面有床铺的房间，才

算到了清洁区。

穿脱防护服培训很重要也很吃力,黄辉萍就实行实景化培训,把进入隔离舱需要经过的四个缓冲间场景搬到驻地宾馆,把流程贴在墙上,看着队员一步一步地穿和脱。抗疫的49天,黄辉萍对130多名队员中每个人进行一对一的培训考核至少两遍以上,总共进行了20余场培训,耗时约6000分钟。

手卫生依从性监测、患者问卷调查等,黄辉萍也要亲力亲为。通过视频进行检查,发现做得不对的她便立即进行指导,这个工作量也很大。49天时间里,黄辉萍在工作中显现出17个亮点,平均每3天就有一个亮点。在光谷院区,因为她的辛苦付出,排除了很多的隐患,评估了很多可能发生的灾害风险,做到提前预防,防患于未然。

所有对气管插管患者操作后的护目镜与护目屏需统一放在一个消毒桶里浸泡消毒。黄辉萍看到这些有感染风险的操作,这些平时不需要医护人员干的活，队员们抢着干，不由得心生宽慰。她觉得自己的努力没有白费，通过正确指导，让队员们有了信心，也有了正确的认识和科学的防护。

科学防护真的很重要，烈性传染病的感控防护永远是第一位的，感控防护涉及的面是全方位的，这个链条只要有一个环节失守，出现感染，那就不是一个人的事，而是群体事件。感染风险存在于病区、酒店、交通工具、病区办公室等，无所不在。黄辉萍每天晚上6点左右回到酒店后，马上洗头洗澡，6点30分主持召开院感的质控线上视频会，逐一梳理特殊情况，制定应急预案，分析可能原因，采取对应措施。这期间边开视频会边吃饭，吃完差不多7点左右，之后开始做医疗队的健康监测总结报表。这个报表是每个队员各自填报后她负责整理，若发现异常则通过线上方式向他们了解，再进一步跟进。每天的健康监测都要形成简报。全队130多名队员，每一个人的健康监测只要有一点儿问题，包括黏膜受损、职业暴露等情况，都要追踪、随访、监测，黄辉萍没有一天是晚上12点以前休息的。最多的一次是有一个晚上，她在电话上随访了二十几个队友。有的队员要观察几天，有的队员要被强制休息，因为隐私和敏感的问题，不能对外说是隔离，这些队员黄辉萍都得盯着跟踪随访。

## 五

援鄂的49天加上回厦门隔离的14天，虽然只有两个月的时间，黄辉萍却感觉像是经过了漫长的岁月。回家时小女儿对她感到陌生，不让她抱，过了好一会儿才想起她是妈妈。黄辉萍先抱了一下儿子，再拥抱爱人。这种拥抱的感觉太真实了，黄辉萍感觉恍如隔世。她说："回到厦门的感觉太温暖了，在蓝蓝的天空下，拥抱亲人、同事和好友，不需要再隔着屏幕。"回想起这两个月的经历，黄辉萍流下了激动的泪水，她说："一开始谁都没有想到驰援武汉能够有这么好的结果，还好当时没有泄气，心理压力虽大却也坚信：我们可以，我们能做好。"

更让黄辉萍激动万分的是厦门市援鄂医疗一队领队乐家振副院长在队里通报:"在院感组的指导下,在各位同仁的严密防护下,今天全体队员核酸检测阴性。"那一刻队友们纷纷发来感谢微信——"黄老师英勇""您给了我们信心和安全感""感控做得非常棒""谢谢黄主任为我们保驾护航""大家核酸阴性,黄老师您功不可没,辛苦啦"……那一刻,黄辉萍都被自己感动了!这来之不易的"零感染"是一枚勋章,证明她和她的感控同仁们为风雨里的抗疫战士撑好了保护伞!

# 新婚医生武汉战疫

——记厦门市援鄂医疗一队队员马爱平

文◎肖秀文

呼吸科医生马爱平，第一时间请缨驰援武汉。52天高压战斗的辛苦不言而喻，但是这样的磨砺让她的思想更加成熟，对自己人生的意义和职业的伟大之处有了更深一层的理解和认知。

穿越至暗时光，回望来时的路，在最美的年华做最有意义的事，以梦为马，不负韶华。

一

2020年1月23日，马爱平和刚刚领证的爱人乘坐飞机到达大连，辗转坐动车到婆婆家，那是中国与朝鲜交界处的丹东边陲小镇。第一次去婆婆家，一家人欢欢喜喜过了个大年，商量着如何宴请亲朋好友等事宜。

　　大年初二（1月26日），马爱平看到医院办公网发文：全院取消休假。作为呼吸专科的医生，她知道自己的使命，以最快的时间抢到回程的机票。当她1月28日乘坐动车从丹东抵达大连时，地铁已经停运，的士要七八分钟才能看到一辆。爱人一年回家一次，不能陪马爱平一起回厦门，平素雷厉风行的她，或许是因为与爱人相识后从没分开过，那天爱人送她到安检口时，她忍不住泪如雨下，别过身再也不敢回头看爱人一眼。

　　上班后马爱平是科里第一个报名驰援武汉抗疫的医生。正式接到通知是2月8日晚10点半，她在第一时间告诉了爱人。马爱平毕业于北京协和医学院，他们课题组的八个师兄作为第一批北京援鄂队，第一时间驰援武汉，给马爱平很大的触动。接到通知，她赶紧询问师兄去武汉的相关事宜。他们说："武汉很潮湿，要带吹风机；武汉很冷，要带电热毯。当地条件绝对比你想象的要差，那些由以前的三甲医院综合病房改造的隔离病房，根本就不具备有清洁区、污染区、缓冲区，相当于病房出来就是医生办公室，所以你要相当小心，注意防护再防护……"马爱平听后心里毛毛的，把一堆纸尿裤往行李箱上压了又压。

　　从厦门飞往武汉，当晚到达酒店，马爱平就接到援鄂一队医生的排班任务。她好不容易排好班发到群里，却收到各种各样的需求信息：有队员说他都50多岁了，昨天刚刚值完一个夜班就来武汉了，能不能往后排几个夜班；有队员要求同个医院能不能排在一起……几百条微信响声此起彼伏。排完医生的班，她还要考虑护士的班是否与医生的班同步。直至第二天下午3点多，马爱平终于把班排好了，可她发现自己出现了突发性耳聋，什么都听不见了，一时心急如焚，而身为专业人士的她知道此时要冷静……

二

　　马爱平第一天进舱就遇到一个危重症患者，血氧很低，口唇肢端末梢紫绀，面容痛苦，大口大口喘着气。当马爱平打电话告知家属患者病危时，家属说他母亲前天也做了气管插管，已经走了。他说："医生，就靠你们了，不论什么结果我都相信你们，请你们尽力抢救！"患者心跳呼吸骤停时，马爱平是含着泪拼命地为患者做心肺复苏，但最后病人还是没能抢救过来。这让她替这个家属心酸难过，这个家属自己在家隔离，短短二十几天父母双亲都走了，连最后一面都没有见上。对于逝者，马爱平和当班的医务人员默默地处理尸体，垂首躬身，向死者默默致哀……

马爱平回想起出征时在医院218会议室，每个人在请战书上按下手印，这种仪式感，就像签生死契约一样悲壮；想到在厦航飞机上，工作人员给每个人一张卡片，让队员写上心愿；想到飞机上坐在旁边的厦门二院的一个小姑娘不停地哭……想到这些，马爱平不由心生落寞，她和爱人才领证一个月，万一真的遇到不幸怎么办？来的时候没有想那么多，突然意识到这点便觉得揪心。

接下来那几天，马爱平每天推开窗户就是看到天空灰蒙蒙的，还有一栋栋被隔离的幽深楼房。坐在班车上，沿途看到小区门口都被障碍物堵死了，路上空无一人，偶尔有一辆公务用车凄厉驶过，心情真的非常压抑。青春靓丽的马爱平平时也喜欢打扮，那些天完全就是素面朝天，每天帽子、口罩捂得严严实实，穿的是手术室墨绿色的裤子，感觉每天眼里尽是灰色系。

更难受的是，每次上夜班的时候，凌晨2点的班，1点就要从酒店出发。凄冷的夜里，阴霾笼罩城市，只有微弱的路灯好似在为前行的他们打着气。同事间相互隔离，无法交流，每天吃饭就是各自对着快餐饭盒。那些天每天的新闻都是新增3000多例新冠肺炎病例，那时马爱平感觉这样的日子无止境，不知何时才是尽头。还好深爱着她的爱人每天都在她休息时间与她视频聊天，时刻关注、开导她，给她莫大的安慰。马爱平的婆婆也是医务人员，经历过非典的她对于这个大义凛然的媳妇非常心疼，默默地为她祈求平安。同事和亲朋好友也时刻关心着她，后方的关爱和支持让马爱平反过来想，医院给大家的物资质量算是非常好了，如果被感染了，也要怪自己专业防护不到位或者疏忽大意，不然这个病毒就像埃博拉，任谁都没有办法，既来之则安之吧。

三

因为特殊的疫情，家属不能陪伴在患者身边，马爱平常常要对家属解释和安慰，特别是对重症患者的家属。马爱平的心里多了一份责任。

在马爱平多年的呼吸科工作经历中，一般的慢性患者死亡都有一个逐渐的过程，即便是重症肺炎，死亡前也不会那么痛苦。而新冠肺炎患者与平常呼吸科的患者相比，他们的病变太快、太急了，那种呼吸极度困难喘不过气的感觉相当于溺水的窒息。病患稍微活动一下就觉得胸闷，特别难受。看到那些痛不欲生的患者，马爱平的直接反应就是，好想把自己的呼吸机借给他们。因为懂得，所以慈悲。

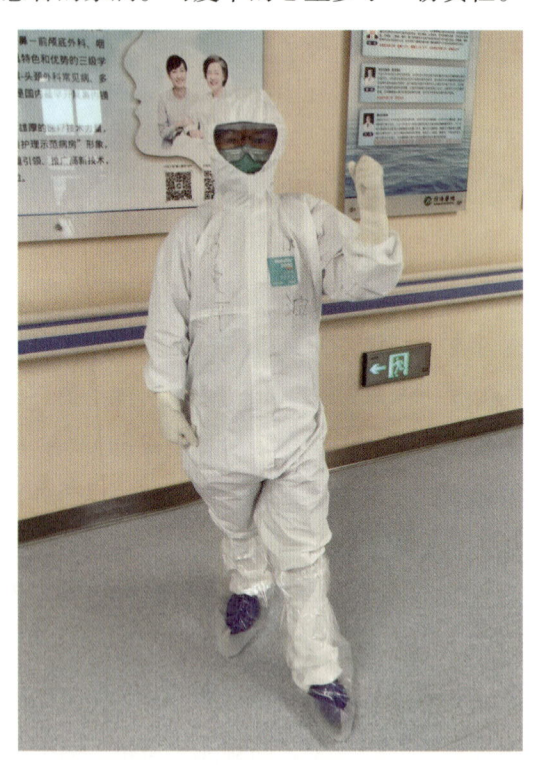

马爱平深深地感触到每个病患的家里都经历了很多不为人知的痛苦。患者中有很多恳求她抽个时间帮忙与他们家属沟通一下，希望她把病情转告他们的家属，让家属放心。马爱平觉得他们仿佛是被命运吞下的人，从那时起，她深深地意识到自己在这种处境下，更要好好地救治和服务这些患者。她觉得需要给他们多一些安慰和关心，认真地聆听他们的种种心声，因为每个生命都值得被尊敬。他们的病痛、他们内心的苦深深地刺痛马爱平的心。那时她心里想："我一定不能退却，我一定要为武汉这座城市、为武汉患者尽自己的绵薄之力，我必须做一个在黑暗中点亮蜡烛的人。"从那时起，她真的就不害怕了。也许就像罗斯福说的："我们恐惧的只不过是恐惧本身而已"。

四

光谷院区的地点在武汉比较繁华的地方，但是那时的武汉是风声鹤唳，草木皆兵。高楼耸立的街市中只有医院灯火辉煌、热闹非凡。

在同济光谷院区的医生办公室，每一班有四个医生，那时只在晚上接收患者，因为是社区指挥部统一调度，经常是一家人一起来住院。光谷医院给他们留守三个医生，但是他们不参与任何诊疗。他们的工作就是在驰援的医生不懂怎么发送医嘱，不知道检查单怎么开，打不出哪个药名时，24小时帮助配合。

患者是男女分开住的，查房的时候常常有患者跟马爱平提要求：有媳妇要求说千万不要把我的病情告诉同病区的婆婆；有儿子嘱咐说不要把自己的病情告诉他妈妈。经常有些老年患者的子女小心翼翼地跟在他们后面，生怕医生对他们的父母说漏什么……

每天查房，总有患者围着马爱平。

有一个老太太，治疗一个多月了，不管用什么药，核酸检测都转不了阴性。每次查房，她都一直哭，马爱平便耐心鼓励她说："阿婆你要多吃，缺少蛋白质没有免疫力，抗体不够就不能杀伤病毒。"马爱平把物资捐赠中分给她的蛋白粉等营养品带到病房给阿婆，拉着阿婆的手说："为了你早日出院，你一定要吃。你要是核酸转不了阴，我们都会在这里陪着你的。"

有一个患者，住院后不停地哭诉胸闷、胸口疼痛，吃了两种止疼药都没效果，但心电图、心电监护和动脉夹层造影等检查都正常。马爱平了解到这个患者早年离异，有3个女儿，从小都跟着他。最近大女儿怀孕7个月，女婿却因新冠肺炎离世了。他自己也因为患病而丢了工作，还欠了外债10万元，两个小的女儿又还在念书。当时还不知道新冠肺炎是国家免费治疗。马爱平觉得这个患者胸口压塞、喘不过气来的这种濒死感是属于心因性疾病，于是，她便天天留意着这个患者。有天正要下班出舱时，她听到病区卫生间有个声响，下意识地走向卫生间。可是卫生间门把反锁，敲门没有反应，顾不得多想，她赶紧叫上一线医生小岳把门踹开。原来是患者把自带的陶瓷杯子砸烂了，割腕自杀。幸好及时发现，患者生命体征平稳，地上有一摊血，失血量大概200～300毫升，马爱平和同事赶紧给他清创、缝合、包扎。患者说他是觉得生活无望，想结束生命。经过马爱平与同事的关心和开导，患者的心结解开，很快就恢复出院了。

有一个大叔，胸闷气喘症状很明显。查房时，他对马爱平说口服药吃完了需要再开，然后很费力地把抽屉打开，想拿药盒给马爱平看是哪些药。在他很费力地抬起手中的药盒时，马爱平本能地凑过去想看清楚他手中的药盒名称，但是那个大叔却用手示意她不要太靠近，这让马爱平非常感动。

那段时间，很多患者对马爱平说："你是我们的救命恩人！"她觉得患者说这话分量特别重，但也觉得他们说的是真心话。很多患者原本觉得没有希望不想治疗，结果经过十几天的精心治疗就痊愈了。患者还主动提出要与他们这些"救命恩人"合影。患者的这种信任给她很大的鼓劲。这种被需要的价值认同，成了她每一次进舱救治患者的精神动力之一，也让她想起英国特鲁多医生的名言——"有时去治愈，常常去帮助，总是去安慰"。

二月份的救治工作非常辛苦，物资紧缺，还要面临很多危险。每次出舱的时候，马爱平都觉得筋疲力尽，汗水一滴一滴顺着发根掉下来。她常常累得吃不下饭，只能喝点水。但是，马爱平克服重重困难，一心扑在患者的救治工作上，患者说得最多的是"非常感谢你们，谢谢你们，谢谢你，马医生。"每天查房的时候，他们总是对她这么说。

## 五

没有熬不过的黑夜，没有等不来的黎明。2月10日当晚，病区就收治了33位重症患者，第二天50张床位就都住满了。2月19日，病区首位患者治愈出院，接下来的几天里，陆续又有十几位患者出院。一个又一个的好消息让队员们信心大增。截至3月4日，厦门市援鄂医疗一队共收治72名新冠肺炎患者，其中24人痊愈出院。各种艰辛不言而喻，但是患者康复出院就是他们最大的欣慰。

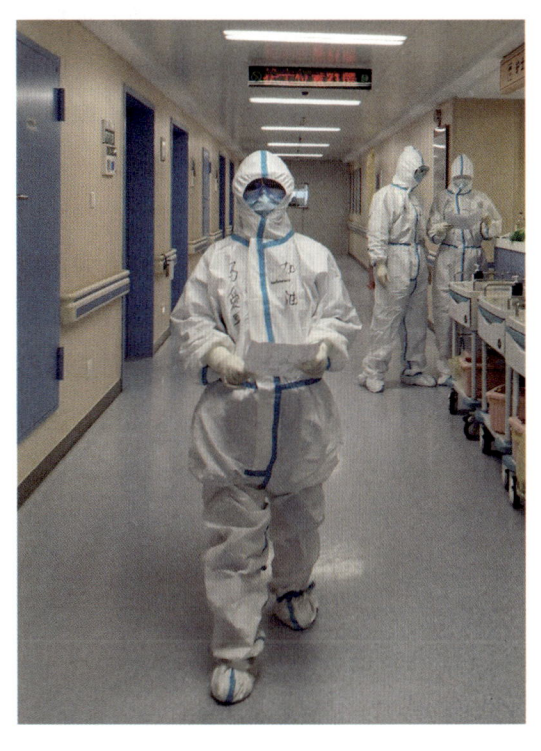

那段时间，马爱平带着一线医生，严格要求他们，除了认真救治患者外，还要求他们在工作中"减速慢行"——走路的时候，不能走太快；说话的时候，要调节气息，慢慢地说，尽量减少自身的氧消耗。遇到同事感觉不舒服时，马爱平就让他们先出舱，自己顶着。曾经有个大个子男生把患者的检查报告单倒着拿着看。她知道这个同事除了护目镜没有处理好，身体也已经透支。马爱平坚决要他出舱，但是他不同意，想要坚持到底。最后，马爱平说："我怕你晕倒了，到时我们也搬不动啊……"

驰援武汉的52天，他们经历了冬、春两个季节。经历了2月严寒的雪花飘飘，也迎来了3月中下旬回暖高温。冷天时有爱心企业给他们捐赠插电暖炉，上班的白大褂外面可以加穿羽绒服；可是高温时穿着厚厚的防护服工作，大汗淋漓，又不能开空调，只能把大冰块放在一个很大的塑料筐内，用风扇吹着冰块来降温……

功夫不负有心人。3月以后，每天都是出院的患者比住院的患者多。3月8日，武汉关闭了14家方舱医院，标志着疫情取得了阶段性胜利。

六

马爱平说："其实驰援武汉时大家都知道生死未卜，只能有一种态度，那就是我们是去治病救人的，去实现一个社会人道主义的义务。"身边的一些同事，来的时候瞒着父母，说是在医院值班不能回去，这种勇气至今想起来都让人非常感动。武汉作为新冠肺炎重灾区，能够顺利取得抗疫的阶段性胜利，这一切的成绩是国人共同努力的成果，而马爱平也在此行中得到了锻炼和成长。除了白衣战士，还有环卫工人、社区民警、小区保安和志愿者等，所有的人都在默默地付出，让一切的社会工作井然有序。为了大家的幸福和生命健康，每个人都努力地去为这场战役付出自己所能做到的一切。

一方有难八方支援。马爱平说，此次驰援是她此生最值得骄傲的事情之一，她很感恩这次驰援武汉的工作经历。她还说："在同一片蓝天下，我们是同呼吸、共患难的同胞，能够学有所成、学有所用，用自己的能力回报国家、回馈社会，这是个人最高的人生价值。"

是啊！一个人最美的姿容，是内心坦荡的微笑；最真的情，是患难与共的情真意切；世间有美，美如斯人；人生有爱，爱深似海！穿越至暗时刻，回望来时的路，在最美的年华做最有意义的事，以梦为马，不负韶华。

# 此生无悔赴江汉

——记厦门市援鄂医疗一队队员丁丽丽

文◎邓　宁

冗长的通道将弟弟提着行李箱的身影越拉越远，呆呆地站在大厅门口的丁丽丽忍不住低头啜泣。回家的路有5000多千里行程，弟弟匆匆而来，又匆匆而去。疫情的阴霾一天比一天严峻，但春节前的高崎机场依然行人穿梭。远望着脸上写满回家喜悦的归人，丁丽丽内心泛起难言的落寞伤感。

一

丁丽丽是新疆人，2019年2月以高层次引进人才身份调入厦门。2020年，在厦门的第一个新春，她原本与家人有另一番打算。

弟弟一家要代表父母来看她,在厦门住几天;四处走走看看后,两家人再一起去广州,继而从广州返回新疆,同父母团聚。四个大人,三个儿童的往返机票早就提前买好了,丁丽丽特意将公休攒到春节期间,就盼着合家团聚。

1月14日,弟弟一家三口飞越5000多千米行程抵达厦门。乌鲁木齐至厦门没有直达航线,经停时间又过于漫长,父母托弟弟带来的牛羊肉在路上化冻,拿回家就坏了,丁丽丽好一阵心疼。两个女儿跟小侄女很快玩在了一起,丁丽丽与弟弟一边聊着家中近况,一边商量着接下来的安排。

"明天就先把公休请了。"丁丽丽暗自思忖。然而,她却未曾料到,第二天形势陡然激变。

1月15日,丁丽丽参加了国家卫生健康委员会召开的新冠肺炎电视电话会议。旋即,她就被医院任命为疫情防控领导小组办公室主任。之后的几天内,关于疫情防控的各类通知、公告就像雪片般飞来,布置医疗的救治工作、清点检查发放防护物资、加强医护人员防疫培训……高强度的工作安排如同打仗一般。历次传染病防控经验让她敏锐地察觉到这次疫情绝非一般。连着一个星期,她日日忙到深夜才回家。

"姐,你这是上了个什么班?"那天凌晨1点,丁丽丽刚一推开门,就听到了弟弟带着几许无奈又掩饰不住心疼的声音。

夜已深沉,家里一片寂静,电视机关着,电灯关着,只有过道的一盏节能灯发出隐隐亮光。弟媳带着侄儿早已深睡,爱人带着两个女儿也熟熟睡去。弟弟静静地坐在沙发上,一边刷手机一边等着晚归的姐姐。北方的严冬,供应着充足的暖气,哪怕暴雪寒风天,室内始终恒温二十四五度。一时不习惯厦门湿冷的冬季,弟弟裹了一件大棉被。

"平时不会这样,这是特殊情况,再等我一天吧,明天看看能不能请公休。"姐姐言不由衷,说着无法兑现的承诺。

"你才来就请假,影响不好,这次能过来看看你的生活环境,爸妈也就放心了!"弟弟急忙打消了她的念头。

"我们在这影响你，就先回去吧！"犹豫片晌后，弟弟说出了提前回新疆的决定。丁丽丽沉默着，理智地点头答应后，转而又难过到无法自持。

在距离春节只有30多小时的腊月二十九，丁丽丽请了一个小时假，送弟弟一家前往高崎机场。

## 二

大年初一是丁丽丽的生日。那天，她偏偏忙到脚不沾地。晚上7点多，饥肠辘辘的丁丽丽才想起这个特殊的日子。她在食堂要了一个馒头，就算给自己过了个生日。

晚上10点多，尚在医院的丁丽丽接到了爱人的电话："小女儿发高烧了，到处买不到药。"丁丽丽一边应答着，一边盘算着几个小时内的重点工作安排……

第二天早上，疲惫的丁丽丽从医院返回家。大女儿学着妈妈的样子，把毛巾在冷水中沾湿，敷在妹妹额头，一遍一遍擦拭。推开卧室那一刹那，她才恍然想起，医保卡就在兜里揣着，竟忘了给孩子开点药……

1月26日，福建省组织第一批援鄂医疗队，丁丽丽急忙报了名。2月4日，福建省第二批援鄂医疗队启动组建，她又去报名。然而她也深知，自己所任职的厦门市第五医院此时也是疫情防控的前沿阵地，发热门诊24小时轮岗，日夜不间断守候。丁丽丽是医院的中流砥柱，临阵换将的大忌不言而喻。

"怎么能舍下医院一走了之？"丁丽丽无奈掐灭了支援武汉的念头。然而，这念头却像是春日里绕在心上的青藤，越压抑，越枝枝蔓蔓蜿蜒疯长。一个个睡不到天亮的夜晚，一阵阵抑制不住的声音，都在告诉她，自己一定要去武汉。

有着十多年专业积累的丁丽丽是位久经沙场的"院感"专家。对普通大众来说，这是一个鲜为人知的神秘领域。"院感"俗称医院院感科，其全称应该是"医院感染管理科"，主要工作内容是通过各种有效措施预防及控制在医院内发生的各种感染，包括患者与患者之间的传染以及医生和患者之间的传染。自参加工作以来，丁丽丽就在新疆医科大学第一附属医院院感科摸爬滚打。这是新疆维吾尔族自治区最大的一家医疗机构，集中了全疆疑难危重病例，也是医院感染易感人群最为集中的区域。新疆地处亚欧大陆腹地，与中亚多国接壤，地理环境特殊，人口构成复杂，仅过去几年间，丁丽丽就曾应对过脊髓灰质炎、黑热病、霍乱等几乎在国内绝迹的严重传染病例，也曾历经包括甲流、禽流感等在内的大大小小多次突发公共卫生事件。从日常感控到特殊事件应对，从院内管理到走向全疆进行医疗督导，从业多年来，丁丽丽成长为省级院感主委和全国院感学会的常委，积攒了丰富的医疗管理及感控经验。

十年磨一剑，无处试锋芒的巨大失落让她无法呼吸。空有一身武功，却缺失一场鏖战，暗夜里，锥心刺骨的挣扎撕扯着丁丽丽。"拼尽全力也要去！"丁丽丽坚定了信念，她开始一遍遍翻看通讯录，搜罗可以帮到自己的所有资源。

厦门市卫健委医政处陈洪涛的微信头像让她眼前一亮。在一个会议上，丁丽丽和陈洪涛打过照面。简单寒暄后，两人礼貌性地互换名片，互加了微信。丁丽丽知道，这位只有一面之缘的朋友，是她的最后一次机会。2月5日，丁丽丽冒昧地向陈洪涛接连发送了三段长文自荐。担心无法引起对方重视，她又补充了几点根据自己多年积累的传染病应对经验总结出的对此次疫情的防控思考。

2月9日凌晨，刚加班回家的丁丽丽如愿以偿接到了援鄂通知。同时，她被任命为厦门市援鄂医疗一队临时党支部副书记，院感组组长，厦门市第五医院领队兼党支部书记。

爱人和两个女儿早已熟睡。去武汉，也就意味着这个刚在厦门起步的家庭要暂时停摆。"怎么跟他们交代呢？"丁丽丽思绪万千，左右为难。

不惑之年从天山之巅来到东南沿海发展，父母反对，公婆反对，兄弟姐妹反对，但自己执意坚持。幸好，起先反对的爱人最终选择理解支持。辞了工作，随着丁丽丽一道赴厦。从来厦门的第一天起，爱人就开始上网投简历。然而，一个没有特殊技能的中年男子他乡再就业谈何容易。爱人拿着一份简历在这个城市东闯西撞，却整整半年没有任何收入。大女儿刚转入厦门双十中学初中部不久，一家人就在学校附近租了一套公寓。在这个还没站稳脚跟的城市，丁丽丽就是全家的主心骨，诸事都得操心决断。上个月，爱人好不容易才通过一家公司的试用期。去武汉，归来遥遥无期，一对年幼的女儿由谁来照顾呢？万一自己有个三长两短，他们三个可能就得打道回府！

南国的初春之夜，寒气逼人。心绪翻腾无法入眠的丁丽丽静静地站在窗前，远处的万家灯火早已渐隐渐灭。她仰视夜空，任凭带着凉意的夜风肆意地撩动发梢，拂过脸颊。凌晨4点，远处已是青山隐隐，淡烟迷蒙。再有几个小时就要抵达厦门高崎机场，或许已来不及跟家人告别。看了看照片墙上一家四口的合影，丁丽丽提起笔，给爱人、女儿留下一张字条。字条里只有寥寥数语——"我爱你们，但是疫情面前，武汉是我更大的战场，我不去将终生遗憾。"

## 三

走上"院感"这条路，丁丽丽仿佛是命中注定。

高考那年，丁丽丽考出了超出一本线几十分的好成绩。一心想当临床医生，在手术台上奋战一生的她准备报考心仪的复旦大学医学院，却遭到了父母的反对。"当医生太累，女孩子不适合！""上海离家那么远，回家一趟多不容易，谁能放心？"女儿的决定，被父母双双否决。

有着根深蒂固传统思维的二老认为，女孩子有一个不会饿肚子的技能，以后相夫教子，经营一个温馨的家庭才是最好的人生。就这样，善良而保守的父母坚持让丁丽丽报考离家较近，也不那么辛苦的兰州大学医学院预防医学专业。

秋日的兰大枫林染红碧草，半卷淡蓝半卷火红，深浅朱红满架。褪去了初入学的惊奇与懵懂，赤诚的少年内心涌起一阵阵无法抑制的落寞。临床医学与预防医学专业在同一间教室上课，同一个实验室操作，同一张试卷考试，宿舍也比肩而邻，两个专业的同学经常相约着一起上课，一起打饭、一起漫步林荫小径……密切的交集唤起了丁丽丽曾经的梦想，几经周折后，她转入了临床医学专业。但囿于当时学校尚不完善的专业转换机制，毕业时，丁丽丽的一纸文凭上却赫然印着预防医学几个大字。在专业细化程度非常高的医学领域，这就意味着她无缘做临床医生，就业方向将限定在传染病科室、疾控中心等范围。

丁丽丽痛苦过，挣扎过，但她从不会破罐子破摔。相反，她是一个哪怕只有一条路，也要走得更高更远的人。本科毕业后，丁丽丽又以优异成绩考取了新疆医科大学劳动卫生与环境卫生学专业研究生。

2003 年，硕士毕业的丁丽丽进入新疆医学院附属第一医院"院感科"。2018 年，她又在新疆医科大学取得预防医学博士学位。作为全疆首屈一指的综合性三甲医院，这里汇集了整个自治区最优秀的医疗人才。同样，这里也承担着全疆最为凶险病例的救治。十多年来，丁丽丽在这里迅速成长为一名主任医师，业内专家，省级学科主委。2019 年 2 月，她以高层次人才引进身份调入厦门市第五医院，任职医务部主任。

## 四

飞机穿过云层，目的地武汉逐渐清晰地进入视野。雾霭中的城市，空气也透出淡淡的忧伤。队员们换上防护口罩，陆续走出机舱，厦门航空的一位空姐突然张开双臂，要求一个拥抱。丁丽丽原以为只是一个礼节性的举动，没想到这位美丽的空姐很认真地双臂环抱，用哽咽的声音耳语道："请一定平安回家，我是武汉人，感谢你们。"

抵达武汉当天，丁丽丽直奔病区调研布局流程、了解防护用品、成立感控小组、布置任务……紧随其后的一切，她更要"掐着秒表"进行。当晚，医疗队就要接管住满重症患者的同济医院光谷院区 E3–10 楼。作为院感组组长，确保援鄂医护"零感染"是丁丽丽的职责和使命。生死仅在一线间，时间紧迫，给首批进入重症病房接管患者的医护人员讲解和示范防护用品穿脱、手卫生和消毒隔离等程序，留给丁丽丽的时间只

有不到 8 个小时。在没有时间准备视频和课件的情况下，丁丽丽凭借多年经验，开启了手把手地培训，不眠不休的工作模式。

仅脱卸防护服的过程，就需要进行 17 次手卫生。丁丽丽不断站起来，又俯下身，从防护帽到防护鞋套，她紧盯着队员的每一个穿脱步骤，细致讲解要点，反复纠正动作。脱卸防护服时，摘口罩及护目镜是最为关键的步骤，这个过程如何确保安全？要捏准哪个部位？力气要往哪里使？务必牢记上下左右正确顺序……几百遍讲解后，每个队员还必须通过丁丽丽为期半小时的现场考核。

援鄂初期，当地防护物资储备情况并不明确，医疗队自带的防护物资因此更加珍贵。为了开源节流，整个医疗队只提供两套防护服、隔离衣、防护口罩及外科手套用于练习。每一次穿脱结束，队员们的汗水都会湿透帽子，外科手套经过反复重复训练使用，汗津津、湿漉漉无法穿脱。经过 100 多人成百上千次的训练操作，防护服的拉链坏了，隔离衣的带子掉了，鞋套也磨破了……但是谁也不舍得拿出一套新的来用，大家心里清楚，要把这些战略物资用在诊疗护理的一线，用在刀刃上。

2月10日凌晨，50多位医疗队队员要上阵了，丁丽丽深夜陪同，将大家护送至同济医院光谷院区。她站在公交车上，紧拉着扶手进行最后的要点叮咛："手套破损了怎么办，口罩意外脱落怎么办，万一在脱卸防护服的过程中有污染怎么办……"仿佛要送走大考前的孩子。

第一批"学生"顺利进入重症病区，留给丁丽丽的还有第二批、第三批。队员们在训练区排着队边训练边等待考核，丁丽丽反反复复，一个一个教，一个一个考。三五遍不行，继续七八遍……拼上了所有力气。嘴巴因长时间没有喝水起皮，嗓子也基本上处于"失声"状态。队员心疼丁丽丽，帮忙给她打饭带水。为了节省时间，她蹲在楼道里，每顿饭都是草草扒拉几口了事。

"你到底是怎么回事啊？"丁丽丽双眼圆睁，厉声斥责。这是一位并不年轻的"60后"医生，考核了两遍还没有通过，丁丽丽着急了，情绪有些激动。吼过之后，她又于心不忍。显然，这是一位没有任何防护服穿脱经验的战友。这名主任医生在之后的几个小时内默默训练，直到晚上再次来找她考核直至通过。厦门援鄂医疗队大部分队员缺乏传染病诊疗护理经验，甚至从未接触过防护服，要在几个小时内熟练穿脱，的确是强人所难。但丁丽丽深知，此时感控，生死大计，任何一个环节的小疏忽，都有可能付出生命的代价。只要有一位队员被感染，就是她的失职。

她结合工作实际相继建立了感控三级督导制度、厦门市援鄂医疗一队穿脱防护服流程、医务人员新冠肺炎相关职业暴露应急处置预案、医务人员健康管理方案等规章制度。在隔离区，她指导患者做好手卫生、戴好口罩，查看病房内的布局设施、消毒隔离等。为查看医护人员脱卸防护服的过程是否规范，她一次次站在污染最严重的第四缓冲间……

感染控制不只限于医院，驻地酒店也成为重要延伸。为此，从入驻酒店开始，丁丽丽就提出明确要求：必须将污染隔绝在驻地宾馆外、房间外！她规范了宾馆内的就餐、社交注意事项，空气、环境表面及物品的消毒标准。同时也对医护人员进行了包括外穿衣服、背包、手机、防护用品等在内的个人用品消毒处理培训。

丁丽丽指导队员将房间进行功能划分，协调电梯口放置手消毒剂和避污纸。在领队乐家振的协调下，酒店进一步开通了医护人员往返独立通道、外穿衣物独立消毒间及医务人员专用电梯等，最大限度地降低了驻地的感染风险。每日健康监测也是感控的一项重要任务，目的在于尽早发现身体有异常的队员，及时隔离治疗，并把传播范围降到最小。

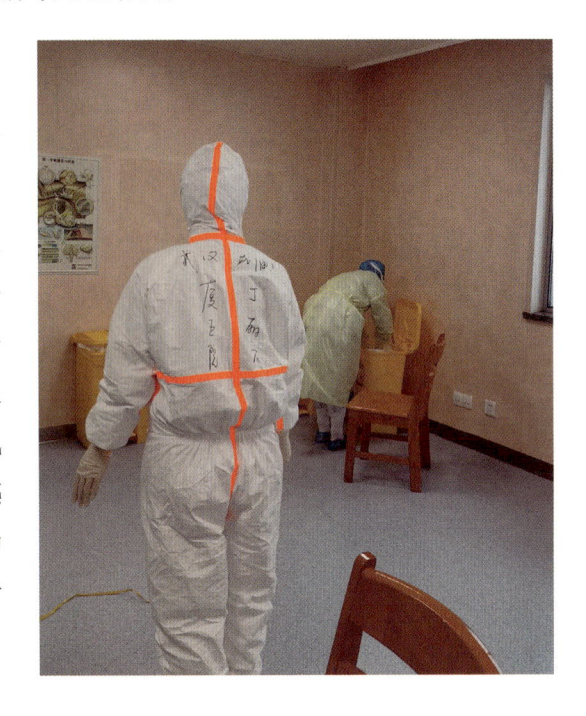

穿着防护服工作期间不能喝水，武汉的气候又忽冷忽热，生活的不适应和巨大的心理压力，让部分队员出现了一些身体状况。有人扁桃体发炎发烧，有人整夜担心睡不着觉，有人出现过敏性咳嗽迁延不愈。医疗队充分利用自身资源，由呼吸科医生组成的队医，对有症状的队员主动问诊和查体，安排调休，积极联系同济医院光谷院区确定医务人员血常规及CT筛查流程，并设立专门的肺部CT检查室。为了减少队员的心理压力，丁丽丽一次次深夜电话宽慰，又一次次陪同前往病区进行检查。

在医疗队医护人员的共同努力下，厦门一队的感控工作多次得到各级部门的表扬，成为同批全国各省市17支医疗队中的示范标杆队。厦门前瞻性地派出感控人员随队的做法，也很快在其他医疗队推开。因出色表现，丁丽丽再次被指定加入同济医院院感组，成为同济院感核心专家组成员。丁丽丽与同济感控科并肩作战，参加核心组视频会议，参与重要制度的制定，承担了同批17支医疗队的感控工作。

丁丽丽眉眼深邃，双眸澄净，一张线条硬朗的脸彰显着西北女性的干练爽直。她是个很率真的人，说话做事单刀直入。3月31日，医疗队安全撤离武汉。在武汉天河机场，丁丽丽终于给父母弟妹发微信"坦白"了自己援鄂之行。妹妹在电话那头啜泣不已，一边说姐姐是英雄，一边说后怕到手心出冷汗。爸爸妈妈在电话里先是一愣，接下来密集提问："去了多久了？身体可还好？受苦了没有？怎么瞒得这么好？"听到关爱的言语，丁丽丽百感交集，望着窗外送行的护航交警、挥别的手、复苏的城市，心潮澎湃的她赋诗一首：

来时风雨锁江寒，归去落樱满轻衫。

若得同舟共济时，此生无悔赴江汉。

# 灾难面前的生死淬炼

——记厦门市援鄂医疗一队病区科主任尤颢

文◎王永盛

就读厦门实验小学的王赫,四年间看到同学尤洪嘉的两次哭泣,一次是2017年10月,一次是2020年4月。

他隐约感觉到,尤洪嘉前后两次哭泣的意义不一样,虽然他不能清楚地说出其中的区别。

王赫是我的儿子,尤洪嘉是厦门市援鄂医疗一队病区科主任尤颢的女儿。作为儿子同学的爸爸,我跟尤颢算得上是老熟人了。

2020年4月14日,王赫观看厦门市援鄂医疗队回厦解除隔离、与家人见面的新闻报道。其中一个镜头聚焦了身着红衣的尤洪嘉,拥抱着同样穿着红色援鄂医疗队队服的尤颢嚎啕大哭。尤颢怜爱地把孩子搂在怀里，哽咽着劝道："不哭了，不哭了。"

为了"大家"暂时舍弃了"小家"，作为父亲，尤颢对孩子流露出不染纤尘、伟岸广阔的深情。

父女重逢的画面深深感动了王赫，泪水已在他的眼眶里打转。

一周后的 4 月 21 日早上，我准备出门去采访尤颢。王赫突然对我说，读二年级的时候，他和尤洪嘉因在班级上课讲话被罚站，尤洪嘉当时哭了。

"但我没哭。"王赫描述着两年前发生的事，有些得意。

知子莫若父，孩子的小心思我懂得——他想通过我的转述，在抗疫英雄、他同学的爸爸面前，展现他的勇敢。

稚子童真，彼勇岂能与此大义相提并论？但也恰巧说明了，人人都有英雄情结，无论孩子还是大人。

一

如果没有春季这场疫情，尤颢每天的轨迹大概如此——早上 7 点，从后江埭路的家出发，快步穿过两条路，再上城市快速公交 BRT，后骑公共自行车到达厦门大学附属心血管病医院，费时约莫 45 分钟，8 点前定能到达他的办公室。

2020 年 2 月 8 日，与往常一样，尤颢到达办公室换上白大褂，认真地把党徽别在左胸口的衣服口袋上，带着医生和护士，开始一天的查病房工作。

厦门大学附属心血管病医院住院部 6 楼，住的是心外科疾病患者。尤颢重点查看了第 3 床，这是两天前刚刚手术完的病人，手术很成功，但需要特别交代护士做好术后护理。尤颢讲得很耐心，直到护士和患者完全领会才放心离开。

20 世纪 80 年代心移植是热门学科，那时供心的储备充足，如事故脑死亡者、遗体捐献者等。现在随着资讯日趋发达，全国范围建立了网络平台，心脏源的利用率更高，但是马太效应也随之产生——手术越多的医院，获得的心脏源越多，需要心脏移植的患者也越多，而一般医院就越来越少了。

心外科的手术一般要开膛破肚，基本上是用眼睛就能看到心脏，如瓣膜的置换、心脏搭桥，或是更大型的手术如心脏移植、小孩先天性心脏疾病的救治等，做这些手术，胸腔都要切开。现在有了微创技术，但仍然能够通过内镜或者微创小切口看到心脏。

心内科一般不能直接看到心脏，它是借助透视影像技术通过各种类型导管和导丝解除心脏问题，比如放支架节律异常的细胞。

尤颢每周要做两三台心外科手术，没有做手术的当班日便是查病房、看门诊病人。

心外科手术麻醉时间长些，一台手术从上午9点开始做，一般需要三个多小时，也有更长的，六个小时甚至八个小时，夹层手术做十几个小时。心脏手术如果不顺利，医生基本上都要守着病人，观察病情和拿出相应的治疗方案，甚至整夜不能休息。

2020年2月8日这天没有手术，尤颢很快查完病房，回到医生办公室。他刚坐下，就接到院领导打来的电话。

"尤主任，明天由您带领全院共12名医生护士，和我市其他几所医院一道，组成厦门一队，奔赴武汉援鄂抗疫……"

虽然早早递交了援鄂抗疫的请战书，但让一名心外科医生带队出征武汉，尤颢多少还是有些意外。在他看来，抗疫对口的科室应该是呼吸、感染或重症科。当然，新冠肺炎病人大多伴有并发症，以呼吸道疾病为主，心脏、肝脏、肾脏都可能同时产生疾病。尤颢在厦门大学附属心血管病医院工作多年，治疗重症病经验丰富，有过大型手术经验，年值较长，因此院里决定让他带着其他11位"80后""90后"医护人员出征武汉，也在情理之中。

## 二

祖籍江苏的尤颢出生在江西，16岁上大学，本科就读于江西医学院，研究生毕业于江苏的南京医科大学。尤颢打从学医开始就崇拜心移植手术，因此博士在读期间，拜至福建医科大学廖崇先先生门下。

20年前还在博士学业期间，尤颢就跟从导师廖先生来到厦门大学附属中山医院的前身——厦门中山医院心脏中心学习实践。2003年毕业后到厦门心脏中心工作，直到去年厦门大学附属心血管病医院和厦门大学附属中山医院正式分家，尤颢才离开工作了18年之久的厦门大学附属中山医院，来到位于厦门湖里区金山路2999号的厦门大学附属心血管病医院工作。

也许冥冥之中自有安排，尤颢在出生地、祖籍地都上过学，在福建取得最高学位后留在了福建——不仅在厦门工作，而且安家落户。

东风吹散梅梢雪，一夜挽回天下春。立春后的海西名城厦门，已是春光明媚，万木葱茏，美不胜收。纵有美景万般，奈何新冠灾害来袭，浓雾愁云笼罩鹭岛，尤颢使命在肩，根本无暇欣赏。

出征当天是正月十五元宵佳节，家里还不知道尤颢明天就要奔赴武汉，早早准备了丰盛的晚餐，等他回家团聚。

尤颢勉强吃下两颗汤圆后，把爱人洪小莹悄悄叫到房间，告诉她明天他将跟随厦门医疗队到武汉抗疫。

洪小莹愣了片刻，随即哭了起来。

"怎么会派你去？"她有些无助地问。

尤颢把下午想到的院方的考虑告诉了他的爱人。

尤颢接着说："我知道你很担心，毕竟可能面对死亡，不担心是假的。但我是党员，必须冲在前。而且作为医生，救死扶伤，我也必须担起这个责任。"

多情自古伤离别，明月高悬不胜愁。本是团圆之夜，皎洁的月光此时在尤颢眼里染上些许苍凉与悲壮。他看到爱人掩面抽泣、忧心忡忡，更加担心如果把这个消息告诉父母，今夜定然无眠。

他们决定第二天早上再和父母说。

尤颢父亲刚刚做过膀胱癌电切，需定期进行膀胱灌注化疗。母亲几个月前做了脑动脉瘤破裂手术，春节时恢复得很好。虽然两个老人家现在状态还不错，尤颢还是非常担心，万一他们病情复发，自己又不在他们身边……

第二天一早，尤颢跟爸妈说，今天就得启程去支援武汉。没想到，两个老人家出奇意外地理解尤颢的决定，只说了句"一定要注意保护好自己"，两位老人便开始默默地帮尤颢整理行李。

哪有父母不担心孩子？尤颢的父母只是不希望自己成为儿子的负担，深爱往往无以言表。后来，尤颢在武汉时看到厦门媒体采访他的母亲，母亲潸然泪下，满溢着担忧之情。悲莫悲兮生别离，儿行千里母担忧，何况是面临生离死别。

刚去武汉，尤颢还处于适应期。他虽然每天跟家里电话视频，但都尽量避开谈论工作的事，故作轻松说在这里还不错，以宽慰父母妻子。

厦门市卫健委组织人事处林燕诚处长在尤颢去武汉前，代表市卫健委到家里看望尤颢和家人，让尤颢不用担心父母的病情，真有什么事市卫健委会安排好。后来社区、开元街道、思明区相关部门也都先后到家里看望和慰问尤颢家人。

组织的关心，加上资讯发达，每天从视频中就能看到家人健健康康的，使尤颢放下心中的包袱，全身心投入疫情救治工作。

战争讲究后方保障，兵马未动，粮草先行。抗疫同打仗一样，有了后方的稳定和支援，前线战士们就能无畏向前、披荆斩棘。

三

2月9日下午，飞机抵达武汉天河机场，整个机场几乎没什么人。厦门市援鄂医疗一队的医护人员静静地坐在接机的大巴车上，车外工作人员正给大巴车消毒。消毒水的气味透过车的门窗，钻入鼻孔，漫进心里。从机场到下榻的华美达酒店，路上没行人、没车辆，整座城市悄无声息，阴森恐怖。

身临其境，夜卧不安席。这场疫情实在让人害怕。

尤颢顾不上害怕，任务就来了。

武汉同济医院光谷院区17个病区就在他们到来的前两天收满了重症、危重症患者，厦门市援鄂医疗一队整建制接管了E3-10病区收治的42名病人。

2月10日上午，全体队员要去熟悉病区。整个医院像个战场，医生护士进进出出，病人一车一车地到来。收纳的都是病情较为严重的患者，因此病人大多呼吸困难、满脸恐惧。

面对战场，人人顿生豪气凌云之感；面对伤病，医生岂能没有救死扶伤之心！

艰难临头，英雄出头。他们暗下决心，一定要打赢这场战役。

尤颢是厦门一队接管的整个病区的科主任，他首先要对医护人员进行合理的搭配分组，优化人力资源配置。他运筹帷幄地协助领队，和其他医护人员制定了临床管理制度、细化各项医务流程，使医疗队的日常工作有据可循、有章可依，确保诊疗工作的正常开展。

在治疗疾病过程中，尤颢严格按照新冠肺炎治疗指南，落实"集中患者、集中专家、集中资源、集中救治"要求，建立分层管理制度，使各项核心制度落到实处。

同时，医生组内成立了由呼吸科和重症医学科医生为主导的危重症小组，对病区内危重症疑难患者进行病区内集中讨论。在厦门市卫健委的大力支持下，医护人员利用远程会诊平台系统，邀请厦门医疗系统专家进行远程联合查房会诊。

2月10日晚上9点，第一批护士进隔离病区，她们通过专用手机传出危重症病人的病情。尤颢匆匆排完医生的班，准备自己带头进隔离病区。几位晚班医生自告奋勇抢着要与尤颢首批进舱，最后尤颢选择了呼吸科的叶小凯医生一同前往，其他医生继续熟悉医嘱系统和练习穿脱防护服。

尤颢脑中不断回想穿脱防护服的复杂流程，走入更衣室，发现院感老师已经把穿脱防护服的流程按顺序贴在墙上。有了流程图，难题便迎刃而解，医护人员只需依照步骤完成就好。"天下大事，必作于细"，尤颢在心里默默感谢院感老师的细心与付出。

在清洁区，领队乐家振副院长、庄良金主任帮助尤颢和叶小凯检查穿防护服，帮助撕封闭胶条、调节防护目镜松紧，并反复叮嘱。

穿上防护服后，尤颢感觉闷得不行，一会儿防护目镜上就有水珠，防护服大大影响了灵活性和各种感知。他们在防护服的前胸和后背写上了自己的名字，叶小凯还写上"武汉，加油！"几个字。进隔离舱前留了个影，他们走向隔离通道，依次走过四道门。狭长的通道犹如死亡隧道，突然显得有些阴森，尤颢不禁紧张起来。

进入病房后，尤颢看到厦门的护士们已经在做护理工作了。病房内只有排气系统，没有空调，病人们穿着厚重的冬衣，其他与一般病房无异。尤颢定下神来，马上进入角色，从1号床开始查房，42个病人逐个详细地查验和了解了一遍。

## 四

虽然武汉人的性格向来以刚烈著称，所谓"人好脾气犟，天热火气大"。但生病的人特别脆弱，武汉人也不例外。

病人们看到尤颢来查房，如看到救星一般，缠着他不停地询问。病毒将武汉人着实吓得不轻！在病人面前，尤颢不能表现出恐慌，身为医生的他，不仅要给病人治病，还要给他们心理支撑。就这样，第一天查房就用了五个多小时，尤颢感觉护目镜勒得眼眶和后脑生疼，内衣全部湿透，因不停地讲话而导致口干舌燥甚至脱水。

尤颢正与护士交代几位病危病人晚上护理的注意事项，一位病人冲到护理台来，嚷嚷着要开失眠药，还拿着手机质问道："医生，你看这个公众号说泡热水澡能杀死病毒，我要不要每天泡？还有这里有个协和医院的方子是用泰能抗炎，要不明天给我也用上。中药无毒副作用，这里有个清肺汤我觉得挺适合我……"

看着这位焦虑的病人，尤颢啼笑皆非，只能和颜悦色地解释道："让病毒死亡的水温绝对把您也涮得半熟了。现在是早春时节，气温多变，这里又没暖气空调，您若天天洗热水澡，万一着凉导致病情加重就更不好了。"

他接着解释道："北京协和医院的处方是危重症患者并发了细菌感染才用的，而且一般都上了呼吸机或气管切开了，您还没到那程度。何况用了这个药会引发菌群失调，那就更麻烦。相信我，您只要保证充足的营养和睡眠，我们按照现在的方案给您对症治疗，您一定是属于我们这个病区内最先康复出院那一批。"

兴许是被尤颢沙哑的声音和耐心所感动，病人才心甘情愿拿了药安静地回房休息。

出舱时，尤颢发现脱防护服的步骤也贴在脱衣间的墙上。他和叶小凯互相照应着，按部就班。没想到撕开封闭胶条时，尤颢不小心把隔离服撕破了，吓出了一身冷汗。他定睛一看，好在只是外层稍有破损，防护服内层有一层非常薄的纱质无纺层，里面还有一层防水的手术衣，才稍稍心安。

尤颢看了一下时钟，脱下防护服竟花了 23 分钟，比穿衣时间长。出入隔离舱的医护人员都是潜在感染者，无论如何都要做好个人防护。因此出舱后，尤颢连忙挥手阻止乐家振领队和庄良金主任上前询问情况。

换下被汗水浸透的工作衣，冲完澡后灌了两瓶水，在安全距离下，两位医生向大家汇报了病区舱内的情况。

这时已是凌晨 2 点，舱内突然来电话，告知又收了两个病人，另外两位晚班医生二话不说抢着穿起隔离服，进舱观察病情……

有一种使命要用血与火来铸就，要用生与死来考验。他们将情怀注入生命，用热忱与坚守换得他人的健康与幸福，用坚毅与果敢撑起他人的一方晴空。伟大的医护工作人员，默默无闻的逆行者，他们将希望的种子播撒到每一个患者的心间，用汗水与热泪浇灌着，用坚持与耐心呵护着，期待着光明的未来生根发芽。

## 五

三月初，方舱开始关闭，同济光谷医院开始接收各家医院和方舱转来的病人。中午，尤颢接到医务科紧急通知：一个昏迷的病人要转院过来，具体情况要等转诊医生前来接洽方清楚。

一小时后转来一个86岁的男性患者，已插管并用呼吸机辅助呼吸，测量无创血压只有85/60毫米汞柱。尤颢查看心电图，患者为完全性左束支传导阻滞，急性冠脉综合征。

尤颢问了一下转诊的医院，他们在插管的过程中还进行了心肺复苏。他当即让护士抽血做肌钙蛋白、心肌酶等指标的实验室检查。

心内科的王希星医生推来心脏B超机，他发现该患者心室前壁活动异常，心脏收缩功能只有19%，相当于只有40%的正常心功能，随时都有死亡的可能。医护人员在留置导尿管时又发现老人家存在尿路畸形，无法插入导尿管。

**危险一触即发！形势十分紧急！**

同济光谷医院的刘继红院长正好是泌尿外科专家，听到消息后立即赶来，进行膀胱造瘘留置导尿管手术。本来是一个常规手术，但穿上厚重的隔离服，戴着厚重的防护头盔，加之必须弯腰在病床边操作，无疑给做手术的医护人员增加了数倍难度。手术完成后，刘院长已是满脸大汗。

当导尿管插入后，医护人员反复调节尿管的深度未见患者正常排尿。这时，化验室的检测结果来了，不仅明确了急性冠脉综合征，而且伴有肾功能衰竭，难怪患者无法正常排尿。急性冠脉综合征、肾功能衰竭导致昏迷，对于一个老人来说能够完全康复的机会很小，更何况并发新冠肺炎、肺功能衰竭。

在和家属通过电话简要沟通病情后，厦门医疗一队立即组织科内讨论，指派重症小组全力负责这位大爷的诊疗。在提请光谷院区会诊的同时，通过远程会诊系统与厦门的专家一起对这个病例进行了会诊，确立

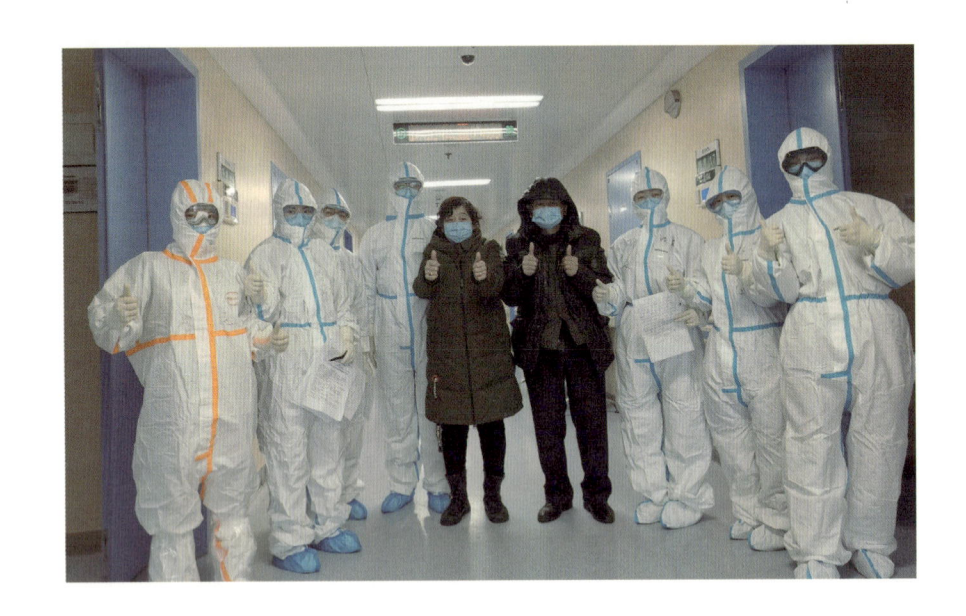

了诊疗方案。

　　疫区定点医院条件限制，无法进行常规冠脉造影开通堵塞冠状动脉的手术。当晚，尤颢主导给病人安上主动脉内球囊反搏（主动脉内球囊反搏是一种心脏辅助装置，它通过将一个长条形气囊放入病人的主动脉内，通过气囊规律的充气和排气，减少心脏的负荷并改善心脏的冠脉血流灌注）。护理团队也给病人专门派置了包括呼吸和心脏的专科护士重点监护。

　　第二天，患者的血压升到了120/80毫米汞柱以上。

　　第三天，患者的导尿管内终于积聚尿液。

　　犹如一线曙光划破天际，整个病区医护都为此高兴不已。

　　通过积极治疗，患者于第六天脱离了主动脉球囊反搏，第七天脱离了呼吸机。七天下来，患者因不耐受肠内营养出现腹泻导致臀周皮炎，护理团队为了防止昏迷的病人出现褥疮，定时变换病人的体位，采用各种创面护理方案保证患者创面愈合。

　　病来如山倒，病去如抽丝，重获新生的过程何其艰难，大爷依次闯过了心衰关、肾衰关、呼衰关、感染关、营养关等重重关卡，死里逃生。

三周后，患者从昏迷状态逐渐转为清醒，能对呼唤有明显反应。厦门医疗一队撤离光谷院区前，这位病人依要求转入中法院区。未能看到这位大爷完全康复，尤颢他们难免留下些许遗憾。

　　在武汉的 52 天，尤洪嘉从一开始看不到爸爸的不适应，到每天通过视频看到爸爸，觉得爸爸还活着，慢慢就习惯了，不再那么紧张。但当父女真切地拥抱在一起时，小洪嘉忍不住嚎啕大哭起来："爸爸，爸爸，你终于回来啦！"

　　犹如惊涛拍岸，宣泄而出的情感，不仅有两个月不见的压抑和思念，更有久别重逢的欣慰与喜悦！思念是一种幸福的感伤，一种温馨的惆怅。在武汉的日子里，尤颢没有一天不想念家人，而他的家人亦是如此。面对灾难面前的生死淬炼，尤颢义无反顾地选择了挺身而出，为国而战。

　　料峭风冷，旭日依旧东升，昨日悠长，翌日遥远，来往芸芸，身形渐远。正是有了牵挂与思念，才有了久别重逢的欢畅，方知举杯同庆的美好。还有那么一些人，永远地留在了白云黄鹤之都，来去之人，终有不舍。

　　尤颢心想着，也许只能在岁月的洪流中，期待再一次的奋不顾身。

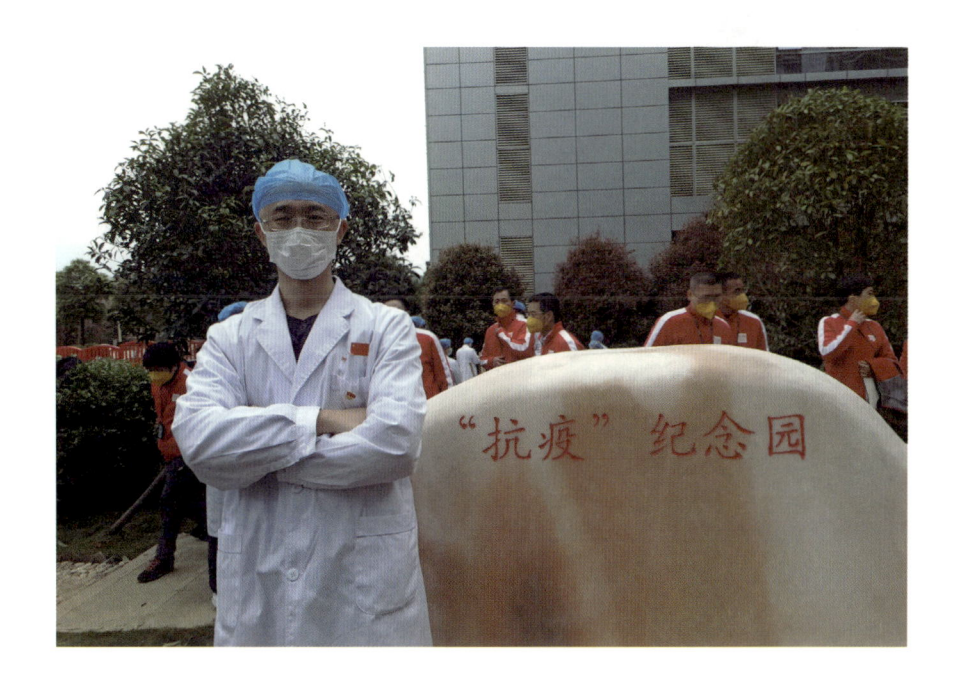

# "知心姐姐"
## ——记厦门市援鄂医疗一队队员郑一雄

文◎邓　宁

血，鲜红刺眼，顺着手臂一滴滴落在地板上，连成一片。鲜血染浸了床单、被褥，床头柜也溅上了星星点点的红。中年男子坐在病床上，低垂着头，一手抓着带血的瓷杯碎片，一手捂着伤口，大口地喘息着。疼痛让他的脸有些扭曲，右臂的伤口长约 10 厘米，血流不止。左臂的伤口呈不规则"L"型，从手腕直达前臂，长约 20 厘米，深可见骨，骨肉分离。

躺在隔壁床的患者被眼前的一切吓坏了，脸色煞白，惊恐万分。就在此时，正在病房巡查的护士推门而入，及时发现了这一幕……

一

3月14日中午12点左右,郑一雄通过医疗队微信群收到了来自新冠肺炎重症病房的消息:"一位患者自残,用打碎的饮水杯割伤双臂,神经韧带受损,正在进行手术清创缝合。"

屏幕里的寥寥数语让郑一雄的心沉重起来,他初步判断这是由典型的过度焦虑、恐慌引起的自残事件,需要进行重点心理干预。开具了简单的抗焦虑药物进行前期治疗后,第二天一早,穿上防护服的郑一雄走进了患者所在的病房。面对有暴力倾向的新冠肺炎重症患者,为避免意外,医护人员要与患者保持安全距离。既不能离得太近,又不能让患者产生距离感,他找了个最合适的位置坐了下来。

这是一位50岁出头的中年人,瘦削,颧骨高耸,双颊下陷,几分疲惫挂在脸上。虽然此次心理干预经过了他的同意,但显然他还是对眼前的郑一雄心怀戒备。

"你有什么需求,能跟我说说吗?"担心患者听不清自己的话语,

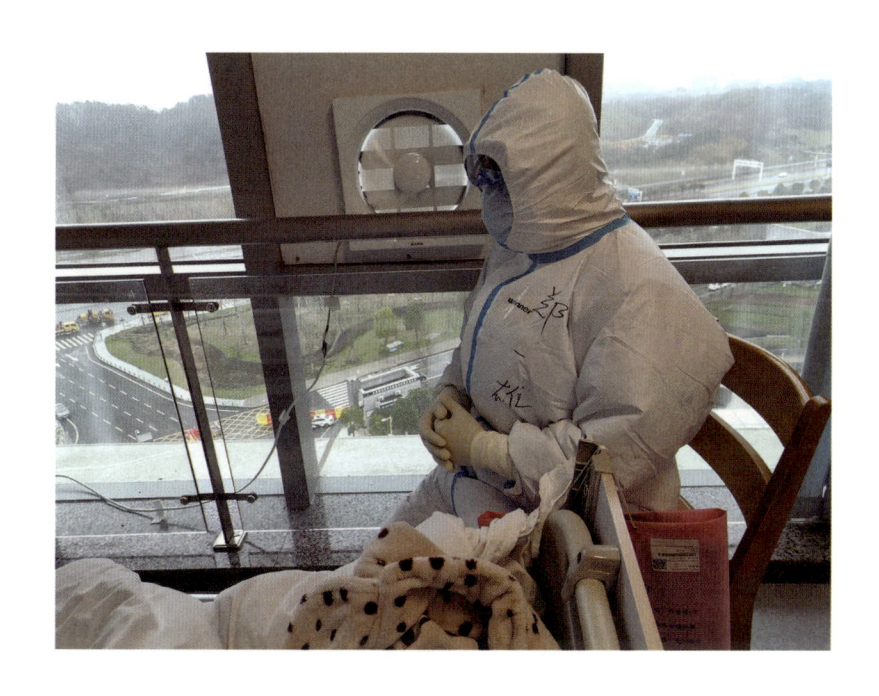

郑一雄提高了嗓音，这对穿着防护服的他来说是颇大的体力消耗。

中年男子神情木然地盯着前方的墙壁，看了一眼这位心理医生后又快速移开视线。

"如果你愿意，我每天都会来看你。"郑一雄放缓了语速。话音落下之际，患者抬起了头，眼神里多了稍许善意。

郑一雄继续耐心地开导，几分钟后，中年男子紧闭的心逐渐打开，他开口倾诉起自己的遭遇。他告诉郑一雄，自己和妻子住在武汉城郊。1月初，两口子不幸双双感染新冠病毒，妻子还没来得及住院治疗就过世了。早在一个月前，他就已经在其他医院进行了十多天治疗，好不容易出院了，偏偏在隔离期间，核酸检测又变成阳性。住进同济医院光谷院区重症病房，是他再度入院。

"我难受极了，胸闷憋气得厉害，实在没办法呼吸。与其这样一天天煎熬，生不如死，不如干脆来个痛快。"中年男子向郑一雄述说着自己的痛苦。

"你的病并没有那么重，过大的心理压力才是引起胸闷、胸痛、呼吸困难的根源。"其实，郑一雄此番话并非单纯的安慰，而是与主治医生沟通后对病情的科学判断。

"我已经几天几夜没合眼了，就想好好睡一觉。"木讷沉闷的中年男子突然话多了起来。

"这个容易，我保证今天就能让你睡着，但你以后不能再做这种傻事了。"有着近20年心理干预经验的郑一雄很有信心。

"真的吗？"虽然有些疑惑，但患者投来的目光中更多的则是期待。

"最大限度把手握紧，再慢慢放松，这个方法适用于任何一块肌肉。当你再次焦虑时，就试着转移注意力。"一套呼吸及肌肉放松疗法缓解了中年男子的紧张。一个多小时后，他主动提起了自己的家人："我有三个孩子，大女儿也是护士，就快当妈妈了。二女儿还在找工作，老三是儿子，正在读高三……"见患者的情绪逐渐平稳，给出一些抗焦虑药保证睡眠后，郑一雄默默退出病房。

第二天，郑一雄又准时出现在患者面前。而此时的中年男子，早已同昨日大不相同。他微微笑着主动跟这位心理医生打起了招呼。第三天、第四天……患者的状态越来越好，继续治疗十多天后，即病愈出院。

二

郑一雄，厦门市仙岳医院19区主任、副主任医师、心理治疗师，厦门医学院副教授；从事精神科、心理科工作17年，任中华医学会精神病分会委员、中华医学会行为预防组委员、福建省康复医学会精神病分会委员。2月20日，也就是正月十五元宵节那天，郑一雄以心理援助专家组成员身份在厦门仙岳医院副院长丁丽君的带领下奔赴武汉。

从天河机场抵达驻地，有40分钟车程。眼前的一切，在他的心上激荡起难言的痛楚。偌大的街道上看不到一辆车，看不到一个行人，仅有负责接送医疗队的唯一一辆公交车在无声疾驰。空气冷峻而沉郁，弥散着逼人的寒气。隐藏在树木背后的建筑物沉默着，郑一雄仿佛能听到它们低沉的叹息……

深知此行任务艰巨的郑一雄，在真正进驻同济医院光谷病区新冠肺炎重症病房后才明白，疫情之下重症患者所面临的心理困境远比预想中更为严重。

"一名患者住院后出现了精神异常，胡言乱语，行为怪异，不认得家人，昼夜颠倒。"2月23日，援鄂第三天，郑一雄收到了病房的求助。通过视频交流，他发现这位既往无精神病史的患者有意识障碍，记忆错乱。多年临床经验告诉他，这是出现了谵妄表现。

病房的多学科构成此时发挥了巨大优势，为患者进行紧急腰穿、查脑脊液、CT，排除颅内感染等器质性病变，郑一雄结合病情特点分析判断，患者的谵妄系药源性所致。与主治医生沟通并给予针对性处置后，这位患者的精神状态迅速得到了改善，而新冠肺炎病情也因此得到控制并快速好转，短短几天后便治愈出院。在之后一次的随访中，郑一雄收到了来自患者及家属的感恩视频。看着屏幕里眉头舒展，笑容满面的患者，他做出一个重大决定：主动走进重症病房，面对面为所有患者提供精神心理服务。

刘女士是厦门市援鄂医疗一队收治的首批患者之一，同时住院的患者大多数已经康复出院，唯独她的核酸检测迟迟未能转阴。感染新冠病毒之前，刘女士就患上了焦虑症，经常莫名出现呼吸困难、气喘等症状。虽然曾经看过医生，但因害怕吃药就一直硬扛着。

感染新冠病毒后，刘女士的焦虑日益明显。每天都能感觉到自己的身体在发热、胸闷、心慌、头颈肌肉发紧，甚至出现尿频、尿急、排尿困难等症状，尤其在核酸检查前后更加明显。尽管医护人员多次明确告知，新冠肺炎不会引发这些症状，但心理的担忧及身体的不适还是困扰着刘女士，她非常痛苦。判断刘女士出现的心理问题是"广泛性焦虑障碍"后，郑一雄为她制定了药物配合心理治疗的诊疗方案。仅仅过去一周，他就收到了刘女士的反馈："我好多了，现在睡眠好了，不那么担心和焦虑了，身体的不适也明显减少了。我现在信心十足！"

与此同时，刘女士的核酸检测快速转阴并顺利出院。"每次看到你就像看到自己的亲人一般，你给了我战胜病魔的信心和决心。"出院的那天，刘女士喜极而泣，她特意向正在查房的郑一雄告别。

同样的真实故事时不时就会在重症病房上演。上了年纪的陈女士心理几近崩溃。经过访谈后郑一雄得知，早在两三年前的更年期，她就有出现悲观消极情绪，总觉得活得累、没有盼头，退休后更是失去了生活动力。这次感染新冠肺炎后，陈女士更是觉得自己毫无希望。入院后的三天三夜，她几乎没有合眼。头脑里像糨糊一般，无法思考，内心极度恐慌痛苦的陈女士向郑一雄倾诉："恨不得从楼上跳下去。"

"这是严重的抑郁障碍，加上新冠肺炎的双重打击才导致的心理崩溃表现。"根据症状进行评估后，郑一雄为陈女士提供了抗抑郁治疗及心理动机访谈双重方案。陈女士有一个美满的家庭，郑一雄以此为突破，切中要害，唤起了她生存下去的动力和支持。从计划着美好新生活的那天开始，陈女士的精神和身体就开始一天天好转。"我的头脑又开始转了起来,是你给了我重生的希望和勇气。"向郑一雄说完这些话不久,陈女士就治愈出院了。告别的那一天,陈女士一再要求留下郑一雄的联系方式。她说,疫情结束,要和家人一起赴厦门看望这位为她祛除心魔的医生。

## 三

驰援武汉,作为心理救助专家的郑一雄有两个目的。既要为患者解决心理问题,也要缓解医护人员所面临的心理压力。抵达武汉的第二天,厦门援鄂医疗一队就接管了同济医院光谷院区 E3-10 楼重症病区。大部分非传染病、呼吸专科出身的队员来不及进行完整的专科培训就要投入高强度战斗,长期处于与外界隔离的环境,面对患者的死亡及痛苦,时刻面临着被感染的风险,加上早期防护及生活物资不到位,没有任何多余的准备时间……种种艰辛,让医疗队队员承担着巨大的心理压力。援鄂初期,不少队员出现了焦虑、失眠、通宵无眠等问题,甚至个别队员还有咽部不适、咳嗽、胸闷、胸痛等不适症状。

有的队员感觉周围都是病毒,连空气中都弥漫着病毒,在酒店、班车上把自己包裹得严严实实,一层又一层;有的队员连做梦都在反复消毒、反复进行手卫生;有的则反复梦见自己坐上飞机回家与家人团聚……作为有着多年心理危机干预经验的心理医生,郑一雄清楚地知道部分队员的表现是缘于高强度、高危险的工作压力所造成的心理应激反应。郑一雄决定先从放松解压着手,他指导大家学习放松呼吸、放松肌肉、在正念冥想中自我解压,鼓励队员及时宣泄负性情绪。

疫情期间,为避免接触,郑一雄及所在的心理专家团采用了 Zoom(一款手机云视频会议软件),以线上音频的形式进行团队心理辅导。然而,第一次主持"Zoom"小组,他就遇到了困难。只有两三个队员愿意参加,且在整个过程中不愿倾述自己的感受,更多则是选择倾听郑一雄的分享。医护人员不是超人,病毒面前也是肉体凡身。尽管大家都明白这一点,但却极少有人愿意直面心理压力。阻力,坚定了郑一

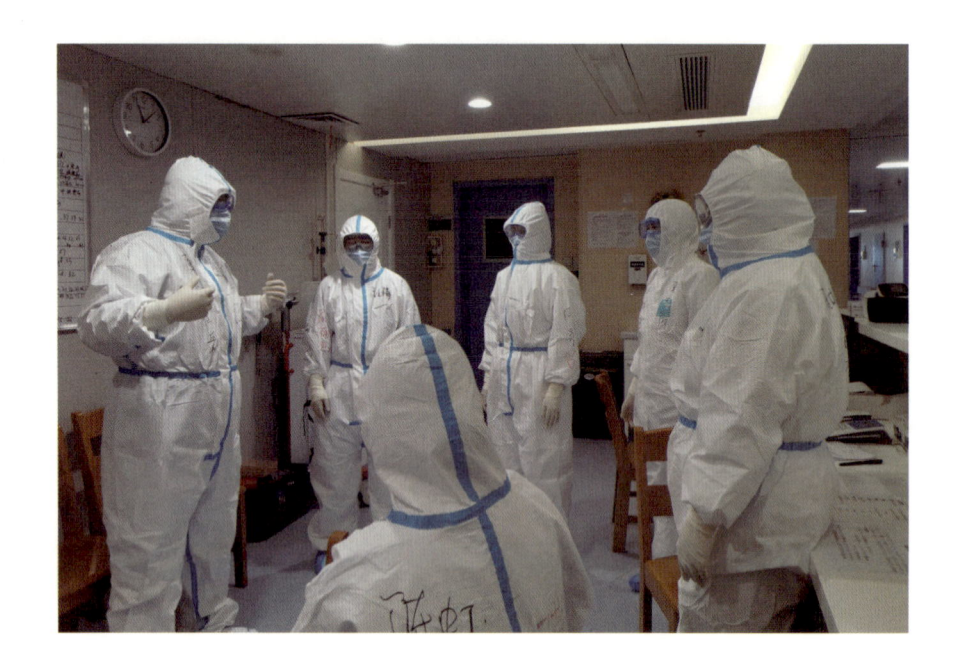

雄"破冰"的决心。

他通过线上线下向队员们分享什么是心理应激，引导大家学会如何应对心理应激反应并接纳自己的不良情绪。随着队员心态的逐渐放松，主动参与"Zoom"小组的人也越来越多。最忙碌的一次，有18名队员一起来参与分享。大家借助网络，在舒缓的氛围中，畅谈感受、宣泄情绪。

遭遇失眠时，一些队员担心助眠药成瘾依赖等不良反应而排斥服药。在默默承受中，导致失眠越来越严重。面对这个共性问题，郑一雄做了大量努力。他通过推送心理健康科普文章及促眠放松音频、制作心理健康小贴士、倡导队员适当运动等方式引导大家自行调整心理压力、调整睡眠、消除对助眠药的误区。

针对个别队员的情绪问题，郑一雄还提供了一对一的心理干预治疗。一次，他和一位队员聊了将近两个小时。没能从死神手中把患者拉回来，让这位队员内心充满了自责和愧疚，难以释怀的她被悲观失落压抑着，总是莫名想哭。郑一雄告诉这位队员："我们是最美的逆行者，但我们更是普普通通的医务工作者,在突如其来的病毒面前,我们的能力不是无限的,尽己所能帮助患者就是最大的了不起……"经过长时间的倾听、共情及支持,她逐渐坦然释怀。第二天,郑一雄就收到了她所反馈来的好消息:"来武汉这么久,第一次睡得如此踏实安稳,一觉睡到天亮。"

润物细无声之间,郑一雄敲碎了一块块坚冰。队员们由起初的被动访谈转变为主动访谈,不少人亲切的称呼他为"郑老师"。援鄂医疗队里的女性居多,大家给郑一雄送上了"知心姐姐"这一称号,逐渐接受了这个曾经"不受待见、避而远之"的心理医生。

## 四

其实,遭遇失眠苦恼的不只有援鄂医疗队队员,也有郑一雄自己。只有在夜深人静之时,他才有时间想一想此刻生活在老家的父母、妻儿:儿子六岁了,正读幼儿园;女儿才出生不久,自己出发时还不满三个月;双方老人年纪都大了,为了照顾一对小儿女,几个月前妻子辞去了工作。临出发的前一天,郑一雄将妻子、儿女送回了莆田老家。厦门与莆田相离三百多千米,近四个多小时车程,小女儿在快速颠簸中睡得香甜。"爸爸要去打怪兽了,胜利了就会回来。"不知要如何跟儿子解释,郑一雄开起了玩笑。尚不懂事的儿子并不理解此行意味着什么,但一听好几天见不到爸爸,他露出委屈的神色。

活泼好动的儿子爱打羽毛球,平时在厦门,只要有空,郑一雄就会带着他在户外挥汗如雨。此时,已是凌晨2点多,小家伙一定早就睡着了吧?他能感受到爸爸远在他乡的思念吗?自己不在身边的这些天,要辛苦爷爷奶奶了。郑一雄的父亲七十多岁了,母亲也年近七十。近年来,二老的身体每况愈下。颐养天年的岁数里,还要为自己操心劳碌,他有些不忍。

郑一雄是莆田仙游人。尽管他和姐姐都在厦门工作,但父母至今仍生活在农村老家。他想尝试着把父母接来厦门,但始终无法说服故土难离的老人。近些年来,为了帮自己照顾孩子,尽管不太习惯,但父母还是断断续续在厦门长住了好几年。对家人的牵挂让郑一雄辗转难眠。疫情以来,从主动写下请战书,到义无反顾援鄂,对于郑一雄来说,一切都是那么自然而然。然而,只有此时此刻,他才觉察到,其实自己并非钢筋铁骨。

抗疫以来,担心影响工作,父母极少主动打来电话。即便视频,也只是叮嘱几句注意安全便匆匆挂断。郑一雄清楚地知道,父母不想让他分心。郑家所在的村庄,不少人都靠着做生意发家致富,但郑一雄老实本分的父母,却至今仍在务农。参加工作后,这个家庭的两代人在不知不觉间完成了权力和责任交接,郑一雄成了全家的主心骨。

父母具备着农村老人所固有的本质,忍辱、勤劳、本分。即便是知道儿子即将赴鄂的那天,两位老人也没有多说什么,他们用不增添麻烦来支持儿子所做的一切。

五

郑一雄身形魁梧,脸庞略黑,微胖,说话轻声细语,周身散发着让人莫名信任的温暖和厚道。援鄂期间,郑一雄所在的心理援助团队为新

冠重症患者提供了 82 次心理治疗；开展"Zoom"线上小组 37 场，为 300 多人次提供服务；接受队员个体咨询及随访 115 人次。

3 月 31 日，厦门市援鄂医疗队凯旋。对大家来说，疫情控制是胜利的曙光，但对心理工作来说，这其实只是一个新的开始。长期以来，大众普遍对心理问题存在偏见，普及心理健康教育还将是一个任重道远的过程。

在面对重大突发事件或重大挫折、困难时，出现焦虑、恐惧、紧张等不良情绪是个体的正常心理反应。郑一雄希望，在心理危机出现时，每个人都能够通过正规途径，积极主动寻求专业的心理干预。也希望社会大众在群体或个体遭遇心理问题时，给予更多理解和支持！

逆行天使 —— 厦门医护人员援鄂抗疫纪实

# 默默付出是更深沉的爱

——记厦门市援鄂医疗一队队员马蕾

文◎肖秀文

关于驰援武汉这件事，从头到尾马蕾的心态都是比较平和的，感觉就像是换个地方工作，没有太大的情绪波动。这个"85后"独生女，有着比较理智、强大的内心，她的父母从小就着意培养她的独立生活与学习习惯。马蕾从小品学兼优，在四川大学就读时光荣入党。抗疫期间，她认真地协助领队乐家振副院长、联络员庄良金主任、席雅君护士长和院感黄辉萍主任等人做好后勤保障、护理管理和院感防护等工作。这些工作非常琐碎、繁杂，她总是细心、默默地完成。她并不认为自己是个英雄，她认为英雄，只是一个时代意义上的概念。

一

2020年1月28日，马蕾主动报名请缨参加新冠肺炎救治工作。2月8日晚上11点，马蕾接到医院电话通知：明天早上集合前往武汉。当晚马蕾彻夜未眠，默默地打包行李，第二天早上7点多给家里打了电话，说当天就要出发驰援武汉。接到电话后，马蕾的妈妈很吃惊，反问道："真要去武汉啊？"马蕾坚定地说："是。"家人知道马蕾是个做出决定后就不会回头的人，也很快调整了情绪，叮嘱她做好防护，照顾好自己。有了家人的支持，马蕾的信心更足、斗志满满。

大家对武汉疫情具体情况并不了解，亲朋好友的各种担心和不舍在那一时间汇聚在一起。出发前那一阵子，马蕾接到非常多的信息和电话，有安慰、鼓励的，也有伤心、难过的。马蕾很清楚，一旦确定要去的话，绝对不可能后退的，也没有让你后退的机会。她安慰他们说："没关系的，我会做好防护的，即使被感染了，也是可以救治的。"

出发时，医院李卫华书记、王占祥院长，还有许多领导都在帮队员提行李。大家倍受关爱，领导们坚持到把他们送上飞机，一步三回头地离开。

从上飞机的那一刻起，马蕾就非常清楚，必须要打起200%的精神：我们一定能做好，我们一定能行。飞机上厦航的员工也被他们无畏的精神感动，帮他们组织了一些活动。马蕾的心思根本不在活动上，她有她的使命和任务，她觉得她此刻就应该进入状态。

马蕾所在的这支队伍来自厦门6家综合性医院和4家专科医院，大家互不认识，但是马上就要成为战友。马蕾试着和身边的一个厦门五院才工作一年多的年轻护士，以及一个40多岁的老护士长沟通。经过沟通，她觉得这个团队成员无论从年龄还是专业水平上，都有很大的差距，在团队管理和工作安排上会有一定的难度。尤其是大多数人都没有接触过重症和呼吸科的工作，也没有感染科的防护经验，她觉得到武汉之后要参加的工作救治，包括自身防护，都有很大的压力。

逆行天使
——厦门医护人员援鄂抗疫纪实

二

在马蕾的印象里，武汉是一座相对发达的城市，如今却空荡荡的，鲜明的对比令人心生悲凉。到达入住的武汉华美达酒店，大堂立着"热烈欢迎厦门援鄂医疗队成员"的牌子，她再度强烈感受到救治患者的使命感。办好入住手续后，她先同家人报平安，再看手机信息，有太多人在关心她，马蕾却没有时间一一回复。楼下的大厅，马上就要召开各个医院的主要负责人会议。大家站着开会，马蕾和席雅君是护理的主要负责人，这支队伍的100名护士来自不同医院，护理能力和水平尚不知晓，排班问题显得尤为重要。时间紧迫，任务繁重，她俩商量后决定从每家医院选出一个护理队长和一个护理副队长，然后紧急召开一个护理会议，再让每家医院的护理队长按照业务水平与能力的高低给他们医院的队员做一个排序。二人最终决定将护理队分成8个大组，每组12个组员，再以彼此熟悉为前提两两分组，由经验丰富的队员带领其他队员共同工作，以减轻陌生环境带来的恐惧和焦虑感。

马蕾的主要工作是负责后勤保障，她知道这个工作非常重要。只有后勤做好了，才能保证大家安心工作。武汉东湖高新区管委会派出两部591路公交车和三个司机负责接送他们上下班。当天下午马蕾就给班车司机排了一个班，试运行一下，上班的时候要提前1.5个小时从酒店出发，下班之后也要1个小时后才能回到酒店。第一次上班是在晚上7点，马蕾和乐家振副院长、庄良金主任以及感控老师护送12名护士、6名医生一起坐着591路公交车前往医院。次日凌晨2点护送第二批的队员到医院上班，凌晨4点再把第一批下班队员接回酒店。洗漱完简单吃一点早餐后开始休息，因为实在太困了，加上前晚一宿没睡，马蕾这一觉从早上6点睡到上午9点。

马蕾睡醒之后翻看厦门医疗一队的群微信，一条信息映入眼帘，信息来自庄良金主任，他说他有点儿忙不过来，但是不忍心叫醒她，让她醒后查看一下群里的消息。这是马蕾刚到武汉头两天的情况，各种信息纷至沓来，令人猝不及防。

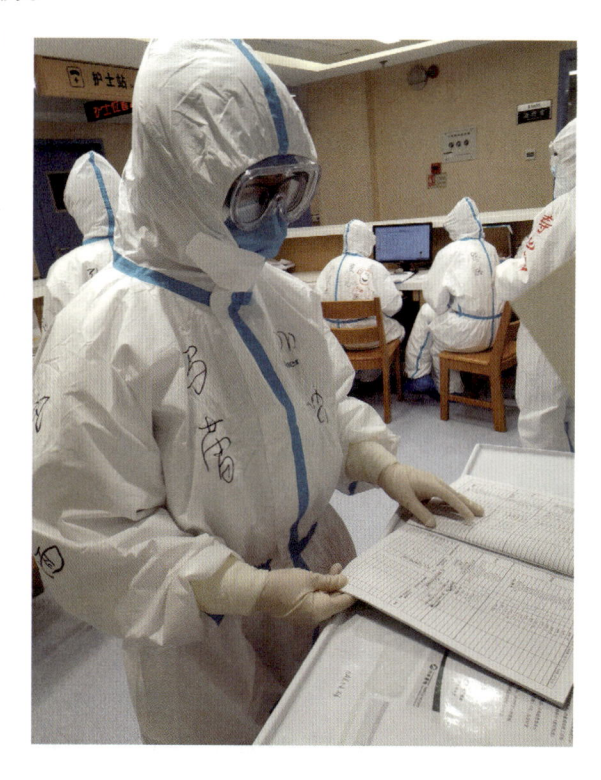

这让马蕾更加知道后勤保障工作的重要性，她立马建议每家医院安排一名兼职后勤保障负责人，迅速建立微信群，马上对全部防护用品进行清点，包括从厦门带来的物资；同时，了解当地同济医院能够提供什么样的用品，做到心中有数，再把每一样东西悉数归类，并用笔记录下来；再与来自厦门和卫健委的单子进行核对。清点中，马蕾发现数据与清点的实际数量出入很大，觉得应尽快建立台账并做好物资的出入库登记，而这需要一台笔记本电脑。于是，她求助亲朋好友，武汉当地情况实在无法解决。最终在医院护理部支持下，做台账的电脑很快就到位了。

载着厦门市卫健委准备的酒精、快手消，还有各家医院给队员们准备的物资，于2月13日上午通过顺丰包车走陆运，顺利到达武汉酒店驻地。每次接收物资，马蕾瞬间变身为女汉子，一箱一箱地搬运，有时凑巧遇上交接班时间，刚上完夜班的男生看到就赶紧跑过来帮忙，这让马蕾很感动。

处理完这些物资，马蕾就马不停蹄地赶往机场。因为前一天晚上10点左右，她就接到通知，第二天市卫健委包了专机送六位专家到武汉，让马蕾到机场去接他们。午饭后，马蕾叫上武汉东湖高新区管委会的志愿者小魏送她去机场。小魏开着自己的私家车，车行到进出机场的高速路口时被拦住了。马蕾出示了相关证件，她绞尽脑汁、费尽口舌进行解释，然而没有管委会的通行证是绝对不能出城的。后来，小魏只能联系管委会开通行证，这来回又是半个多小时。这让马蕾深刻地感受到封城是个什么概念。那天在天河机场12号口，当看到驰援武汉专家一行六人从空旷荒凉的到达厅走出来，她赶紧迎上去，有一种"老乡见老乡，两眼泪汪汪"般的激动。

安排好公交车送专家先行入住酒店后，马蕾马上又赶到机场，在机场货场清点飞机托运来给医疗队的物资，搬货、装货，再把东西拉回去。冬晚暮早，下午5点多就黑压压的一片。在接收物资时，边上有江夏区政府的人也是去接人的，看到她一个人在那里又冷又饿，递给她一个盒饭，但是考虑到个人安全，她还是拒绝了。一直等到卸货、装货完毕，晚上7点多回到驻地酒店后马蕾才吃上晚饭。

大概一个星期以后，很多人头发长了，管委会帮医疗队联系了当地的一名理发志愿者，马蕾赶紧找了个空旷通风的地方，给师傅准备了防护服、帽子、手套、鞋套和快手消等防护用品，组织40多个队员理发。考虑到有的队员在上班，没能理上发，理发师住家离酒店有30多公里，马蕾跟酒店店长沟通，给他专门开了一个房间休息，让理发师给前一天上班、没能理上发的队员们继续理发。

## 三

2月23日晚上8点，马蕾接到通知，病区第二天会有WHO（世界卫生组织）专家前来检查指导工作。马蕾和席雅君护士长、院感专家黄辉萍等老师，把病区的所有的物理环境逐一进行整理，包括休息室、更衣室。因为前两天刚到了一批医疗设备，病区相对凌乱，前面那两周又非常忙，没办法认真整理。她们就把这些耗材、设备集中搬运到一个房间锁起来，把脏的地方全部清洗干净，所有的东西都按照要求进行分类整理。因为是战时医院，设备设施不太完善，马蕾等人就在那天晚上进行彻底整理，快手消甚至垃圾桶全部更换，洗手液之类的也全部都按照 JCI（国际认证）的要求，标上有效期，她们花了整整 4 个小时把整个病区清理得焕然一新。第二天早上 7 点半，马蕾和同事就到病区等候 WHO 一行专家前来检查。同济医院工作流程规范，马蕾和同事一起努力跟进，WHO 专家对厦门援鄂医疗一队的成绩高度认可，这一振奋人心的消息大大地鼓舞着所有队员。

随着疫情向好发展，物资基本都能准时到位，马蕾每周 5 天都去病区上班，时间从早上 9 点到下午 5 点，共 8 个小时。她往返于病房和库房之间，随时补充医护和患者每天使用的物资，还兼做清洁区的环境消毒工作。一有空她就进舱去检查抢救仪器设备。

从患者的资料中，马蕾看到有一个老年患者的出生日期是 2 月 26 日，她和大家筹划着为这个老爷爷过一个意义非凡的生日。当天早上护士长席雅君带着大家一起进舱，有队员拿着自己的手绘贺卡，陈如福组长在防护服上写着"福如东海，寿比南山"的祝福，马蕾端着食堂专门煮的一碗长寿面，大家一起为这个老年患者唱生日歌，并赠予他生日礼物。这些远道而来的厦门医护人员，认真地陪着老人过生日，令老人感动垂泪。这个特殊的生日之后，大家更加感受到特殊时期里患者的悲苦，他们就组成了一个小团队，经常进舱去和患者互动，同时给患者发放湿纸巾，教会他们如何给自己的床位进行清洁。在隔离病房这种特殊的环境下，患者更有一种特殊的心理状态，医护人员用心做事的效果更是不一样，队员们全心全意地为患者服务，患者也更加积极配合治疗，医患关系非常融洽，治疗效果更加显著。

## 四

3 月 9 日习总书记到武汉指导抗疫，知道这个消息后大家更是信心满满。方舱医院 3 月 10 日就全部关停，3 月 12 日国家通知十家医院留守到最后，武汉同济光谷院区是最后撤离的几家医院之一。马蕾觉得更要站好最后这班岗，一定不能松懈。来自祖国四面八方的捐赠物资越来越多，这些都需要马蕾风里来雨里去的接收、清点、入库、发放。细心的马蕾总是把东西悄悄地放在队员的门口，大家开门时常常会看到门口摆放着的物资，总有一个小惊喜，感到非常的温暖，抗疫的信心就更足了。一切都在好转，患者治疗效果显著，医患防护切实有效，一切向好。

3月29日，马蕾突然接到通知，要求医疗队31日必须撤离武汉。听到这个消息，队员们的心情非常复杂。当天晚上，马蕾自己默默地、有序地把一些物资、耗材和没有用完的东西整理好，整整收拾了95箱。第二天早上，马蕾叫上两个同事一起把这些物资送到同济光谷医院后勤科，办理赠送交接手续。马蕾心想，这些有用的耗材取自于社会，应该继续回馈给社会。

那个下午她还执行了最后一个任务，欢送病区最后一个新冠患者出院。中午她和席雅君护士长进入隔离病房，对病房所有的环境进行了一个再整理和终末处理，同时对这位要出院的患者进行健康宣教，清楚完成了在同济院区的使命。直到这时，她们才算深深地舒了一口气。

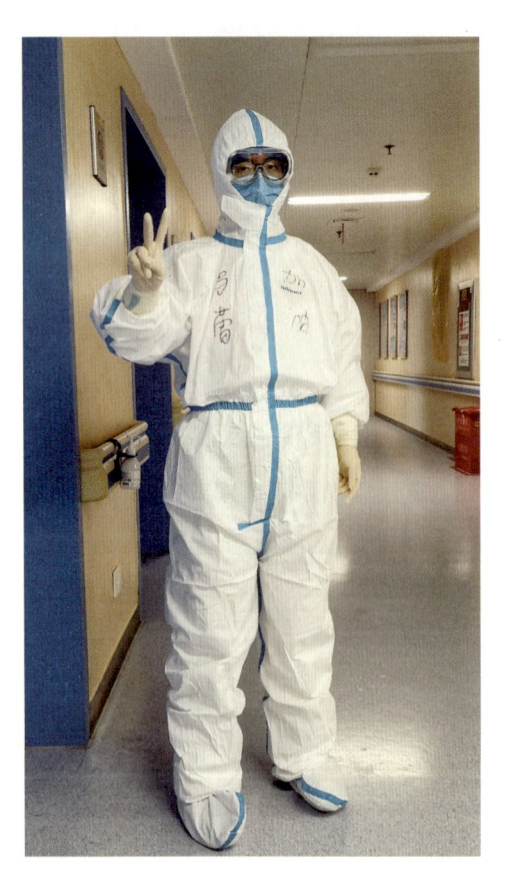

回到酒店已是晚上7点，酒店正在给医疗队举行送别仪式，马蕾看到之前每天接送他们上下班的三个公交车师傅赶来酒店为他们送行，控制不住流下了眼泪。这三位师傅是在3月20日的时候，武汉城市要逐渐恢复复工，他们作为951这条线路的司机师傅被抽调回去。40天的同心抗疫，大家相处融洽，感情很深，这是马蕾驰援武汉 50 多天第一次流下的热泪。

3 月 31 日早上，医疗队要乘坐厦航飞机返程回厦门，马蕾和另一个队员当天上午 7 点准时从酒店出发，把全队的托运行李全部先行送到机场，因此错过了管委会组织的告别仪式，马蕾有些遗憾，但是为了给大家做好后勤工作，她只能默默伤感。队员们似乎感受到了她的心情，半开玩笑半安慰她说，怕她在这种场面会伤心，所以让她先走一步。上飞机前，马蕾把登机牌全部分发到每位队员手上，依依不舍地看着身边的一切。此时春色粲然，极目远眺，武汉的蓝天白云，就在不尽的苍茫之中。在武汉奋战的这 52 个日日夜夜，心酸也好感动也罢，终将永远地烙印在马蕾心中。正如泰戈尔所说的"天空没有留下翅膀的痕迹，但我已飞过"。

逆行天使——厦门医护人员援鄂抗疫纪实

# 妈妈的"请战书" 女儿的亲笔信

——记厦门市援鄂医疗一队队员杨春燕

文◎邓 宁

4月14日那天,是杨春燕一辈子都不会忘记的高光时刻。

36位族人扛着红色横幅,等在医院大门口。一条红色地毯从医院大门口铺向门诊大厅,同事们站在两侧,叫着、笑着、挥着手、还高举着写满各类字眼的牌子。对面的门诊大厅前,同样站着守候良久的院领导及同事。"这是在走红毯吗?"穿着统一发放的运动装,杨春燕刚在心里跟自己开了个玩笑,瞬间就落了泪。

眼泪这一流,怎么都抑制不住。52个日日夜夜里体力的透支、内心的压力、对两个女儿的想念、回家的喜悦……好像都要随着倾泻而下的眼泪一并释放。不知是谁塞过来一捧鲜花,杨春燕赶紧接住。没走几步,她的双臂间就搂满了一捧又一捧的鲜花。同科室的方玫主任从人群里冲出来,给了杨春燕一个重重的拥抱,两个人相拥着开怀大笑。一个又一个的同事跑过来轮流抱住杨春燕,一堆人叠在一起,她的笑又止不住了,尽管满脸都是泪痕。

从大门口到门诊大厅只有十几米远,杨春燕却又哭又笑地走了快 20 分钟。泪水、欢喜在脸上不断交织;感动、激情在心中肆意涌动。凝视着熟悉的海沧医院,她对自己说:"终于回来了!"

海沧医院为杨春燕举行了简短而隆重的欢迎仪式。做了肺部 CT,显示一切正常后,杨春燕就被族人接走了。从医院到杨春燕居住的海沧区海沧街道渐美村约有 3 千米路程。36 位族人开着由 10 辆车组成的最强亲友阵容,浩浩荡荡行驶在兴港路上。表妹亲手设计再找熟人喷绘的横幅清晰醒目,"春燕,欢迎回家"六个大字吸引得路人频频回头张望。

刚到村口,杨春燕又被从未见过的阵仗震住了。村两委拍手相迎,乡亲们渐次聚集而来,腰鼓队的大妈大婶们身着华服,鼓声如雷鸣再一次敲得杨春燕的眼泪滴滴答答直落。有人跟她说,大家已经等了快两个小时……

一

出生于 1982 年的杨春燕是土生土长的渐美村人,自爷爷那辈从安溪迁移到厦门海沧起,杨家人已在这个村子里繁衍生息了近一个世纪。作为村里唯一的一支杨姓,杨家人格外团结。或许是外姓人的原因,杨家人普遍恪守本分,不爱生事。杨春燕的性格里就传承了这种基因。在村子里,杨春燕逢人就笑,爱主动跟人打招呼,她给许多人都留下了和善热情的印象。从满地疯跑的小丫头,长成韶华青年,再到成为海沧医院一名儿科护士,杨春燕从未离开渐美村。结婚生子后,她依然和丈夫一起生活在这里。在村里,杨春燕是一个普通得不能再普通的人。早出晚归,操劳生计。她不会开车,也忙到很少煮饭。为了照顾两个女儿,她常顾不得洗脸梳头,讲究形象。有时着急出门,她也会胡乱套上大女儿的运动鞋。

就是这样的杨春燕，在平安归来时，被乡亲们致以最高礼遇。"这辈子，值了！"杨春燕在心里想着。一抹阳光直射过来，将她的脸照得透亮，阳光与泪水交融，她的眼前仿佛氤氲起了彩色光绚。眼前的一切如梦幻般真实，将杨春燕的记忆拉向了几十天前的那个深夜。

刺耳的铃声划破杨春燕的梦境，她条件反射般伸手抓起手机。视线扫过屏幕上的时钟，快凌晨了。电话是护理部主任黄严金打来的，杨春燕赶紧接听。

"明天出发去武汉，你行不行？"

一听这话，杨春燕瞬时睡意全无，心跳、脉搏加速。虽然早就做好奔赴武汉的准备，但当此刻真正来临的时候，她的内心还是升腾起一股难以言说的紧张。空气仿佛在瞬间凝滞，她呆坐在暗夜里，觉得自己停止了思考。就在此时，一只大手伸过来将她的手紧紧握住。

"去吧！"丈夫拉长的腔调有些颤抖，带着沉重的气息。

杨春燕深呼了一口气，这才缓过神来，她赶紧向黄严金主任表态："全力以赴，不辱使命！"

挂断电话后，杨春燕怔怔地看着身边的丈夫，不知道该说什么好。夜，深沉不语，夫妻俩沉默对望。

"千万要小心，保护好自己！"丈夫打破了沉默。

"带好孩子，尤其是小的！"

杨春燕的丈夫是一家外资企业的福建省区域主管，工作很忙，时不时就要出差。两个女儿都是杨春燕在照顾。"爸妈也交给你了！"杨春燕的父亲有高血压，此次远去，她最放心不下的还是上了年纪依然在为她操劳的双亲。

手机微信嘀嘀嘀响个不停，即将成为战友的其他援鄂医护人员都在同一时间接到了通知。在这个临时组建的微信群里，有互相鼓励，也有相互温暖。

杨春燕从床上跳下来，开始整理行李。同时，她把父母、丈夫、女儿的医社保卡、门诊病历等重要信息资料分别装入独立的文件袋，再把自己所有的银行卡都留下来,并写下密码。

第二天一早,杨春燕便赶往海沧医院集合。

杨春燕的舅妈是一名经验丰富的理发师,原本,她和杨春燕约好要帮队员们把头发剪短。可谁都未曾料到,时间如此紧迫,等她提着理发工具,赶去海沧医院时,杨春燕和队友们已踏上未知!

"春燕身体不好,怎么会让她去?"亲戚们打来电话询问着。有的不舍,有的不解。一切,还要从那份请战书说起!

1月26日,杨春燕在家中一边陪伴一岁两个月的小女儿,一边刷手机关注疫情最新动态。看着不断攀升的数字,揪心,痛惜,排山倒海般袭来……她再也等不了,家里找不到白纸,便匆匆撕下大女儿的作业本,没有同任何人商量,写下了那份"请战书"。写完后,她还按上了朱红的手印。

2月3日中午,"今日海沧"栏目播出了一条关于当地医护人员驰

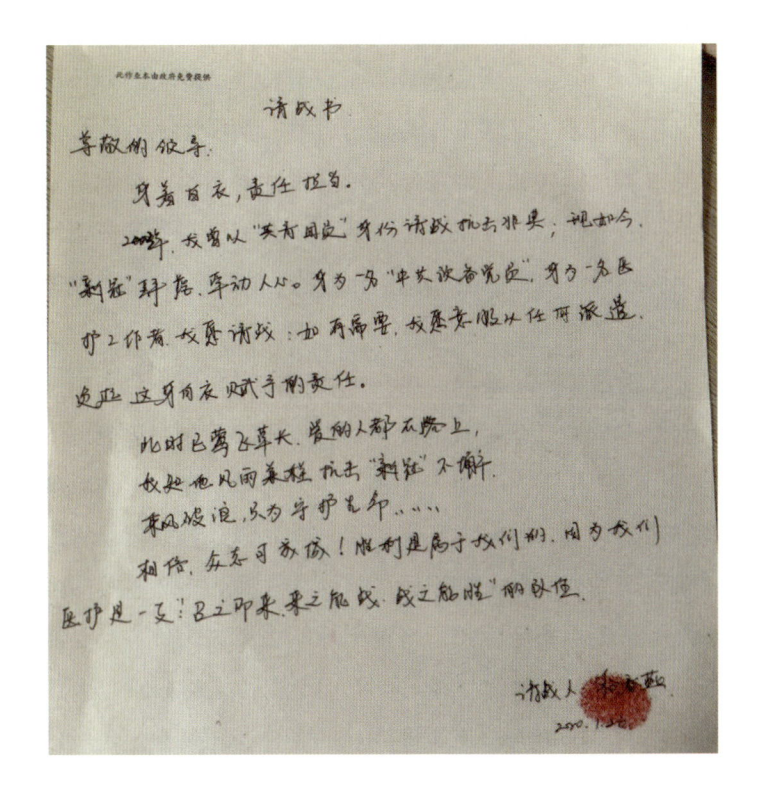

援武汉的新闻。特写镜头将观众的视线拉向了海沧医院儿科护士杨春燕手写的请战书："身着白衣，责任担当！2003年我曾以'共青团员'身份请战抗击非典，现如今，'新冠'肆虐，牵动人心。身为一名'中共预备党员'，身为一名医护工作者，我愿请战。如有需要，我愿意服从任何派遣，负起这身白衣赋予的责任……"

杨春燕的丈夫此时正好就在家中客厅，刚巧看到了这条新闻。越看心越往下沉，"这不就是春燕吗？"他下意识拿出手机拨通了妻子的电话，旋即又挂断。此时，还需要再问吗？他已知晓了一切……

## 二

其实，大家的担心不无道理，杨春燕的身体是真的不太好！她平均每年都要重感冒三四次。别人喝些热水、休息几天就会好，可她非得折腾到打针、输液也不消停。没有个把月，渡不了这场劫。2006年，腰椎间盘突出发作的杨春燕在床上躺了一个月。不能起床，翻身困难，酸、麻、涨、痛排山倒海朝她袭来，从腰椎直至脚趾。巨大的痛苦让这个年轻人狼狈不堪，没办法正常工作，她请了整整两个月病假。杨春燕还患有慢性胃炎，这顽疾犹如寄生在体内的怪兽，时不时就要跳出来刷一下存在感，给它的主人点厉害瞧瞧。2018年7月底，杨春燕产下她提早一个月来这个世界报到的二女儿。休完产假上班的第三天，她又倒下了——肺炎，住院半个多月。

抵达武汉后的第一个晚上，杨春燕彻夜未眠。身体会不会突然跟自己闹别扭，她心里也没有底。她被排到了夜班，与同在海沧医院当护士的陈小梅互为搭档。工作时间为凌晨3点至早上9点，这也意味着她凌晨1点就要起床。2月13日，杨春燕第一次上岗。她身着厚重的防护服穿过有着六重门的缓冲区，这里就是与死神短兵相接的重症病区。"一定不能倒下，一定不能拖后腿，一定不能提前出去……"杨春燕紧攥着双手，调整呼吸，自我暗示。

在防护服下，一切操作都是挑战。抽血，在儿科护士眼里最驾轻就熟的事，此时也成了难题。套着好几层防护手套的杨春燕失去了手感，她感受不到患者的体温，手到之处，皆为木然，护目镜上的一层雾气也让视线不如往常那么清晰。面前的患者偏偏是一位体态丰腴的女士，杨春燕有些忐忑。

"我的血管不明显，每次抽血都不好抽！"

"没关系，我先找一下，放心！"说话间，杨春燕手起针落，回血缓缓流进采血管。"一针见血"后，杨春燕壮了胆子。得知她是从厦门来的护士，女患者不停地说着谢谢。"听说我们病好了之后，身体里的血可以救人，等我好了一定要去献血……"女患者的话，一扫杨春燕初来乍到的恐惧。向死而来的人，在感受到被救者的回馈时，该是何等动容。病房里的温暖和爱，刻进了她的心里。

28床是一位警察，在执行公务时不幸感染。每次走进病房为他进行护理，这位警察都会把头扭向一边。杨春燕想跟他聊聊天，缓解患者的心理焦虑。可他每次都是欲言又止，微微张口，语速刻意放缓。两三天后，杨春燕细心的发现，不少患者都有同样的表现。起初她有些不解，后来才得知原委。原来是患者担心搅起空气中的飞沫，给医生、护士造成更大的感染风险。

"这么辛苦，你这么瘦，身体撑得住吗？想家吗？来武汉习惯吗？"一天，1床的老爹爹问了杨春燕一连串问题。是的，杨春燕的确是太瘦了。她的体重不足40公斤，即便穿着似蚕蛹般的防护服，也掩饰不住娇小。然而，就是这样一幅柔弱的脊梁，却以白衣为戎装，仗剑赴沙场……

3床是位喜欢打太极的大叔，医护人员有空闲时，他会带着大家来上一圈，因此被大家亲切地称为"太极大叔"。有一次，他打太极的视频在网上火了。

"你现在是'网红'了。"那天，在给"太极大叔"输液时，杨春燕把这个新鲜事说给他听。

"是吗？哈哈哈……"大叔大笑着和杨春燕聊起他的太极故事。他告诉杨春燕，自己退休没事干就开始自学太极，后来到武汉帮忙带孙子，小区里的人都喜欢和他学。大叔还颇为骄傲地说，他已经收了50多个徒弟。

"你没上班时一定要好好休息，也可以锻炼起来。"在得知杨春燕患有椎间盘突出时，"太极大叔"还仔细为她分析了一套"诊疗方案"。

"建议你学'木兰拳'，通过科学合理的调整，可以预防腰腿问题。""太极大叔"的关切之情，溢于言表，让杨春燕颇为感动。边聊着，"太极大叔"还边比画了起来，呼吸吐纳之间，俨然一位武林高手在传授着武林秘籍。经过精心的治疗护理，进入康复期的"太极大叔"很快就出院了。

武汉人称呼上了年纪的老者为爹爹。杨春燕所在的病区有很多爹爹，不少还患有基础疾病。那位78岁的爹爹就是一位带有"帕金森"等多种基础疾病的新冠肺炎患者，他病情危重，生活无法自理，"吃喝拉撒睡"都需要医护人员来协助完成。病情前期，老人胃口不好，加上担心吃了就拉会麻烦护士，总是拒绝进食。为了让他多吃、吃好，医护人员不厌其烦地守在他床边说好话、劝吃饭，经常一弯腰喂饭就得大半个小时。

随着与医护人员越来越熟悉，老人的配合度也越来越高。病情日渐好转后，老人精致的生活品位也开始"暴露无遗"。吃饭时床头需要摇升的高度、外套如何悬挂、假牙如何浸泡等，老人都有一套自己的标准作业流程。吃完饭一定要擦手擦嘴巴；要温开水漱口；外套要先抻平展，内衬朝里挂在床尾……每每遇到倔强又爱干净的老人连比带画认真仔细指挥自己时，杨春燕总是忍俊不禁。

老人有上消化道出血，需要口服冰盐水加凝血酶，但难以下咽的滋味却让他非常抗拒。那天夜班，杨春燕和蒋丽艳护士长一起为他护理，准备喂药时，老人生气了。

"你们这些坏家伙，这个水太难喝了，我不喝。你们这是强人所难，强人所难……"老人板着脸大喊。

"良药苦口,喝了它病才会好。这药若不好喝,我们明天和医生商量换个好喝的,今天晚上克服一下好不好?"杨春燕赶紧一句接一句地劝说。轻声细语,像是在安慰一个孩子。

一阵连哄带骗下,老人最终还是皱着眉、苦着脸把药都喝了下去。"就是我的亲闺女都没这么耐心呦。"当杨春燕和搭班的蒋丽艳竖起大拇指为他点赞时,老人边说边不好意思地回了一个大拇指表示感谢。

根据部署,杨春燕所在的光谷病区于3月30日关舱,老人被转院至另一个院区继续治疗。4月4日,在医疗队回厦门休整后,老人病愈出院。那天,医疗队收到了他特意让家人录制的视频。镜头里的老人坐在自家沙发上,眉梢、眼角笑意盈盈。"感谢'大眼睛双眼皮'的厦门医疗队。"杨春燕拿出手机,一遍又一遍听着老人不太标准的普通话……

三

3月1日,女儿雷杨写了一封长信。通过手机拍照后,发送给春燕。

亲爱的妈妈:

您好!转眼已是三月,春节的脚步渐远,厦门的春天如期而至,风和日丽，春花烂漫。不知武汉的樱花是否也悄然开放？但我想您定是无暇欣赏，而是和战友并肩坚守在一线奋战。距您离家已有20多天，对您的思念丝毫未减。

2月9日凌晨，一通电话，您火速应战，出征武汉。清晨听到这个消息后，我一直把头藏在妹妹的身后，眼泪止不住地往下流，不一会儿就浸湿了妹妹的头发。

当时我不知是该为您担心，还是该为您自豪。我想了很久，脑海中突然浮现出一句话——"如果你爱一个人，就应该尊重她的选择"。我想当您递上那一纸战书请命，您就做好随时奔赴"战场"的准备。所以，我应该尊重您的选择，为您自豪。我控制住自己的眼泪，不让您有后顾之忧，而是能够放心地前往武汉支援，但同时也希望您能保护好自己，做好防护。

那天，看着您发来的工作照片，我心里有点酸酸的。因为新闻里说你们穿着这防护服怎么怎么难受，我心疼。还有，我看到您在衣服上写着沙茶面，我知道您最爱吃沙茶面了，您肯定是想念我们厦门的美食啦。妈妈，您早日凯旋，我带您去吃个够……

一封家书，见字如面，噙着眼泪，与女儿简单视频了几分钟后，杨春燕转身就去忙了。女儿的来信，她没有顾上回复……

杨春燕热爱写作，作品曾多次见诸报端。赴武汉后她的这项才能被医疗队发掘，委以宣传重任。3月15日晚，她写下了赴武汉后的第12篇通讯稿——"厦门这支医疗队出硬招，在武汉重症病区为患者点燃希望之光"。这篇稿件被人民日报采用后登上热搜，被网友广为传颂。52天，杨春燕利用休息时间写了40多篇新闻稿，大部分被全国各级报纸、广播电台、电视、新媒体采用，其中数十篇登上热搜，累计阅读量达4000万。"武汉志愿者发起'同袍计划'""战'疫'两地书""患者请求延迟出院，只为再见厦门护士"等触及心扉的感人故事都因她的记录被外界熟知。

进入隔离区，医护人员不能携带任何随身物品，与外界联系只能靠

护理站唯一的一部公共手机。就是用这部手机，杨春燕在繁重的护理间隙，用镜头及时记录下医护人员在疫区的工作点滴，分享给外界。上百张照片，几十个视频，三万字文字，通过医疗队搭建起的自媒体平台向社会各界广泛传递。在武汉疫情的危急关头，它成为传播正能量、发布医疗队资讯、引导社会支持抗疫工作的重要力量。

在武汉期间，杨春燕的手机因频繁消毒坏了，她的电脑也因为运输途中的磕磕碰碰而即将"退役"。从武汉归来结束隔离的这些天，她在忙着整理备份资料，更换电子产品。

厦门的三角梅已是一片花海，尽赏樱花倚风而舞的日子还会远吗？杨春燕跟女儿雷杨约好，疫净花开时，全家人共赴一场烟火人间的荆楚之约！

逆行天使——厦门医护人员援鄂抗疫纪实

# 三次请战终成行
——记厦门市援鄂医疗一队队员林凯

文◎王永盛

林凯参加援鄂抗疫，经历可谓一波三折。

2020年1月21日，厦门大学附属心血管病医院护士林凯请了年假回永安老家过年。

除夕晚上刷抖音，林凯看到上海医疗队开始支援武汉了。从那天晚上起，林凯隐隐感觉自己或许也将奔赴前线。果不其然，正月初一，林凯看到福建省第一批援鄂医疗队开始报名，他连忙打电话给医院监护中心护士长。

"护士长，我们医院有没有名额？如果有，我想报名！"

"你想去？"

"对，我想去！"

掷地有声的话音刚落，林凯便听闻正月初二永安要封城，本来打算初三才动身返厦的他，赶紧买了当天晚上8点的动车票赶回厦门。林凯是铁了心要上武汉前线，一刻也不想耽搁，不容许出任何影响他去武汉的差错。

回到厦门，林凯在围里公寓宿舍一边自我隔离，一边等待命令。只要有参与机会，他就立刻报名。

正月十一，林凯报名参加福建省队支援"东西湖方舱"抗疫。好不容易等到医院通知，在回同安的家去准备行李的路上，林凯又接到电话：这一批去的医护人员都需要是党员，林凯不是党员，只能等下一批。

正月十三，林凯报名参战厦门市定点隔离医院——杏林医院的抗疫工作，仍然要求是党员。多次被拒，难免沮丧失落。

正月十五，林凯接到参加厦门援鄂抗疫医疗一队的通知。林凯百感交集，他终于如愿踏上前往武汉的征途了。

几千年前，雅典暴发大瘟疫的时候，人们避之唯恐不及，许多人纷纷逃出城去。但那时希腊北边马其顿王国的一位御医，却冒着生命危险前往雅典救灾。这位勇敢的御医就是欧洲医学奠基人希波克拉底。

林凯，以及数万名援鄂医护人员，他们不正是当代的希波克拉底吗！

一

2月10日上午到院区，林凯牢牢记住往后日子将持续重复的线路：如何从酒店到医院，如何进隔离病区，如何出隔离病区。几乎是马不停蹄，当晚医护人员就要开始进病区护理。令人崩溃的是，由于防疫物资的匮乏，同济光谷医院提供的防护服五颜六色，有的是工业用的，有些手套还是质地非常薄的检查手套。

无奈之下，林凯选了两个经验相对丰富的护士，一位是已经参加工作九年的黄中灿，另一位是拥有五年工作经验的谢学金，她们将在凌晨3点进舱。林凯担心她们的安全甚至比自己进舱还紧张，刚吃完晚饭，立马再次安排她们练习穿脱防护服。

"戴一次性隔离帽时,尽量把头发塞到帽子里,不然垂下来汗水打湿了,就会很难受。"

"穿一次性隔离衣,尽量袖管、裤管捋直了再套,两人要相互照看着,把所有密闭条密闭好。"

"脱的时候要严格按照流程,一步一步来,脱一项洗一次手,更是不能马虎"。

……

林凯一项一项地强调进舱注意事项,事无巨细,一丝不苟,大有"蝉鬓加意梳,蛾眉用心扫"之势。他恨不得自己第一批进病区,但作为院里派出的带队副队长,又得配合全医疗队做好本院十名护士的分组排班工作。

林凯一边监督着黄中灿和谢学金练习,一边不厌其烦地指导着每个细节。直到她们显露出不耐烦来,他还不善罢甘休,从头到尾又叮咛一遍。

所有医护人员是2月9日到达病区,2月10日上午才开始穿脱防护服的训练,训练时间很短。林凯知道,很多护士穿脱防护服还不熟练,穿防护服可能容易一些,脱防护服更加艰难。脱时的防护服已经污染了,稍不留神就会把病毒带出来,传染给别人,那将是巨大的灾难。

林凯心里非常忐忑,既担心她们的身体安全,也十分牵挂她们的心理状况。

更糟糕的消息从病区里传来,就在几小时前,他们刚刚接管的同济光谷院区E3-10病区,有一个患者来不及抢救便去世了。

气氛一下子凝固,紧张、恐惧的心情弥漫在林凯周遭。承受病患死亡带来的痛苦,比死亡本身更需要勇气去面对。厦门医疗一队遭遇到第一个大考验!所有医护人员身心都遭受打击和摧残!

去世的患者是一个50多岁的阿姨,2月10日收治入院时人喘得厉害,面罩脱掉后血氧饱和度只有百分之八十几。血氧饱和度是人体血液中血氧的浓度,它是呼吸循环的重要生理参数。正常情况下,人体动脉血的血氧饱和度为 98%，而当时这位患者只有百分之八十几。这意味着，她的全身脏器都处于缺氧的状态。

在当时，新冠肺炎的治疗方案不断变化，插管治疗怕气溶胶扩散出来，所以建议尽量使用无创呼吸治疗。2 月 10 日晚上厦门医疗一队的第一批医生护士到病区后，立刻决定对患者实施无创呼吸治疗。

实施无创呼吸治疗没多久，医生发现患者氧合还是只能上到百分九十二三，接着来不及插管，病人便离世了。

这一切都让所有医生护士措手不及：怎么会这么快？

以前临床治疗根本没有见过这种状况，大家都被突如其来的变故所错愕震惊。患者从入院到离世前后就十个小时，眼睁睁看着走了，对以救死扶伤为天职的医生护士，无疑是一个沉重的打击。

这个变故对还没进舱的医护人员心理影响非常大。他们还在病区外，没能看到病人，不知道病区的情况，只能凭空想象。而往往人对未知的事物最为恐惧，他们一想到病人就是传染源，想到万一被感染上的糟糕结果，想到感染后死亡之迅速……

林凯忧心忡忡，愈是有负面的紧急情况出现，他便愈发担心队友。他默默地目送黄中灿和谢学金走进病区，在心里祈祷着，一定要安全完成任务。

第二天早上 9 点，终于接到黄中灿和谢学君报平安的电话，林凯长舒一口气，心里的大石才算落了地。

## 二

古语云：凡事预则立，不预则废。

林凯未雨绸缪，在厦门时就充分做好奔赴武汉抗疫的各项准备。

他密切关注着武汉的疫情，比很多厦门援鄂的医护人员更加了解武汉当时的状况。林凯大学学的是护理专业，毕业后长期在 ICU 工作。2016 年又到邵逸夫医院进修了呼吸治疗专业，获得"高级呼吸治疗师"证书。因此，对于呼吸系统病新冠肺炎的护理，他原本就有一定专业优势。

林凯当年在邵逸夫医院进修班的 20 名同学这次全部报名参战。最早成行是来自湖北十堰的同学窦登辉，他大年初一就前往武汉前线。窦登辉把在武汉抗疫的实践经验，在班级群里不断传送给即将加入抗疫行列的同学们，内容实用而且包罗万象，例如临行前的《物品准备清单》《抗疫前线的自我防护》等等。

窦登辉参战的医院是金银潭医院，这家医院主要收治新冠肺炎危重症患者，医护人员直面更多的濒临死亡和死亡病例。林凯非常重视窦登辉的建议，记下了他用心列出的清单和防护指南。

一、衣服

1. 羽绒服、裤子等保暖外衣（带一套就行，不要好的，保暖就行，回去时能扔就扔）。

2. 秋衣、秋裤等贴身衣物，带 2～3 套换洗。

3. 内裤、袜子等带 2～3 套换洗。

4. 带 2 套工作服，类似洗手衣那样薄、两件式的（要不上班得穿自己衣服）。

5. 带两双鞋，一双平时穿，一双放科室（放科室要那种一脚蹬的，不要系鞋带的，不好穿脱防护服，放科室的质量不要好的，走时丢掉）。

二、洗漱用品

牙膏、牙刷、剃须刀、洗发水、香皂或者沐浴露，洗衣服的肥皂（也可以过来买，但是大部分超市关门不好买）。

三、生活用品

1. 水杯两个（一个放宾馆，一个放医院，不用买太好的，能喝水就行）。

2. 尽量带些吃的，比如泡面、饼干、面包等能填肚子的，怕后期食物供应短缺。

3. 自己备几个 N95 口罩，平时走路戴。

窦登辉还在班级群里告诉大家，危重症病人经常用到无创和插管呼吸治疗，平时 ICU 里很少遇到的治疗情况在这里稀松平常。

有备无患，在等待出征期间，林凯根据同学的提醒，认真复习了有创呼吸机、无创呼吸机、监护仪、除颤仪甚至气管镜的使用方法。林凯很清楚上武汉前线后将会面对什么样的状况，他已经做了最坏的打算。

临行前，为了保证抗疫时的体能，林凯特意带了两罐蛋白粉。他知道到时穿着隔离衣、防护服、头套，给重症病人翻身搬动，需要更多的体力。

"我是男护士，重活、累活我不多干，谁来干？"事后，林凯理所当然地提及。长期在 ICU 里工作身经百战的年轻"老将"，林凯秉持不打无准备之仗的理念。

召之即来，来则能战，战则能胜，哪里有需要，哪里就有他的身影。在隔离病区，林凯践行诺言，身先士卒，始终冲在第一线。

特别是在重症病房，经常用无创面罩辅助通气，这就需要医护人员和患者长时间的"亲密接触"，来调整面罩贴合度、通畅管道情况等。调整时间有的长达半小时，暴露感染的风险增加了许多。

生死攸关之际，林凯总是奋不顾身地冲在前面。他说："组织安排我带她们，我就有责任把她们安全送回去。况且我经验丰富一些，这既是对患者负责也是对组员负责。"

林凯还主动承担看护危重患者的任务。每次接班，他都会第一时间巡视病房，每一个细节都不放过。

善学善用，一身百为。林凯以无所畏惧的姿态，迎着风雨昂首挺立，直面瘟疫，消除灾难，表现出勇者无敌的英雄气概。

## 三

正是凭着长期重症监护室工作经验，林凯在每一次突发情况都能做出最准确的判断。2 月 13 日，进到病区交完班后，林凯习惯性地巡视一遍他分管的病人。当他来到 5 床患者身边时，发觉情况不对。患者在面罩给氧的情况下，血氧饱和度只有 79%，呼吸急促。林凯赶紧耐心地指导患者，用嘴大口吸气，然后屏住呼吸，再用鼻子慢慢呼气。在他的指导下，连续做了几个深呼吸后，患者的血氧饱和度慢慢提高到了90%，呼吸也慢慢变缓。

林凯对新冠肺炎治疗护理有自己独特的理解，他觉得的新冠肺炎患者肺部呼吸是不可逆的，如何增强病人的呼吸功能是他和医护人员迫切要去解决的问题。

新冠肺炎患者肺部损伤，往往伴有炎症和肺液渗出，呼吸一般都不正常。正常的肺是柔软的，一旦肺部受损，它就形成斑痕，这些肺组织就死亡了，失去了透气功能。拥有ICU工作和呼吸治疗双重丰富经验的林凯，开始实施他的增强患者呼吸能力的训练方案。

"这次疫情是重症护理人的战场，同样也是呼吸治疗师的战场。"林凯自信地说。

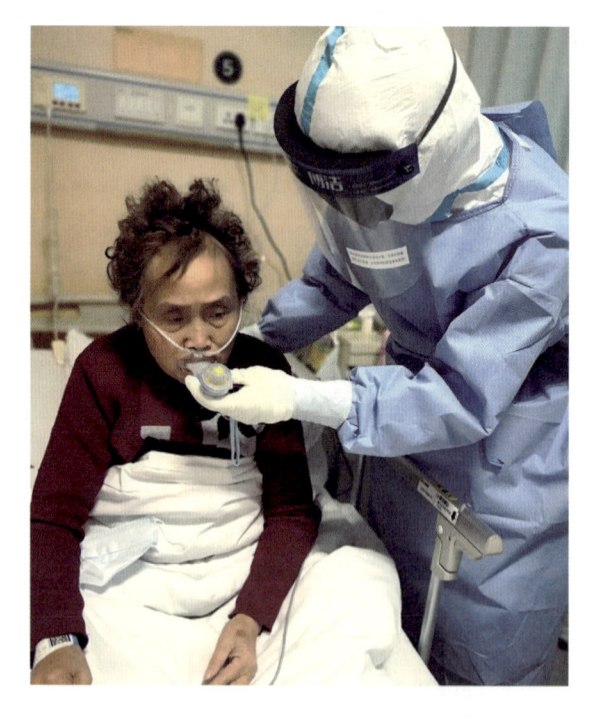

新冠肺炎患者在病情发展各期都有出现呼吸功能障碍的可能性，且因本身原有疾病的影响或隔离原因，导致住院期间的活动减少，因此早期呼吸康复介入的体位管理、早期活动、躯体运动训练、呼吸训练、胸部物理治疗等方法，是能有效帮助患者缓解呼吸症状、恢复肢体活动功能和改善身心状况的。

林凯快速锁定症结，确定呼吸锻炼的解决方法。他在完成常规护理后，不顾疲惫，充分利用"呼吸治疗师"的专业知识，高效地协助医生为患者特别是危重症患者提供个性化的呼吸治疗，将自己所学的呼吸治疗知识传授给身边同行的护士，带领患者在病房内做起呼吸操，为患者进行呼吸康复护理。

由于防疫物资紧张，物流受限，在没有外界辅助用具的时候，除了指导患者进行深呼吸训练以及病床旁的简单运动之外，林凯实施病人"吹气球呼吸训练法"。他从网上买了一些气球，然后让整个护理小组准备5毫升的注射器，自制简易的呼吸训练器，到病房逐个示范，指导恢复期的患者进行吹气球呼吸锻炼，帮助他们提高呼吸能力。

林凯主导的"呼吸锻炼法"，很快在同济光谷院区推广，起到了很好的辅助治疗作用。

厦门崇仁医院在得知这一情况后，通过厦门市红十字会向医疗队捐赠了一批物资，其中包含三球呼吸训练器、拍痰杯、呼吸振动训练器、高流量面罩、无创呼吸机环路等，助力医疗队抗击疫情。

事物往往都有两面性。早期很多人对"呼吸锻炼法"也有不同意见。一方面，如果患者不增加呼吸锻炼，康复进展就会很缓慢；另一方面，又担心患者的呼吸锻炼会把病菌更多地扩散给其他人。

"试玉要烧三日满"，但病毒不等人，病情不等人，林凯边摸索边干，随着治疗的深入，大家最后达成一致意见——对病人进行分层治疗。当一些病人到了能做抗体检测时候，就让他们集中在一个病区。因为有了抗体，病毒的传染性便大大降低，医护人员再让患者进行呼吸锻炼。更加完善的呼吸治疗法，在实践推进中逐渐成形。

四

"厦门市卫健委寄来一批烘干机和防护物资，有空的同仁到一楼帮忙搬一下。"

工作群里经常会有这样的招呼，不当班时，在酒店休息的林凯总是在群里第一个回应。在他看来，搬物资既能为大家服务，减轻物资组部分工作压力，还能活动活动，锻炼一下身体，真可谓一举两得。

合抱之木，生于毫末。日常的行为，点滴的奉献，慢慢积累便成为一个人的优良品格，有如水溶于水。

林凯总能设身处地换位思考，被护士们亲切地称为"贴心哥哥"。他首先摸清每个组员的专业能力，做出合理的排班；每天在微信群里跟她们强调注意事项，做好准备工作，询问健康状况。在来自厦门大学附属心血管医院的十名护士中，黄小莹的身体一直不怎么好，她和刘娜又分在其他班组中。林凯像托付亲人一样，把她们一一托付给她们所在组组长。

"在一个这么陌生而危险的环境，院组织把九名护士交给我，我要不负重托，首先得保证她们的安全。"林凯说。他觉得，这是院长和护理部主任等院领导对他的充分信任，只有安全地把她们带回厦门，才算不辱使命。

3月中旬，阴冷的空气正在告别这座城市，疫情也在迅速消退。相比一个月前的艰难，林凯感到恍如隔世。

那时医护人员的压力特别大，因为害怕感染，有些护士服用阿比多尔（一种治疗流感的药）、双黄连口服液等，虽然这些药物有一定的预防作用，但对新冠肺炎病毒是无效的。就像很多医生、护士去武汉前，都注射了一针胸腺肽，实际上要能产生抗体、增强免疫力，起码得连续注射五针以上，打一针胸腺肽仅仅是心理安慰而已。

许多医生、护士出现了心理问题，使用安眠药的剂量普遍较大。也许是工作太劳累的原因，林凯虽然有担忧、有焦虑、有思念，但睡眠一直还可以，快50天没用过一次安眠药。最后还是没挺住，3月26日和27日那两天，每天都到凌晨5点，窗外开始泛白，林凯还在辗转反侧。频繁倒班，休息不规律，加上想念三岁的孩子和家人。

林凯爬起来服了一颗安眠药，很快就入睡。在睡梦中，在武汉的春天里，林凯脸上露出的微笑，一定是抗疫胜利后的喜悦，一定是久别重逢时的感动！

回顾先前几次申请一线抗疫没成行，不是党员身份是个重要原因。

在援鄂抗疫一线，林凯目睹了党员医护人员冲锋在前、吃苦在前、奉献在前的精神，深深感动于共产党员无私奉献的人格魅力。

2月24日，林凯毅然决然向厦门市援鄂医疗一队临时党支部递交了入党申请书。他在申请书中写道：

"只要党和人民需要我，我会奉献我的一切。今天在武汉的我怀着激动的心情写下入党申请书，同时保证按照党员的要求严格要求自己，认真发挥自己的作用，为抗疫作出自己最大的奉献，同时也为坚决打赢这场无硝烟的战争，付出自己最大的努力。"

言必行，行必果。林凯这么向组织承诺，也的的确确这么做了。入党后，林凯时刻以党员标准严格要求自己，思想上积极要求进步，把保护民众生命安全放在首位，急病患之所急，解病患之所难。他对抗疫可能出现的各方面情况和问题思考得深入透彻，把各项护理工作做到实处、落到细处、迎难而上。

52天的援鄂抗疫，林凯用常人难以想象的努力以及坚韧的毅力，用亲和的服务态度，强大的专业实力，给祖国也给自己交出了一份满意的

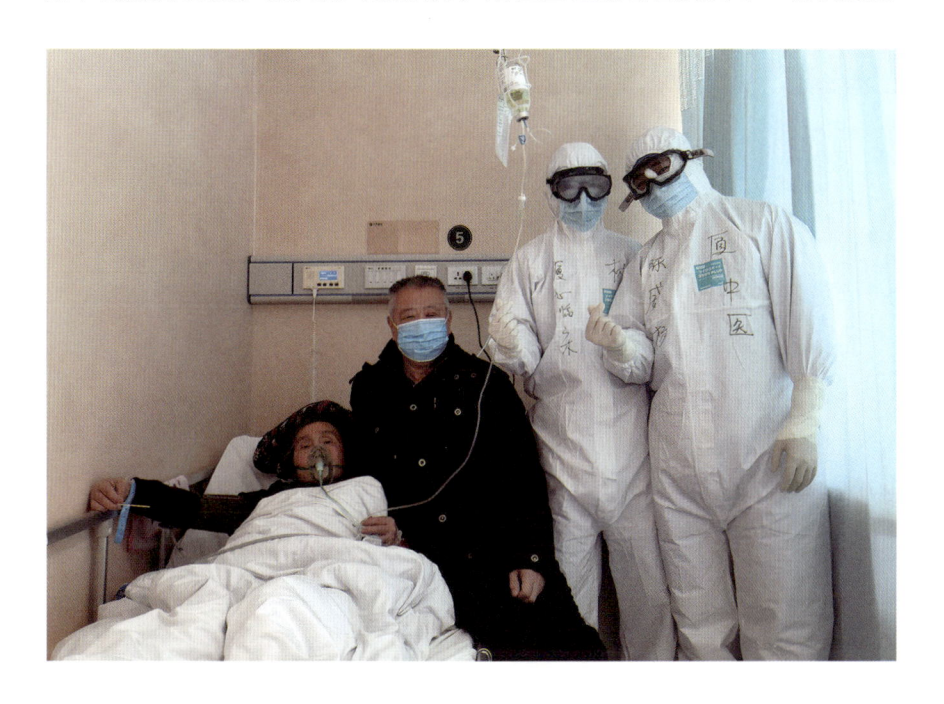

答卷。

　　许多年后人们回望，2020年中的52天也许会变得云淡风轻，也许渐渐变得有些遥远。但在林凯的记忆里，那52天已刻骨铭心，永生不忘。

　　52天，他更加坚定，有一种信念叫救死扶伤；52天，他更加理解，有一种精神叫永不放弃；他用行动赢得白衣天使的尊严，他用忠诚捍卫了医者仁心的神圣。

# 重 生

——记厦门市援鄂医疗一队队员邱淑华

文◎邓 宁

## 一

第一次上岗,护士邱淑华遇到的挑战就是"尸体护理"!

2月10日晚9点,赴武汉后的第二天,作为厦门援鄂医疗一队首批进入病房的"先遣队"成员,邱淑华进入了同济医院光谷院区E3-10楼重症病区。

"你们谁跟我去?"五个小时后的静谧夜色中,响起海沧医院护士陈小梅的声音。

空气顿时凝固了,一片寂静。过了一会儿,邱淑华默默地穿戴好头套和防护服，走到了陈小梅身边。

陈小梅看了邱淑华一眼，用力向她点了点头。被护目镜挡住的眼神里有欣赏，也有感激。邱淑华也向陈小梅这边望去，虽然心怀恐惧，但这位高年资护士壮了她的胆，责任感也驱使她无法退却。两人就这样对视片响，各自加套上一层防护力更强的头罩后，一前一后朝3号病房走去。小心翼翼地推开门，病房里安静、昏暗。其他患者应该都睡着了，只有仪器在暗夜里滴滴答答响着。

轻轻按开病床前的小夜灯，陈小梅迅速扫视了她的战友一眼。邱淑华会意，低下头，屏息凝气开始操作——擦掉肉眼能见到的污染物，趁逝者身体还未僵硬，将四肢摆正……生怕惊扰了病房里的另外两名患者，两人小心翼翼地用手势比划着，蹑手蹑脚地用"哑语"沟通。15分钟后，用床单将逝者全身包裹，直到退出病房，邱淑华才发觉自己出了一身大汗。

这是邱淑华第一次护理成年患者，对于年轻的她来说，不得不承认是一次巨大的心理冲击。然而，正是因为这次驰援武汉，让邱淑华有了太多生命中的第一次。第一次穿上防护服，第一次剪掉长发，第一次欣赏到樱花，更是第一次"当官"……

"护士长，医院需要志愿者的话，就推荐我去吧！我单身；身体素质还不错；天天都在看新闻报道，已经做好了心理准备；我已经说服自己的父母，就算有最坏的打算，家里还有哥哥和妹妹，没有养老的顾虑。"1月28日晚，厦门市妇幼保健院向本院医护人员发起了招募援鄂抗疫志愿者的通知。29日凌晨，新生儿重症监护科护士邱淑华就给科室护士长发了这样一条信息。原本想白天见面亲自说，可邱淑华再也等不下去了，零点12分，她按下发送键。

"姐姐向你致敬！"屏幕的另一端传来回音。十天后，邱淑华等来了出征武汉的通知。同时，她被任命为厦门市妇幼保健院副队长、护理队长。

2月9日，邱淑华同200多名战友一起飞抵武汉。第二天，她就进入了隔离区。

二

　　长期在新生儿重症监护科工作,练就了邱淑华超常的耐心。她的最高纪录是跟科室同事一个班,共同照料40多个新生儿。小宝宝饿了会哭,不舒服了会哭,没人陪伴时也会哭。一个宝宝哭,就会惹得几乎所有的宝宝一起哭。在"听取蛙声一片"的环境中待久了,邱淑华对各种分贝、各种音色、各种时间段的声音都有异乎寻常的免疫力。尽管做好了心理准备,然而在隔离区,一切都比她想象中更为困难。

　　隔离区不允许家人陪护,邱淑华所在的重症病区又大多是患有多种疾病、生活不能自理的老年患者,病人的吃喝拉撒都得由护士负责。然而,身着臃肿笨重的防护服,时刻警惕着被感染的风险,就连平日简单到毫不起眼的收垃圾也成了棘手难事。一个大号垃圾桶装上三份被污染的防护用品就满了。为了保证大家拥有一个相对清洁的工作环境,交接班前,护士必须对垃圾桶进行一次清理。在隔离区收垃圾,无异于一场比拼体力与谨慎程度的大考。

　　向下按压感染性垃圾会形成气溶胶,垃圾袋封口的边角容易把手套扎破,任何一个微小的疏忽都会增加感染概率。这就要求操作时既要动作轻柔,又要做到快、准、狠,一气呵成。

　　邱淑华是妇幼小队长,身先士卒是她对自己这个新身份最为质朴的理解。这项危险性极高的任务,她留给了自己。每次收垃圾,邱淑华的南丁格尔精神就上线了。用巴氏消毒液喷洒垃圾桶上方,蹲下、低头、绑好污染过的垃圾袋,再套上两层干净的黄色医疗垃圾袋……她努力将耐心和细心发挥到极致,但头罩太重,一个轻微的晃动就会遮挡视线。邱淑华只能像"盲人摸象"一般顺着垃圾袋的边缘一点点收拢垃圾口。在视力极度受限、手眼无法协调配合的情况下,清理3～5个大垃圾桶至少得耗费半个多小时。

　　然而,更大的考验还在等着她。邱淑华一向觉得自己的身体素质很好。她很少生病，一年也就患一两次小感冒，三岁之后几乎没有输过液。身强力壮，是她强烈自荐来武汉的重要理由。自认为体力过人的她不曾料到，身体会突然跟自己叫板。

3月20日，邱淑华上夜里9点的班。同往常一样，她穿上防护服进入隔离区。垃圾桶快满了，邱淑华准备先进行更换。连续清理了五个大号垃圾桶后，她开始头晕，后背也渗出细细密密的汗水。3月下旬的武汉，天气逐渐转热，防护服又厚又重且不透气，汗排不出去，邱淑华越来越难受。在护目镜的压迫刺激下，清水鼻涕不断滴淌，没办法擤去，她狠了狠心，一个吸溜咽下肚子里。

11床，一位80多岁的昏迷患者，长期卧床和近期腹泻造成肛周皮肤出现压疮，需要进行呼吸道清理……

16床，一位60多岁的卧床阿婆，在无创呼吸机下保持端坐姿势，需要频繁协助更换体位缓解不适，还需留置尿管并密切关注尿量……

回到护士站，邱淑华来不及喘息，搭档方玲君早已交接好其他病人，正等着她一起去交接11床的患者。为11床的老人更换了体位，进行了

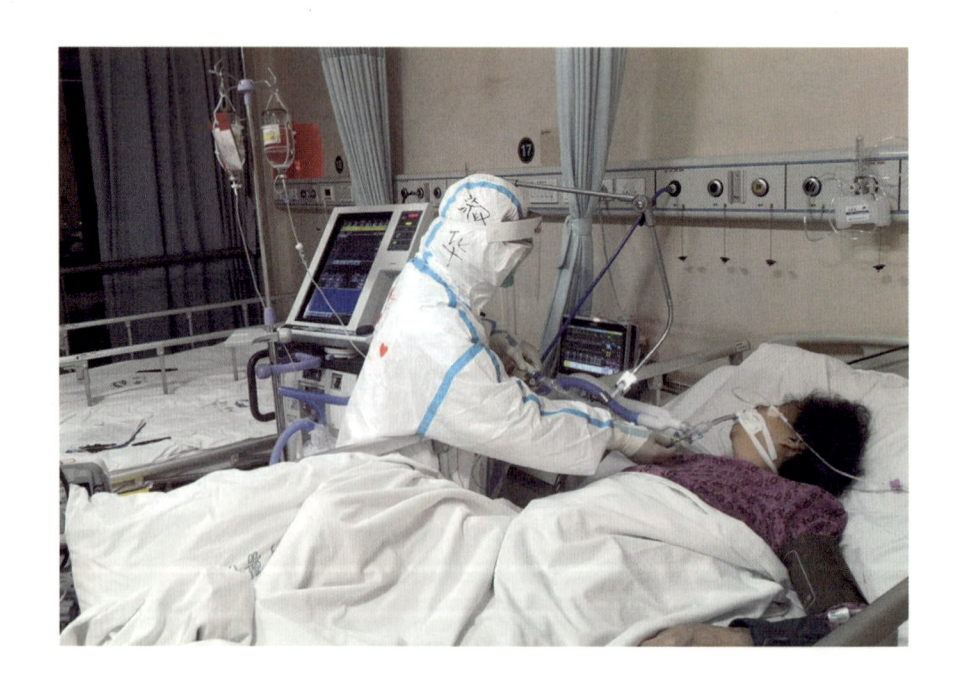

一次肛周护理后，9点40分左右，邱淑华回到护士站。就在核对医嘱、梳理重点患者的治疗及护理时，极度燥热和呼吸困难开始向她袭来。隔离区又收治了五位新患者，邱淑华把床位整理好后，继续在11床和16床之间奔波——观察患者生命体征，再次加穿隔离衣和头套为11床患者吸痰……邱淑华像是打了鸡血一般亢奋，忙碌让她忘记了身体的不适。

11点20分左右，头痛、燥热、呼吸困难突然疯狂向邱淑华袭来，愈演愈烈。"11床的护理最耗时耗力，一定要好好清洗。"邱淑华一边告诫自己，一边咬牙坚持。她叫过搭档，开始再次为老人进行每两小时一次的翻身及肛周护理。方玲君协助患者侧身，邱淑华弯腰用沾了生理盐水的棉签轻柔地擦拭患者。老人的皮肤状况比想象中还要差，有了排泄物污染……清洗完成后，邱淑华早已无法站立起来，她只得单脚跪地，用氧气将老人的皮肤一点点吹干。

漫长而煎熬的15分钟过去了，已经没有多余的力气去说话的邱淑华只处理好一半。突然间，她感觉到自己头顶的动脉在跳动，嘴巴越来越淡，恶心感不断往上涌，周围的声音也开始慢慢消失，仿佛置身于一片空虚中。她的汗像瀑布般涌出来，头发湿透了，腰、背以及胳膊上也尽是水珠。眼前的一切忽近忽远，忽明忽暗，邱淑华最担心的意外还是发生了……

医护人员最怕的事，就是穿上防护服后，因身体不适而离开隔离区。这意味着当时极度紧缺的防护服不能得到有效利用，战友的工作量也会因此而增加。然而此时的邱淑华濒临窒息，必须及时离开并脱下防护服。当班的方玲君和何美娟也看出了异常，催促她赶紧离开，一秒钟都不能耽搁。

防护服的穿脱有一套烦琐复杂的流程，每一个步骤都异常规范严格，仅洗手、消毒就达17次之多。邱淑华需要通过有着4个房间、6道门的缓冲区才能真正离开这里，此时，她已没办法调整自己的呼吸节奏。严重的窒息感，让她只有一个念头：扯口罩，扯口罩……邱淑华在心里默默倒数，希望理智让她坚持到最后一秒。用最快的时间冲出缓冲区后，邱淑华看了一眼门口的镜子。镜中的她浑身湿透，面容、嘴唇苍白无色。一阵阵冷意向邱淑华袭来，她顾不上来接应的护士堃娇，瘫坐在地上，大口大口地喘起了粗气……

那一天当班，邱淑华只在隔离区待了两小时五十分钟。之后说起这件事，她用"灰溜溜地早退"来形容自己。唯一一次的提前离岗，是邱淑华无法释怀的遗憾。

## 三

在儿科当了近十年一线护士，突然被委以小队长重任，这让邱淑华始料未及。此次出征，厦门市妇幼保健院派出了21名来自不同领域的医护工作者。含自己在内，邱淑华所负责的小组有7名护士。一部分科室间没有业务往来的战友，她都不曾结识。如何更好地团结一致，高效战斗？从接到消息那刻起，邱淑华就没有停止过思考。

特殊时期避免见面聚集，好在还有手机，邱淑华想到了线上联络感情。休息期间，队友们每天都能接到邱淑华的电话慰问。她给病区内的危重症患者做了一个简易版的电子健康卡，记录着当天的身体状况、情绪变化、病情进展及应对经验，供微信群里的队友参考。为了方便联系，每位抗疫队员都有大大小小几十个微信工作群，每个群都会接收到大量工作通知、温馨提醒等。为减少队友负担，邱淑华就在海量信息里划出重点，挨个向队友转发。

"这两天武汉路上车流多了，也有了行人。昨天我们酒店边上的肯德基还亮灯了呢。"42床是位行动不便、生活无法自理的老人，3月10日那天，邱淑华一边把他的靠背摇高，一边跟他分享着最新看到的好消息。

"武汉的樱花开了，医院门前的樱花就很美。"说话间，邱淑华轻轻地把窗帘拉开，让老人可以看到窗外的风景。

午后的阳光洒满病床，老人尽力探起头向窗外看去。不知道他到底都看到了什么，但邱淑华觉得老人和自己一样，都看到了准备苏醒的武汉。

"今天习近平总书记到武汉看望当地人民了……"邱淑华接着说。话音尚未落下，紧接着发生的一幕让她惊呆了。无法自主翻身的老人突然双手撑着护栏，"嗖"地一下坐起来，动作利落，震撼着邱淑华。接着，老人的手指指向悬在墙上的电视，41床患者急忙拿出遥控器，将节目调至新闻报道。

"你这身体很快就要好了，武汉也快摆脱困境了！"41床凑过来，向老人道喜。

"我有高血压，还有糖尿病。不是偏瘫，是帕金森。"极少说话的老人打开了话匣子，边说边比画着。就这样，两位患者一句接一句用当地方言聊了起来。看着这样积极的武汉人，邱淑华默不作声，悄悄地退出了病房。

"人生会遇见许多人，让你变成不同的自己。"那一天，为生命力量而感动的邱淑华在日记里写下了这样一句话。

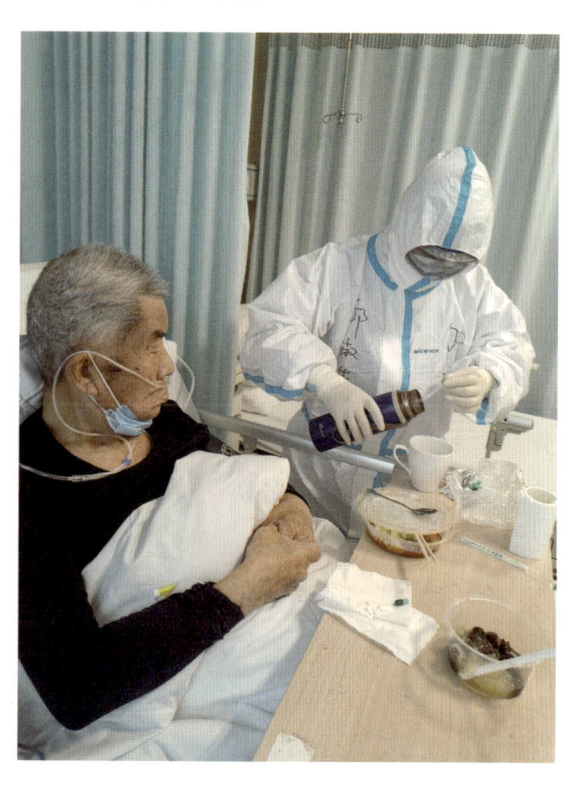

自此以后的每次见面，这位78岁的老人都能带给邱淑华新的感动。她从完全不明白老人到底想要表达什么，到只要一个手势或几句言语就能会意。而老人也从绝食不吃任何东西，到主动提出要喝橙汁、吃酸菜味方便面；从吃药需要加水融开，再用吸管喝，到自己拿着药一粒一粒慢慢放进嘴里；从沉默寡言到被人开了玩笑后，也会像孩子般害羞地抿嘴偷笑。在医护人员共同努力呵护下，老人一天天好转。邱淑华和他之间的默契，也在不知不觉中建立起来。

在武汉的日日夜夜，虽然艰辛、疲倦、压力时时席卷而来，但邱淑华感受更深的却是惊喜、意外、成就。

在同一个医疗队里遇到多年前的故交，就是邱淑华简单、美好的小幸福。黄爱治是邱淑华刚参加工作时的同事。赴武汉头一天，抵达天河机场，邱淑华就发现了那个熟悉的身影。"是她，是她，果然是她。"邱淑华的激动掩饰不住。

黄爱治也发现了邱淑华，戴着口罩远远向她招手。

尽管幸运地被分到了同一家酒店休息，但近在咫尺的两位故人却无缘叙旧。为减少感染，休息期间，医护人员必须各自待在房间，禁止外出，更不能相互走动。哪怕乘坐电梯，也要控制在五人之内，且背靠背不能交谈。然而，疫情怎么抵挡友情？这对老友上演了微信版"鸿雁传书"。

"一起去打饭，12点准时在电梯里见面。"

"收到，马上就来。"

哪怕是电梯间里无言的匆匆一瞥，自助餐前相隔两米的会心一笑，在两人心里，都是彼此珍惜、铭记的瞬间。

## 四

一袭长发，很难全部服服帖帖收拢在防护服里，极易造成新的污染。剪发，几乎是每个进入隔离区的女孩子都逃不过的一道坎。从2月10日到3月8日，邱淑华分两次剪掉了自己蓄了好几年的长发。起初，她只是剪成齐耳短发。然而，当发现自己的一位队友因剪了短发而难为情时，为了鼓励大家，邱淑华一狠心剃了寸头。调皮的她还特意在左鬓处设计了一个闪电造型，戏称自己是最靓的仔。

武汉归来，当邱淑华顶着一头根根竖直的硬茬，身着运动装，脚踏运动鞋出现亲友面前时，几乎每个人都不敢相信自己的眼睛。嫂子把她认成了哥哥，同事说她的背影像男生。更多亲友则流露出对邱淑华新形象的担心："你快把头发留长，明年再去相亲。"

邱淑华有一张半年前的自拍照。照片中，她留有一头栗色的长发，抓起几缕随意盘在脑后；一袭白衣躲在小桥流水深处，眼神里光波流转。从武汉回来后，邱淑华收起了自己最爱穿的连衣裙。"一个大寸头，穿上这些太奇怪了。"这几天，她总是反反复复穿着那件左胸印有"中国"两个字的大红运动装。邱淑华觉得，大红色吉祥喜庆，干净利落，这既是凯旋的象征，也是武汉疫情得到控制的象征。

邱淑华是福建三明人，有一个哥哥，一个妹妹，出生于1988年的她在家排行老二。在厦门，邱淑华和妹妹生活在一起。医院的事总是又急又紧，为了方便邱淑华，姐妹俩就租住在市妇幼保健院附近的一套老房子里。妹妹、妹夫住一间，邱淑华住一间。老房子有点旧，空间也很局促。邱淑华热爱美食，尤爱重口味，她会时不时在逼仄的厨房里露一手，下厨做一盘水煮鱼，等妹妹、妹夫回来一起吃顿辣到"冒火"的晚餐。同大多数年轻女子一样，邱淑华爱逛街。遇到漂亮衣服也会立下减肥壮志，然而总是大发感慨后，转身又去研究哪里又新开了几家口味不错的餐馆。她关注了好几个美妆博主，一时冲动就买一大堆美妆产品回来，却总是不太会用，手残画不好，又束之高阁。

武汉之行对于邱淑华来说，是一次重生，是一场生命淬炼。得知邱淑华从援武汉战场归来的人都会对她肃然起敬，大家称她为英雄，但邱淑华却觉得很难为情。在面对感恩和掌声时，这个从大山走来的淳朴女孩只想将荣誉和牺牲清零，她最期待的还是回归工作，回到过去平凡的生活状态。

# 白衣素影

——记厦门市援鄂医疗一队队员张育红

文◎邓 宁

一

同遭遇"非典"的 17 年前，抑或面对"甲肝大爆发"的 32 年前相比，时光褪去她的青涩，沉淀出从容与笃定。平均每天跑步一小时的运动量，让她保持了良好的体能。大而深邃的眼睛，温柔而有力，有着穿透岁月的美。

临出发的 12 个小时前，她和爱人进行了一场简短的视频送别会。那是 2 月 12 日下午，远在上海的复旦大学附属中山医院厦门医院执行院长顾建英通过网络视频叮嘱即将赴鄂的她注意安全。爱人的办公室与顾院长的办公室相毗邻，借此机会，顾院长也让他们进行视频通话。自疫情以来就一直分隔两地的夫妻有了这次短暂的视频告别，厦门和上海跨越1000多千米，她坐在网络的这一端，爱人坐在那一端。"自己保重，一切顺利！"大屏幕里的爱人向自己招了招手。十几天没有见面了，爱人说来说去也就这么一句简单的叮嘱。虽然有些嗔怪，但她清楚，爱人就是这么一个话语不多的人。

她的爱人是复旦大学附属中山医院骨科专家，此时正奋战在上海的抗疫一线。儿子22岁了，在复旦大学医学院临床专业读大五。当得知她即将踏上援鄂征程时，这个最了解妈妈工作性质的年轻人表示坚定支持。"妈妈，加油，等你平安归来！"儿子打开视频，一边看着妈妈收拾行李，一边为妈妈鼓劲加油。

她是张育红，就职于复旦大学附属中山医院厦门医院。2017年8月，在这家厦门市政府与复旦大学共建的综合三级医院刚投入试运营之际，她就以护理专家身份从复旦大学附属中山医院派驻厦门医院，担任护理部副主任。

张育红是土生土长的上海人，家在上海，爱人在上海，儿子在上海；派驻厦门，也就意味着两地分居的开始。平时，张育红一个月左右才能回上海一次。周五晚上下班后从高崎机场乘飞机抵达虹桥机场，周日下午再回厦门。医院距高崎机场有20多分钟路程，从虹桥机场回自己家差不多得一个小时。加上值机时间，每次往返她都得在路上颠簸八九个小时。运气好时，赶上没有晚点的飞机，她当天能到家。但飞机常常晚点，第二天凌晨才能到家的状态早已让她习以为常。

张育红周末的安排通常更为忙碌。母亲80多岁了，耳朵不太好使，腿脚也不太方便。老人的身体状况让张育红担忧，只要回上海，无论头一天多晚回家，周六上午她都会准时去看望母亲，给她梳梳头，陪她说说话，或者削一个苹果。对这个不在身边的长女，母亲总是更加偏爱。每次相见，老人的精神总比平常要好。

此次援鄂，身经百战的张育红已是淡定从容。可母亲毕竟年纪大了，经受不了任何刺激，张育红决定撒一个善意的谎。

"妈妈，疫情期间，驻厦员工不让回沪，我这一阵子见不到你了。"看着视频里母亲几乎全白的头发，张育红有些伤心。

"怎么连家都回不来了，新闻上不是说都要宅在家？"母亲很焦急。

"特殊情况，避免人员流动，在厦门的上海专家都不能回来。"张育红急忙解释。

"好多医生护士都去支援武汉了，你是不是也去了？"母亲不放心女儿，切切询问。

"我去不了的，医院的事还忙不过来。"张育红笑着说。

恐是心存疑惑，在武汉的日子里，母亲每天都会主动要求跟女儿视频一会。穿着防护服时，张育红从不敢接听母亲打来的视频电话。只有回到驻地，清洗消毒，特意换上日常穿着后，她才敢面对老母亲的灼灼目光。

两年前，张育红的母亲中风过一次，出院后长期服药，身边离不开人。在武汉的50多天，同样忙碌的爱人承担起了张育红的责任。只要能挤出时间，爱人就会去母亲身边照顾，送药、聊天，或是买些日常生活用品，扶着老人在家里走走……

二

1987年，张育红从上海第一医学院附属护士学校毕业，分配至上海第一医学院附属中山医院急诊科。几个月后，上海爆发了史无前例的甲肝大流行。

突如其来的传染病打乱了上海这座大都市的正常生活。密密麻麻的患者、空前拥挤的医院、摆满病床的学校和旅馆……上吐下泻、发热乏力、脸色蜡黄，甚至出现黄疸的患者排山倒海般在急诊前排成长队。张育红和同事们每天三班倒，工作时长达十多小时。得益于严格的院内感控管理，尽管身处一线，但张育红所在医疗团队却真正做到了零感染。这场甲肝大爆发，造成30多万人感染。彼时，张育红是急诊科里最年轻的护士。一场生死考验，让她看到生命的沉重。1988年的初春，在张育红心头留下了难以磨灭的记忆。

2003年，突如其来的"非典"侵袭华夏大地。一时间，阴霾四起，天地异色。那时，上海第一医学院护士学校早已成为复旦大学护理学院，张育红所在的单位也成为复旦大学附属中山医院。此时的张育红，也从一名普通护士成长为抢救室护士长。她从急诊科抽调入发热门诊，24小时轮流值守。预检分诊、设备调配、人员排班、采样检测、病情观察、消毒隔离、转运交接，一条条，一件件，事无巨细，逐项清理。在极短的时间内，她和同事们将发热门诊的接诊容纳能力扩展到最大范围。在这个抗击"非典"的最前沿，所有医护人员都要与外界绝对隔离。在发热门诊结束当天的值守，穿过一条特殊通道，张育红才能来到医院安排的隔离宿舍里。在这里稍稍修整后，又匆匆回到发热门诊。涉身险境的整整一个月，她没有回家。

"非典"的阴霾渐渐远去，时隔17年，中华大地又一次遭遇新型冠状病毒的肆虐。新冠病毒既可通过接触传染又可通过飞沫传染，护士是和患者接触最为密切的群体。主动请缨的张育红被任命为厦门市援鄂医疗一队护理领队，奔赴武汉战场。在对重症患者的护理中，包含开放气道、气管插管、吸痰等任务重、难度大、传染风险极高的护理操作。身经百战的张育红清楚地知道，此役，将是一场前所未有的挑战。

三

厦门市援鄂医疗一队护理组共有101名护士，除张育红一人来自复旦大学附属中山医院厦门医院外，其余100名队员分别来自厦门市6家综合医院和3家专科医院。护理组由重症医学科、呼吸科、急诊科、手术室、儿科、妇科护士等组成，其中缺乏重症医学科和呼吸科救护工作经验的人员占70%。赴武汉前，大部分队员互不相识。要快速将不同医院、不同科室的100名护理队员组建成一支稳定且能适应一线救治工作的护理队伍，摆在张育红面前的管理难度可想而知。

如何保证这支护理队伍既要具备较强的突发事件应对能力，又要掌握危重护理技术？踏上征程伊始，这些问题就开始在她脑海中盘桓。"人员组织必须打破医院及科室的限制"，多年护理管理经验告诉她，要顺利完成重托，就得突破常规的桎梏。

她根据队员的专业、能力排兵布阵，新老搭配、内外科组合，将护理队员分成八个护理小组，并为每个小组配备一位急危重症专科护理组长。在队员的鼎力配合下，一支默契协作的团队快速组建。

张育红带领大家根据实际情况细化岗位职责，在把握大原则的基础上，又要特别关注工作中的每一个细节。在团队的共同努力下，各班职责、工作流程、院感防控、应急预案、消杀制度甚至宾馆中卧室分区及公共区域院感防控制度、消杀排班得以一一明晰。

长时间穿着不透气的防护服工作，能量消耗不亚于一场重体力运动。几小时不吃不喝，再加上防护服自身的重量，医护人员不仅会流失体内的大量水分，导致电解质紊乱、低血钾等，甚至可能发生心搏骤停。在隔离区，任何一个微小环节的失误都可能付出生命代价。头悬利剑、

脚履薄冰的张育红丝毫不敢松懈，她预想到了所有可能出现的意外状况。患者在隔离区突然晕倒如何及时处理？医护人员突然晕倒如何应对？这就要求每位队员既要具备良好的心理素质，更要熟练掌握心肺复苏术。详细的专业培训后，张育红又组织了100余位医疗队员，分组、分批预约演练意外事件的处置流程，要求全员通过心肺复苏术考核。

特殊的疾病、陌生的环境、不适的气候、难懂的方言……每时每刻都在考验着医疗队的每一位抗疫战士。

一位年轻的男护士由于长时间使用护目镜，双眼肿胀流泪，急需安排休息，他的工作自然就落在了所在护理小组其他队友肩上。无论让谁去顶班，张育红都很不舍。然而，让她没想到的是，与李阿美组长沟通后，小组里的每一位队员都积极响应，争抢着主动承担。而同样的故事，总是带给张育红太多感动。

3月上旬的一天凌晨3点，病房打来了紧急求助电话。一位患者病情恶化，急需加派人手抢救。突发意外让张育红睡意全无，脑海迅速思索最好的人选。临时上岗，又是深夜，体力较好且有监护室工作经验的男护士更适合，她想到了小林。"可是，队员们的日常护理工作已经够重了，他愿意去吗？"张育红有些为难，但此时已没有太多时间可考虑，她迅速拨通了小林的电话……这位年轻的小伙子没有犹豫，没有退却，而是急速整装出发。"危难见真情，每个人都能让自己以最好的状态投入战斗。"张育红觉得，能够顺利护理任务，她要感谢自己的团队。

援鄂医疗队的拳拳深情，同样温暖着隔离病房的患者。大家集体给患者过生日、发放助睡眠小香袋、送上代表鹭岛祝福的明信片；有的队员把自己的水果、奶粉、维生素等送给患者；由队员们一起设立的"加油墙"上，写满对患者的祝福；擅长漫画的护士张巍就地取材，在便利贴上画画，配上了加油鼓劲的文字，贴在每位患者的盒饭上……

四

由于隔离病房的特殊性，查房和必要的抢救结束后，医生可以离开

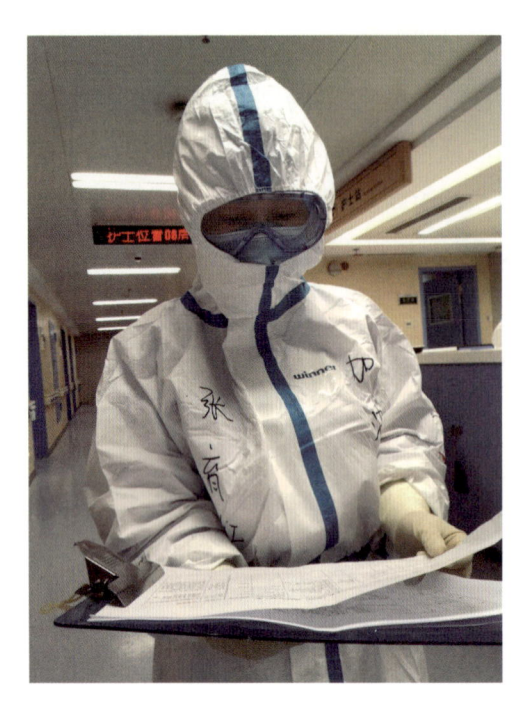

隔离区，但护士必须24小时坚守岗位，因此他们在抗击疫情的战役中扮演着极为重要的角色。隔离病房不允许家属陪护，护士不仅要对患者进行医疗护理，还要在家人、护工、保洁员等多种身份间转换，甚至有时还要承担部分医生的工作职责。

在张育红的督导下，队员们反复熟悉心电图操作、除颤仪，并顺利完成了呼吸机操作、人工气道的管理、主动脉球囊反搏术护理、鼻咽拭子采集方法等多项培训。她要求队员们不仅会动手操作仪器、设备，更要理解原理，这样才能在意外状况发生时保持镇静、避免慌乱。

急诊科出身，多年护理管理经验，历练出张育红扎实的专业技术、敏锐的临床思维能力和遇事沉着冷静的分析处理能力。身处疫区，她穿上战袍，披荆斩棘。检查气管插管气囊压力是否正常，深度是否达到要求；检查仪器设备性能是否完好呈备用状态；检查各类消毒隔离防控工作是否落实到位……进行护理督导，她不允许任何一个细节出现纰漏。为方便护士床旁监测记录，她带领护理团队自行设计了涵盖多项危重患者监测指标的"厦门市援鄂医疗一队——危重护理记录单"。她参与病房MDT（多学科会诊）融合，"互联网+"模式远程查房，联合厦门市卫健委和厦门市第一医院对隔离区重症病房危重症病例进行远程视频医护联合查房，深入探讨危重症病人的治疗和护理方案，力求最佳照护结局。

她同医生一起了解新冠肺炎重症患者病情，和护士一起查看操作流程执行情况。直至深夜，她仍在总结当天的工作，调整方案，梳理次日的工作计划。驱散瘟霾、复苏武汉就是她为之奋战的最大动力。援鄂期间，厦门市援鄂医疗一队护理组制订危重患者交接班、仪器设备管理等新冠肺炎重症病房护理工作制度27项，完善新冠肺炎病房各类护理操作流程、各类应急流程等48项。张育红所带领的护理团队做到了零投诉、零不良事件、医护人员零感染。从患者收治入院到病情评估，再到制定计划、医嘱处理、治疗护理，护理团队对106名重症新冠肺炎患者进行救治护理，其中危重症患者15人，康复出院96人，成功抢救心跳搏停患者一例。

2月23日上午，"中国—世界卫生组织新冠肺炎联合专家考察组"外方组长、世界卫生组织（WHO）总干事高级顾问布鲁斯·艾尔沃德带领国际专家团队走进武汉同济医院光谷院区。在E3区10楼新冠肺炎重症病区，他们详细了解了病区管理、病人治疗与护理、医护人员培训、排班、感控管理等情况。仔细考察后，这些国际权威机构的流行病学专家和感控专家一致对病区医护工作给予了积极评价。赢得国际称赞的正是张育红所在的福建省厦门市援鄂医疗一队。自2月9日火速驰援武汉，2月10日接管华中科技大学同济医院光谷院E3区10楼新冠肺炎重症病房以来，他们在这里奋战了52个日日夜夜。

### 五

2月下旬的某一天，张育红收到一封写给医护人员的感谢信。"护理人员对我们关怀备至，让我们有信心战胜病魔……"温暖的字迹清晰可见。第一对病愈的患者是一对老夫妻，这是他们在出院前就写好的亲笔信。款款深情让张育红想起了这对相携而来、相携而去的老夫妻的身影。

而隔离区里的另一对老夫妻，同样让她感动着。丈夫病得较轻，可以下床活动。妻子病得较重，失去自理能力。同在一个病区的丈夫放心不下隔壁的老伴，每天都要来到妻子所在的病房，同护理人员一道，给妻子喂饭、喂药、翻身……

为表达对三八妇女节的祝福，在繁重的工作之余，厦门市援鄂医疗一队创作了一部影像作品《我和我的祖国》。医护人员利用上班途中和下班休息时间，用镜头记录下了援鄂期间的点点滴滴。他们肩扛红旗、心藏热血的身影出现在同济光谷医院的门诊大厅、班车上、病区走廊、病房内……擅长漫画的护士张巍在简陋的条件里就地取材，将四张A4纸拼在一起，用画笔为作品创作了封面。凝视着50多天里厦门市医疗一队130多名队员一幕幕艰辛冷暖的瞬间，泪水溢满张育红的眼眶。

在人间的真情面前，再疯狂的病魔也终会退却。那一天夜里，张育红看到了武汉最美的月亮。那是一抹挂在广袤宇宙间的奇异光芒，浓墨淡彩般在天际中层层晕染，圆润、清朗。月光如水，濯洗着大地，张育红心想，武汉的黎明就要到来了。

任何时候，张育红的腰背都挺得笔直，颈部与双肩划出一道优美的弧线，举手投足间，自有一股浑然天成的气质。她把生活过得简单而美好，每次出门都会把自己打扮得大方得体。一年四季，哪怕大雪纷飞，她也会穿上优雅的裙装。

张育红温和、柔韧，周身散发着浪漫而优雅的韵味，但她却从不拒绝品味人间烟火。岁月在她一丝不苟的打理下，精致而从容。儿子小时候，即便身处急诊科忙碌高压的状态中，她也是亲手照顾，从来不麻烦双方老人。她喜欢整洁，两地分居的日子，哪怕时间再紧凑，也能把生活经营得井井有条。洗完衣服、整理过房间后，她必定会去菜市场转一转。当厨房里升腾起一阵袅袅香气后，她会为爱人和儿子端出几盘拿手好菜。

援鄂归来后，一位记者问过张育红这样一个问题："在医患关系如此紧张的现在，您后悔过选择护士这个职业吗？""我非常热爱我的工作，从没有产生过任何倦怠，这将是我的终身事业。"这就是她，用毫不掩饰的热情和真诚坚守着自己的毕生所爱。

张育红出生于20世纪初的外婆是住在瑞金路上的老上海人。外婆的家与瑞金医院仅几步之遥。几乎与瑞金医院同龄的外婆见证了这里百年院史的发展。儿时，外婆常给张育红讲起瑞金医院的故事。外婆眼里的护士，头戴洁白的头巾，身着洁白的长袍，在病人间忙碌穿梭。无论何时，始终衣不蒙尘。她们无惧死亡、战火、瘟疫、疾病，用爱守护生命。护士这个词，造就了她对美的最初概念。外婆的话，在张育红幼小的心灵镌刻下印记，白衣素影，是美，是圣洁，是天地间的至真大爱。

# 遍地英雄下夕烟

## ——记厦门市援鄂医疗二队领队尹震宇

文◎张 宇

"尹队，12床呼吸衰竭，氧合指数降至140，情况危急！"

"尹队，有护士在病区呕吐，还没出隔离区就把口罩给摘了……"

"尹队，46床病人又把药扔了，是否需要心理干预？"

"尹队，38床昨天上了肠外营养支持，今天明显好转。"

队员们口中的尹队就是厦门大学附属中山医院副院长、国务院特殊津贴专家、福建省临床重点专科——肝胆外科学科的带头人尹震宇，他在武汉华中科技大学附属同济医院光谷重症病区抗疫期间创造了多项第一。

一

"在这场抗击疫情的战斗中，作为党员对国家尽忠，作为湖北人对父老尽孝，作为医生对患者尽力，作为领队对队员尽心，我做到了问心无愧。"这是尹震宇率领厦门市援鄂医疗二队千里驰援武汉取得抗疫大捷班师回朝时说的几句话。多难兴邦，这让我们想起美国前国务卿基辛格在《论中国》一书中所写的"中国人总是被他们之中最勇敢的人保护得很好"。

基辛格所说的最勇敢的人也许是你，也许是他，但无疑更可能是像尹震宇这类人。他们在国家危难、人民需要的时候，往往能够挺身而出，全力以赴。

尹震宇在这次抗疫中的正式"头衔"是COVID-19援鄂国家医疗队厦门二队领队，援鄂国家医疗队厦门二队前线指挥部总指挥，厦门援鄂医疗队临时党委副书记、厦门二队党总支书记。他带领的厦门市援鄂医疗二队在武汉的52天战斗中，取得的多项突出救治成绩和队员自我防护成绩：从2020年2月10日接管病区到2020年3月30日病区患者"清零"，累计救治患者142人，治愈出院患者128人；因其他疾病转院12人，成功救治病危患者13人；参与院区疑难、死亡病例讨论累计11例。

相关数据均名列同济医院光谷院区17支国家医疗队中第一。同时，医疗队是同济医院光谷院区首个开展心理干预治疗并实现病区零投诉、队员零感染的医疗队。

同济医院陈孝平院士、马丁院士、国家卫健委高级别专家组成员杜斌教授、同济光谷院区刘继红院长和汪辉副院长等管理层先后到医疗队病区查房，对医疗队取得成绩给予了充分肯定和高度评价。

可以说，这位入选国家健康科普专家库的医学专家、高层次海外留学人员尹震宇在这场没有硝烟的战役中，强化管理，精准施救，带领全体队员团结拼搏，树立了爱拼才会赢的厦门形象，彰显了特别能战斗的厦门精神，表现了医者仁心的厦门水平；同时，也带出了一支有斗志有精气神儿的队伍，为今后抗击疫情积累了丰富的厦门经验。

上下同欲者胜，风雨同舟者兴。采访中，尹震宇总是提到队员们，说一想到他们当时防护服一穿六个小时，不吃不喝，防护用品造成脸上的勒痕化脓、起泡，身上的衣服能拧出水来的种种艰辛就非常心疼。他说："这些孩子都是好样的，个个都是英雄。"

二

作为厦门大学附属中山医院的副院长，在疫情发生后，尹震宇高度关注，在半个月内几次向市卫健委表达了他迫切要求赴鄂参战的决心。

他是湖北人，家乡是生他养他的地方，如今山河有恙、父老有难，家乡需要他，无论从什么角度，他都不能袖手旁观。

另外，他曾参加过2003年抗击"非典"疫情，现在分管医院疫情防控工作，工作二十五载，党龄二十六年，管理和临床经验方面都比较丰富。他表示，中山医疗队一定不辱使命，共赴国难。但使龙城飞将在，不叫胡马度阴山。

危急关头，党中央谋划全局、选派援军、调整战术、主动出击的一系列决策精准出台。2月8日晚上，尹震宇终于接到国家联防联控机制医疗救治组通知，为全力支援湖北开展新型冠状病毒感染的肺炎医疗救治工作，由厦门市连夜紧急组建两支医疗队，于2月9日奔赴武汉。

尹震宇所在的医疗队负责整建制接管华中科技大学同济医学院附属同济医院光谷院区E3-9重症病区开展工作。俗话说，知夫莫如妻。尹震宇的爱人得知这个消息时，虽然担心，但只说了一句话："该你去"。这三个字把所有要嘱托的话都说完了。尹震宇很感谢自己的爱人，他说她总是默默地站在身后全力支持他。

临行前，厦门市委、市政府的领导赶来为逆行者们送行，市委书记胡昌生握着尹震宇的手动情地叮嘱："震宇啊，我对你就一个要求。我把这些队员交给你，你要把这些队员平安带回来，一个也不能少。"尹震宇听后庄严承诺："书记请放心，不破楼兰终不还。"尹震宇硬是没让眼泪掉下来，他知道这些队员都看着他。他必须要给他们树立必胜的信心。其实他那时候心里是不安的，因为当时武汉疫情日甚一日，感染人数与日俱增，他不知道接下来会发生什么，只能摸着石头过河。

## 三

在航班上，尹震宇一言不发，目前防护物资短缺，队员大多没有治疗传染病的经验，培训也没有到位。队员彼此陌生，年轻队员普遍存在焦虑不安情绪。作为领队，如何疏导队伍，如何建立大家的信心，这个仗该怎么打？按理说尹震宇的工作作风一贯是雷厉风行、果断干练，但当时尹震宇心里却是一团乱麻。

还没等他理出个头绪，飞机已经在武汉天河机场降落。虽然之前对面临的情况有一定的思想准备，但到了现场，还是感到了事态严峻。

那几日，武汉风雪交加，天寒地冻，有大量的医护人员感染和去世的情况，现状堪忧。摆在他们面前火烧眉毛的第一任务就是全力阻击、与疫赛跑。

但他们的驻地伯顿公寓是全省13支队伍中最差的，没有正儿八经的餐厅，开始的两周吃饭都难保障，到第二周才喝上一口热汤。特别是他们所在的公寓里面还居住着其他无关人员，送外卖的、送快递的人员自由出入，医务人员的隔离防护不能保障。另外，队员中有发烧的、呕吐的，一下子减员好几个，尹震宇为此非常着急。

但就在这种情况下，命令已经下达：院区要求他们在2月10日晚8点之前，要完成整建制接管同济医院关谷院区E3区9楼重症病区。之前的医护人员将全部撤出，50名患者随之送进去，其中44名重症患者，3名病危患者。尹震宇心里发毛。在由17支援鄂医疗队参与的会议上，他举手反对，理由是参战的队员至今还没有经过任何培训，能不能给一点时间让他们培训一下。

但是院区领导说："反对无效，战役时期，必须无条件执行。有问题自己解决，没有讨价还价的余地。"

望着院区领导累到快崩溃满是血丝的双眼和嘶哑的嗓音，尹震宇把下面还想说的话咽下去，他知道接下来只能靠自己突围了。

在尹震宇的生活中，这种经历似曾相识。他1995年到中山医院，是中山医院第一个留下来的研究生。当时中山医院只有一幢住院楼，条件简陋。2007年从美国回来以后，尹震宇就开始在中山医院担任肝胆外科的行政负责人。

在领导的支持下，通过七年的磨砺，他凭着一个外科医生的胆魄和执着，从零开始，成为福建省肝胆外科领域的领军人物，其微创外科手术达到国内领先水平，获得多项国家专利，发表了大量的学术论文。他带领科室人员把一个原来弱小无名的科室建成福建省重点专科和省重点实验室，其中的努力和艰辛让他明白，从来没有救世主，你想要走出困境，首先要战胜的就是你自己。

四

虽然现实残酷，但尹震宇深深吸了一口气，面带微笑、声音洪亮地朝他的队员走去。此时此刻，他不能"怂"，必须以身作则，当好一个领头羊，鼓舞士气，安定军心，激励整个队伍同担风雨，同心抗疫。

厦门市援鄂医疗二队是支特殊的队伍，简言之是支"杂牌军"。全队共 138 人，其中医生 33 人，护理人员 103 人，其他管理人员 2 人。这 138 人分别来自 11 家不同的医院，包括综合性三甲医院、专科医院、民营医院的医务人员。多家医院的医务人员甚至没有面对面见过死亡的惨烈场面。队伍 40% 为"90 后"年轻人，95% 以上的人员没有烈性传染病防护工作经验。大家彼此陌生，环境不熟；工作条件严峻，风险极大。

但尹震宇发现这支"杂牌军"，写入党申请书的多，主动请战者多。最令人鼓舞的是，这支队伍年轻而充满活力，最小的才 21 岁。其中，还有相互鼓励、共同参战的一对恋人和一对为抗疫取消婚礼的小夫妻。尹震宇相信，没有生而英勇，只有选择无畏，只要管理得好，用人得当，每个人都会爆发无穷的能量。对此，他充满信心。

疫情紧急，刻不容缓。到达武汉的当天晚上，尹震宇马不停蹄地开始部署工作。他凭着多年的管理工作经验，结合当时实际情况，重点部署行政管理架构和新的工作流程，提出行政垂直管理和精细化的管理思路。在治疗方面，组织各医疗单位的小队长排班培训，做到专业互补、职称互补，力求打造多学科救治模式。

以此为抓手，厦门市援鄂医疗二队前线指挥部正式成立，并由各家医院的领队、病区主任（副主任）、护士长、护理部主任、院感科主任、心理专家、骨干医疗专家组成"阵前十八罗汉"。指挥部下设病区医疗管理组、护理管理组、院感与健康保障组、心理健康保障组、综合协调后勤组、宣传与信息报送组六个功能组别的各路诸侯。当晚，相关人员开展会议持续到凌晨两点。

第二天一早，院区对全体援鄂人员进行防护理论培训，300 人的会场，6000 人轮流入场。从会场出来，尹震宇说时间不等人，我们要与死神抢时间，培训好一批上一批。于是，他和病区主任迅速排出当晚要进舱的医护人员名单，并分成 4 个组，每组进舱 6 个小时；第一组派出 6 个医生、10 个护士，以呼吸科、重症科、内科打头的超强实力阵容。之前经过摸底，在政治素质、资历经验、专业职称、适应能力等方面将人员进行科学搭配，确保该组的临床水平和战斗力。

接下来，对即将投入火线的第一批人员进行严格的实战培训，从如何穿脱防护服、戴护目镜开始，一个细节一个细节地反复落实、检查，不放过任何一个可能出现的问题。尹震宇说这是在给战士穿上铠甲，有了铠甲才能打胜仗。

直到深夜，当第一批队员出征进入重症病房那一瞬间，尹震宇隔着病房玻璃窗望着她们因为防护用品不足，只好用黑色垃圾袋绑成的脚套，以及因为恐惧微微颤抖的背影，忍不住落下泪来。

为了预防万一，尹震宇要求在清洁区设置急救点，包括除颤仪、心肺复苏装备，凡是急救所需的设备都备上了。一旦出现问题，首先要不顾一切地把队员拖出来，以最快速度抢救队员的生命。同时，鉴于邻队一位护士因独自值班晕倒延误救治的教训，尹震宇严格规定二队人员所有行动必须两人成行，一旦出事能够互相照料并第一时间处理。尹震宇对队员生命的高度重视和全力呵护，被队员们形容是"侠骨柔情"。

因为对新冠病毒谁都不了解，刚开始，每一批队员进舱，尹震宇都会担心里面会发生情况，心里没底。他说，刚去武汉那段时间，他夜夜都睡不着觉，甚至吃安眠药，心里十分焦虑。

前线指挥部会议在每晚8点雷打不动召开，尹震宇要求"十八罗汉"针对过去24小时医疗队在医疗救治、安全防护、物资保障、队员健康监测、内外联络、组织建设、正面宣传等方面的得失一一复盘，现场予以解决，确保问题不过夜。会议地点在一个仓库里，大家都坐在装罐头的旧纸箱上。有一次院区领导到各医疗队巡视，无意发现这一幕，非常感动。

为了在指挥部会议中对病人情况了如指掌，一位护士长主动要求每天去到病区，对50名重症患者详细记录。每晚指挥部会议根据此数据，把所有病人梳理一遍，分析每个病人处于哪个阶段，救治效果如何，治疗方案是不是合理，拿出来"过一次堂"。大家把治疗恰当的经验进行推广，及时针对治疗存在的问题调整下一步治疗方案。比如，是否升级氧疗，是否调整抗生素，是否心电监护，是否使用激素，是否加用营养支持，最后由尹震宇拍板决定。

　　无数次"磨合"之后，尹震宇的垂直管理、精准治疗、最大限度发挥人的能动性的管理思路日见成效，团队抗疫的信心和凝聚力极大增强。随着2月19日两名患者从关谷院区率先出院，治愈病人越来越多。一位88岁的新冠肺炎患者入院时氧合指数极低，已经昏迷，是救治率低于50%的极其危重患者。通过使用无创呼吸机、抗病毒药物、肠外营养支持等方式治疗，医护人员硬是把他从死神手中夺了回来。除此之外，还有一位91岁的危重病人也被成功治愈。

五

　　这次疫情，尹震宇多年研究的"肠外营养支持"被誉为治疗新冠肺炎的亮点。因为新冠肺炎没有特效药，而新冠病毒主要攻击对象是人体的免疫系统，治愈最重要的仍是靠患者自身免疫功能恢复，所以肠外营养支持就显得十分重要。尹震宇在厦门医疗队一直推广这种治疗方法，明显降低了死亡率。于是，他向院区提出这种治疗方案并被任命为同济光谷院区肠外营养专家组长，成为这次光谷院区"营养支持"的牵头人。

　　当年尹震宇在南京大学攻读临床外科硕士和博士，师从临床营养支持的奠基人、中国工程院院士黎介寿

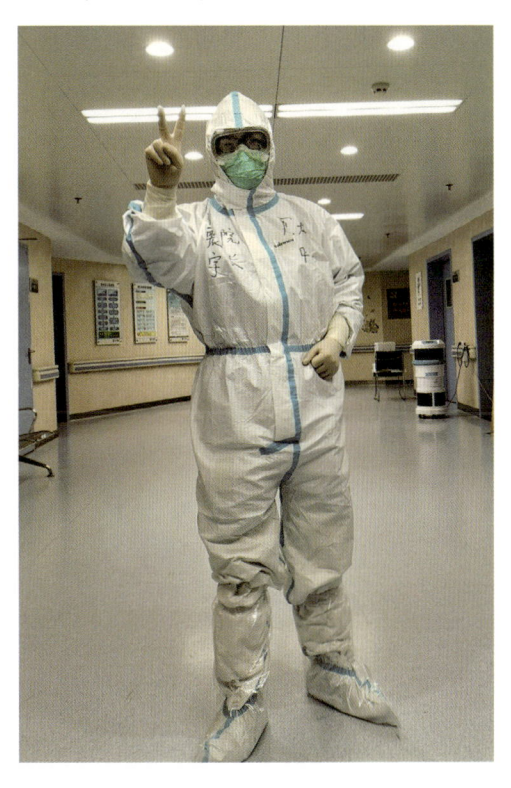

教授，做过许多"肠外营养支持"方面的课题研究。再有，他牵头完成氯喹和羟氯喹在治疗新冠肺炎的开放性随机对照单中心试验研究，及时总结治疗和救治经验，撰写数篇学术论文并获得相关专利，注册并开展的临床研究工作，在国际上引起极大关注。

  岐黄传薪火，悬壶济苍生。作为医者，尹震宇说自己这次武汉之行是经历了一次生死博弈的考验，完成了一次人生使命。就像孔子在《论语》中对于"命运"的论述："人道之不可违者为义，天道之不可争者为命。命不可知，君子唯当以义安命。"武汉之行是出于一种自觉的道义感、责任感和使命感，历经艰难困苦的考验也要完成的一次自我修行。

  尹震宇是不是这样想的，我们不得而知，只是从报纸上看到一则关于他的消息："昨日中午，厦门大学附属中山医院副院长、肝胆胰外科学科带头人尹震宇顺利完成了一台胰腺癌肿的切除术。这是他结束援鄂抗疫工作回归岗位后开展的第四台高难度手术。"

  想起一位伟人的诗："喜看稻菽千重浪，遍地英雄下夕烟。"

# 治病更要治心

——记厦门市援鄂医疗二队心理专家丁丽君

文◎王永盛

天气转暖，庚子仲春时节，丁丽君写了一篇感悟式的抗疫文章《爱的升华》，她在开头部分写道：

我有幸成为随队心理医生，陪伴和见证了最多队友口罩下美丽的容颜，以及刚毅或焦虑的外表之下的一颗颗赤子之心。感谢他们与我分享他们的感受和他们的故事。

医务人员为什么逆行来到武汉？因为他们对生命执着的爱。

他们也有焦虑、担忧甚至恐慌，但因为他们爱着每一个生命，患者的生命、家人的生命和自己的生命，所以他们来了。

有的队员告诉我，她泪点特别低，在隔离病房最担心的就是看到患者的无助时落泪，眼泪会模糊护目镜。

有的队员告诉我，他最担心的是独自在厦门的父母。

我们在每天的云小组心理活动中一起分享，一起落泪，一起感动，也一起鼓励。

在前线，时时刻刻，我都被我们的队友感动着。

……

身在其中，情真意切。对于援鄂医护人员的心理状态，丁丽君比别人有着更多的感动和思考。

丁丽君是厦门市援鄂医疗二队的随队心理专家，厦门仙岳医院副院长、主任医师。

运筹帷幄之中，决胜千里之外。在全国援鄂抗疫医疗队中，厦门队是最早对病人和医护人员实施心理危机干预的队伍之一。

一

"我梦见一群病人没戴口罩，围在我身边。"援鄂医护人员出现了心理危机，情况十分严重。

厦门市援鄂医疗二队下榻的酒店里有一个特别的房间——2705室，门上贴有"战地心理诊室"几个大字。这是心理专家丁丽君的住房，在此后的40多天时间里，许多心理疾病的话题，或隐秘或张扬地在这个特别的"诊室"里，响亮而悠长地回荡着。

"王院长，接到援鄂医疗队的报告，需要您的医院再安排一两位心理专家到武汉，现场为我们医护人员和患者做心理危机干预……"2月15日，厦门市仙岳医院院长王文强接到厦门市卫健委党组副书记魏晓萌的电话，要求心理专家增援前线。

厦门方面早早意识到，前方医护人员可能会出现心理问题。在他们赴鄂的第二天，在仙岳医院专门开设了专线电话，供援鄂医护人员打电话回来咨询和解决心理问题。

两天前，王文强院长值班专线，前方医疗队员来电说："晚上都睡不着，不知道有没有药？能吃什么药？"

这离厦门市援鄂医疗队到达武汉进驻同济光谷院区才一周，医护人员到底出现了什么状况呢？

此时，众多武汉医护人员感染，新冠肺炎病毒的可怕和工作的巨大压力，让医疗队员心理出现了问题。厦门市卫健委和仙岳医院决定，将原本在后方做心理干预的仙岳医院副院长丁丽君、副主任医师郑一雄前移到武汉前线。

等候福建省援鄂医疗队赴鄂专机期间，厦门将七大箱治疗失眠、抗焦虑的药品寄往厦门市援鄂医疗队。丁丽君人未到声先至，写了几条心理调整建议，明确说明药物的适用症状，指导有需要的队员自我调理、科学用药。

2月20日，丁丽君终于赶到福州搭上省里组织的专机，到达武汉并进驻厦门市援鄂医疗二队。

到了武汉丁丽君才知道，有许多医务人员在没有专业指导的情况下自己吃药。这其实挺危险的，自己备的药可能不一定适合，因为心理问题存在个体化差异，一种药在这个人身上有用，在另一个人身上就不一定有用。

战地心理诊室刚"开张"时，可谓门可罗雀。医护人员普遍有着不示弱的心理，认为自己是来救人的，怎么可以害怕？怎么可以承认自己有心理问题？

丁丽君把自己的微信号公布在队群里，没多久，就有队员悄悄留言求助。

"丁主任，我总的来说感觉还好。就这两天，老是梦见自己在隔离区没戴口罩，一下就惊醒再也睡不着了。"

"丁主任，我觉得同事最近情绪低迷，自从那天她照看的病患突然去世后，就一直这样。我呢，其实也有相同的感受。"

"丁主任，我每次反复洗手，但老感觉洗不干净。"

……

大多数队员潜意识里觉得自己来援助就是英雄，若自己出现心理问题来求助，是一件很软弱、很丢脸的事情。丁丽君主动出击，跟他们聊病区里的工作，拉近彼此的关系，打破壁垒。队员们逐渐把她当作姐姐，愿意跟她倾诉，吐露自己的问题。

当时有个护士在隔离病房，因为防护服穿得太严密而透不过气来，她想调整一下，却不小心将口罩脱落。为了安全起见，他必须在酒店房间隔离。他自己很害怕，其他队员也很害怕，好多队员都哭了，担心被传染上。

丁丽君从这个案例入手，既做心理开导又普及院感知识。队员们忐忑的心才稍稍安了些。四天后，口罩脱落队员做了核酸检测和CT，没有发生感染，大家才彻底放下心来。他们对丁丽君就更加亲切了。

有的队员怕吃了安眠药以后会成瘾，丁丽君就写了一段长长的文字，发到微信工作群里，告诉队员什么状况下该吃、什么状况下不用吃药。如果实在不想吃西药，也可以找她拿中药。当然，更重要的是注意自我调节，比如说不当班时不要赖床，充足睡眠后在宿舍适当活动，有利于心理放松。

丁丽君在《爱的升华》里举了这样一个例子，讲述自己对医护人员心理问题的干预：

小王值班那天，她自己负责的患者突然出现变症，经抢救无效后死亡。小王在心理咨询中忍不住落泪，悲悯人生的无常，痛恨自己和医学的无能和无力，不能挽留住每一条生命。我在咨询中也陪着她默默伤心，爱之深，伤之切。小王经过数次的咨询，倾诉心中的痛苦，自己也想了一些方法去缓解心里的伤。她在上班的时候，在防护衣外面写上老家漳州的"四果汤"三个字，就不断有病人询问她什么是四果汤。她向患者一一解释，把四果汤的美味描绘得绘声绘色。在沉重的防护服下，在患者的焦虑紧张中，突然有一股四果汤的清凉甘甜，在病房里弥漫。

二

"你不要碰我！"

除了医护人员，患者的心理问题也非常严重。

丁丽君在到达武汉的第一天晚上就投入工作，组织医院队员们开组会，了解情况。一个队员告诉她，有一对老夫妻刚入院，极度没安全感；尤其是那个老奶奶，非常容易生气；医护人员给她做治疗护理时，如果不小心碰到她的东西，她就大声喊叫；病房里的饭来了，她最先冲出来抢饭，怕别人碰脏了她的饭。

丁丽君敏感地意识到，患者是害怕别人的病毒交叉传染给她；她觉得别人的病毒可能更毒，觉得医护人员身上或他们随身的物品上，可能也带了别人的病毒。

桑塔格在《疾病的隐喻》里写道："疾病是生命的阴面，是一种更麻烦的公民身份。每个降临世间的人都拥有双重公民身份，其一属于健康王国，另一则属于疾病王国。尽管我们都只乐于使用健康王国的护照，但或迟或早，至少会有那么一段时间，我们每个人都被迫承认我们也是另一王国的公民。"

只是现实社会中，被当成另一王国的公民，容易引来社会的偏见和歧视。患者自己也会有羞耻感，甚至歧视同样患病者，觉得别人的病比自己更重，这本身就是心理疾病。

加上武汉封城已半月有余，患者与外界沟通渠道少，形成许多负面情绪。厦门市援鄂医疗二队接管的同济光谷院区重症病房，患者大多数为中老年人。因此，他们经常出现入睡困难、易醒早醒、焦虑甚至惊恐发作等症状。

针对歧视情绪，丁丽君决定设计一款"安心卡"。"安心卡"的灵感来源于17年前"非典"病毒发生时，台湾地区曾做过"安心手册"。丁丽君认为"安心"两字具有心理安抚的作用，可以借鉴。说做就做，她立刻与厦门大后方联系，在王文强院长、吴素英主任和洪旭主任的一起努力下，设计出了"安心卡"。"安心卡"中声明医护人员进病房前均已全面消毒，并把病房外放置手消毒液的照片拍出来放在"安心卡"上，给所有病人一个保证。

终于，从厦门制作好寄来的"安心卡"，挂在了同济光谷医院E3-9病区的每张病床床头和每一辆治疗车上。

大部分患者逐渐缓解了焦虑和害怕的情绪，提高了治疗的配合度。仍有个别担心的患者，丁丽君嘱咐医护人员尽量不触碰他们的物品，每次实施治疗前，当着患者的面再做一次手部消毒处理。同时，特别注意病房和治疗环境的清洁和有序，帮助病人建立安全感和次序感，让患者焦虑度下降。

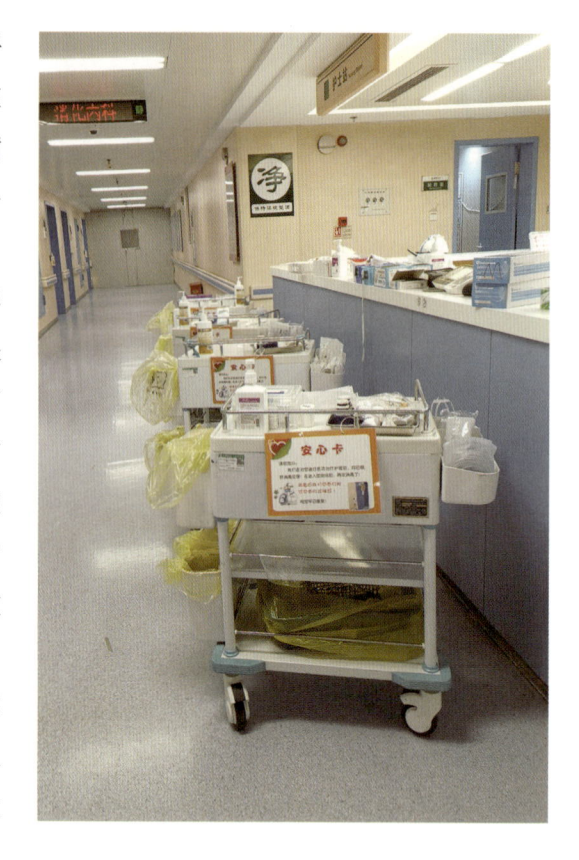

从第一天发现问题，到病区用上这款"安心卡"，前后只花了七天。期间要创意设计、印制运输、处理交叉感染等。"安心卡"成功运用，央视及多家媒体进行报道，给予充分的肯定。

丁丽君还带领全体队员，充分利用大后方资源，使用公众号和热线缓解患者压力，使前线和后方的心理干预服务一体化。在病房床头贴有二维码，扫描后会推送音频、视频。这是专门为病房开发的公众号"沙茶面和热干面"的二维码，方便联络医患双方感情。开通仙岳之声电台，为患者提供服务。病房床头贴有厦门市24小时心理援助热线，为患者提供24小时心理服务。向患者发放厦门寄送来的心理健康折页，做好相关心理健康的宣教。

许多医护人员同样有强烈的强迫症状表现。从医院回到酒店的房间，是一个从相对污染到相对清洁的区域的过程。医护人员无时无刻不小心翼翼，如履薄冰。久而久之，每个人的神经都高度紧张。

忙完一天的工作，进行必要的也最能让自己安心的动作——洗澡。他们往往要洗很长时间的澡，半个小时以上到一个多小时。洗完澡，躺在清洁、舒适的床上，是他们一天中最幸福的时候。

丁丽君从心理治疗的角度告诉他们："如果你的生活中需要一个清洁的地方来安放和放松自己，如果你的强迫行为还没有让你十分痛苦和影响你的社会功能，那么你也许只是有强迫症状，还没有达到强迫症的诊断。我们每一个人都或多或少有些强迫症状，如果它们真的能够保护到你，让你安心，可以让你为自己的生活营造一个'安心堡垒'，那又何尝不可呢？例如，你觉得穿红色的衣服考试运气就会好，那就尽管穿好了。"

丁丽君接着说："那么，什么时候，你的强迫成了一种障碍呢？你花在洗涤或检查或其他强迫行为上的时间可能每天超过了一小时，影响了你正常的生活和工作，也让你觉得痛苦；你花在营造你那个'安心堡垒'上的时间和精力已经让你不堪重负，甚至到最后，你怎么也营造不了你的'安心堡垒'了。这时，这些行为就变成一种障碍，成为强迫症。这个时候，你就必须接受医学帮助，使自己活得更轻松、更好。"

丁丽君深入浅出地为医护人员说明强迫症与强迫症状的区别，以及其中的度和拐点，让医护人员一目了然。

在心理治疗上，丁丽君主张大家把自己的真实情绪说出来，这样会发现自己并不孤单。她创建了多个开放性的小组，让医护人员在小组里分享自己的脆弱、悲伤和焦虑。通常小组范围并不大，人数控制在20人左右，为保护隐私，不要求实名，报网名就行。

如果没人敞开心扉，丁丽君就先讲述自己的焦虑。她举例说她有哮喘，来武汉前已经停药很久了。但到了武汉，她晚上睡觉出汗、口干，哮喘病复发了。庆幸的是没有咳嗽，没有发烧。她服用了两倍治哮喘的药，才把它给压下去。

丁丽君现身说法后，其他医护人员纷纷打开了话匣子。然后，丁丽君对每个人的心理问题，一一加以开导和干预。

## 三

丁丽君发现，在当地患者当中，因疫情引发的心理问题类型很多，最主要还是极度焦虑。

丁丽君对病区里的一名年轻患者至今记忆犹新。当时有媒体开始报道，新冠病毒会损伤人的生殖系统，影响性功能。刚好这名新冠肺炎患者发生了睾丸痛的现象，他十分害怕，焦虑情绪加重了他的躯体不舒服，躯体不适又让他更焦虑。这样向下的螺旋式发展，让他的焦虑一下子到达爆发顶峰。

他惊恐万分，夜不能寐。他觉得自己承受不了"无用"的结局，与其等到那一天的到来，落人笑柄，倒不如现在一了百了。终于在一天晚上，他拿起一把剪刀准备结束自己的生命。

丁丽君获知，给他做了紧急的心理干预。她告诉患者他的病情不重，要相信医生，一定可以治好。同时，指导医护人员使用镇静药物对患者进行治疗。丁丽君一夜无眠，担心患者再次想不开，不时和夜班护理联系，了解病情。

幸运的是，第二天患者的情绪慢慢平复了下来。疾病和心理，经常是相互影响、相互作用，忽略了哪一边，都可能造成不幸或意外。

另外一名患者的心理问题也非常典型。她住院时间较长，收治的时候病情很重，肺部损伤厉害。由于过度咳嗽出现了气胸，但气胸程度不高。患者不加分辨，看到"气胸"这两个字就吓坏了，出现极端的惊恐表现。

丁丽君给患者进行了紧急的心理干预，应用了很多躯体疾病的知识，跟她讲解她的躯体状况，同时告诉她康复之旅有时不一定是一条直线，而是一条曲折向上的线条。通过耐心的解释，患者重新对治疗充满信心。

丁丽君让所有医务人员着重关注这位患者的心理状况，最后患者获

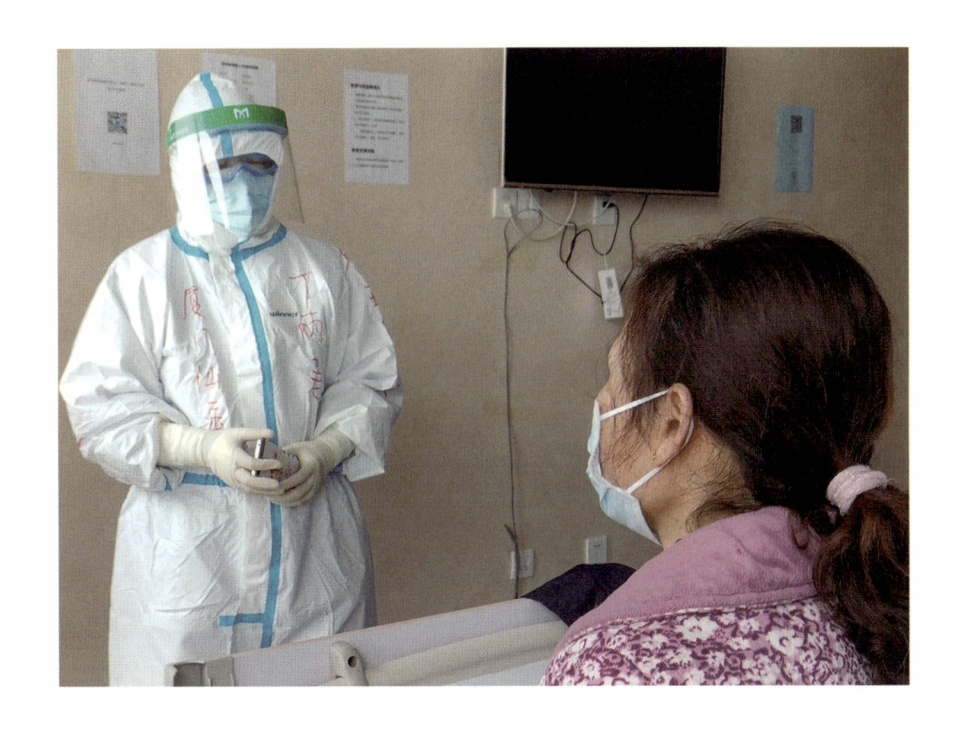

得了非常好的身心疗愈。情绪稳定后，患者特意录了一条视频感谢丁丽君，她竖起两只大拇指说："感谢抗疫英雄、心理医生、丁院长，在我焦虑的时候，在我困惑的时候，是她作为忠实的听众，让我走出郁闷，让我心情平稳愉快。谢谢！"说完，患者深鞠一躬。

哽咽之言，发自肺腑，观者不禁泪目。

除了焦虑，哀伤也是新冠肺炎患者经常产生的心理问题。有的患者在疫情期间承受了丧亲之痛，这些人需要更多的心理干预和支持，丁丽君称之为陪伴他们度过"哀伤之旅"。

一个70多岁的老大爷，一家10人，8人患有新冠肺炎。他老伴因新冠肺炎去世，老大爷非常伤心，但他处处替别人着想，觉得自己不能哭、不能发泄，怕影响到别人。

老大爷在压抑自己，这样下去对他的身体和心理都将是巨大的摧残。丁丽君决定给老大爷做哀伤辅导，必须让他说出来，鼓励他悲伤和哀悼。丁丽君以对话交流的形式，和老大爷一起回顾了他老伴的一生：患者老伴十几岁被诊断为二尖瓣狭窄，武汉协和医院的医生说她活不过30岁，所以他们只要了一个孩子。老大爷对老伴非常照顾，什么家务都不让她做。最终一起走过了漫长的人生。遗憾的是因为这次新冠肺炎他们被收治在不同医院，最后老伴走的时候，老大爷没能说上一句话，因此而伤心不已。

老大爷说："我老伴的心愿是在我前面走，也算是了了她的心愿。这一生照顾她，对她很好，没有遗憾。"

老大爷觉得自己要挺过去，去帮儿子照顾孙女，没想到心里一下子还是过不了坎。有时晚上只睡三个小时，头昏脑涨，精神濒临崩溃。

丁丽君对老大爷说，首先要把情绪正常化，把心事说出来。再者，也要知道每一个人的局限性，你已经尽了最大的努力来挽救妻子，没有什么可自责和后悔的。经过"哀伤之旅"的治疗，老大爷得到了很好的恢复。

在疫情下缺席的遗憾同样令人哀伤。

一个患者在住院期间因隔离治疗不能陪伴妻子生产，他感到十分痛苦，陷入无尽的自责，焦躁不已。丁丽君对他进行应急心理干预，联络他的妻子，营造气氛，舒缓患者的情绪。

丁丽君知道，从心理学角度，人生任何重要时刻，不论喜庆或痛苦，都需要当事人在场。一定的仪式感可以使我们的心理更健康。

她推广在病房发挥同伴支持的作用，鼓励同房间的病友相互心理支持；鼓励同房间的病友倾诉康复之路，一起锻炼、收看电视节目，用积极的方法应对负面情绪。

她带领队员们做好典型案例的心理治疗和药物治疗，及时加以总结，用典型案例反映出的疫情下的心理问题的多种呈现类型，来更好地做相应的干预工作。

针对不同类型心理问题的干预，做相应的健康教育，推广到每一个队员，也使患者能够识别和觉察自己的焦虑，与焦虑和平共处，解决心理危机。

厦门市援鄂医疗队回到厦门进行14天隔离期间，丁丽君继续为医护人员进行心理问题辅导。她惊喜地发现，原来在武汉时出现的月经紊乱、便秘、失眠等症状的，通过核酸检测确定无感染后，全部不治而愈。

丁丽君会心地笑了。

在武汉期间，丁丽君统管厦门市援鄂医疗一队和二队的心理干预工作，让武汉前线心理服务小分队工作得到最优化。她充分利用两队14名精神专科医院（厦门市仙岳医院）的精神心理医护人员的优势，在日常医疗护理之外，增加心理巡视，及时发现患者的心理问题。一般问题由精神心理医护人员进行及时、现场、简短的心理干预；复杂及疑难问题报随队高级专家丁丽君和郑一雄两位医生，采取心理视频干预、电话干预、面对面干预和随访方式，必要时使用精神科药物对患者进行心理治疗，取得了很好的效果。

丁丽君积极宣传心理干预在疫情中的作用，引起全国援鄂抗疫医疗队和全国媒体的密切关注。央视新闻频道、新京报、澎湃新闻、健康报、人民政协报、人民日报（海外版）等媒体先后八次报道了丁丽君的抗疫心理干预工作。央视新闻频道《重症》系列节目中的厦门心理干预报道

被各大主流媒体转载。

丁丽君在人民网在线授课，课程名为"为心穿上防护衣——疫情下医务人员的心理调适"，截至3月26日，收看量达到63.5万次；她还应美国德雷塞尔大学医学院之邀，进行名为"新冠肺炎疫情下精神科医生的作用"的网络讲座。

丁丽君在《爱的升华》中写道："总之，在这次援鄂期间，在离受助者最近的距离，在最前线，真正地与他们心身在一起，帮助了很多医护人员和新冠肺炎患者。在帮助他们的过程中，自己也获得很多感动和感悟。自己有幸参与，成为人生中宝贵的经历，且行且珍惜。"

郭沫若说："春天没有花，人生没有爱，那还成个什么世界？"丁丽君和众多逆行者在这个伤感的春天里，用爱创建无限美的世界。

# 没进舱的幕后英雄

——记厦门市援鄂医疗二队队员蓝玉培

文◎尹雪帆

蓝玉培，1978年生的畲族男子，2003年毕业于福建师范大学文学院，长期在三级医院综合办公室从事行政管理、新闻宣传、党建、工会等方面工作。现为厦门市海沧医院纪检书记、综合办公室主任、工会副主席。

2020年2月9日至3月31日，厦门市援鄂医疗二队138名医护人员接管华中科技大学同济医院光谷院区E3-9楼重症病区，在"疫"线奋战52个日夜，累计收治142例患者；其中危重症13例，重症129例，治愈出院128例，提交疑似病例讨论11场次，是光谷院区内17支医疗队中收治病人数和出院数最多、疑难病例讨论第一的队伍，也是首个开展心理干预治疗的队伍。病区零投诉，队员零感染。

领队尹震宇评价蓝玉培："我们在舱内打仗，玉培在舱外'敲锣打鼓'。其实，我们只隔了一个窗。""玉培的马拉松跑得非常快！文笔好，笔头也非常快！在全力协调队伍、发展组织、管理物质、联络宣传、鼓舞士气方面非常出彩，是我们二队的大功臣。""一部运转完美的机器，上面的每一个部件肯定是完美的！玉培书记的战鼓擂得最完美！"

深入一线，真情信手拈来。蓝玉培让爱的点点滴滴，汇集成江海暖流，温暖人心。

一

2020年春节，对蓝玉培来说，注定不是一个平凡的春节。

除夕夜值班的他，大年初一回家休息才五小时，一个紧急电话，又连忙赶回医院布置取消休假及落实疫情防控工作。

1月28日送一批驰援勇士奔赴武汉，2月9日又送一批驰援勇士前往，第二批勇士出发时的情形仍历历在目。那天周六，也是元宵节，医院晚上10点才接到次日出征通知，他和院领导第一时间赶回单位组织动员，到凌晨3点才完成25位同事同行的物资准备。次日，当大伙整装待发，随行物资也一应俱全上了飞机，看到整个医院的物资几近被掏空时，曾第一时间提交请缨驰援但又不知道自己是否会前往疫情一线的蓝玉培，那一刻的心情沉甸甸的！

情怀装进你眼，抗疫牵绊我心。2020年新年元宵节给了他一个特殊记忆。

2月12日上班前无意识地将医院中层干部、行政干部两个微信群主转给办公室同事，下午3点还在发挥工会"娘家人"作用和院长一起慰问已驰援的某队友父亲，下午4点，蓝玉培接到市卫健委电话通知，13日将有包括他在内的六位增援队员一起赴武汉。蓝玉培说，冥冥之中都是天意。2003年就职厦门市第二医院，他接触的第一件工作就是撰写"非典"定点救治医院的工作总结及个人先进事迹的报道。没想到17年后，又与疫情紧密相连。

万里赴戎机，关山度若飞。2月13日清晨，厦门机场前所未有的空荡和冷清。蓝玉培和其他 5 名队友押送着堆满增援物资的专机出发了。善于后勤统筹及宣传的他，在打包行李时就做好了准备，把办公桌上的打印机一起扛上了飞机。

中午 12 点飞机抵达武汉，中途因周转物资下午 4 点半才下榻驻地酒店。然而酒店环境并不好，楼层里除了厦门医疗二队 100 多位医护人员，还有很多居家隔离者；要入住的房间因酒店人手不够还未清扫出来，房间也大小不一，有稍微宽敞些的，也有窄得只能放一张床的；用餐是统一配送的盒饭套餐，武汉冬天冷，每餐领到时基本都冷了，整个楼层又只有一楼有两台微波炉，完全不够用……

蓝玉培深知，抗疫一线一切都在跟时间赛跑。不敢有丝毫抱怨和懈怠的他心里想的是，比我们来得更早的队友，当时准备更仓促、更紧急，他们到来时一定更艰苦！

当天晚上二队前线指挥部为他们举行了简单的欢迎仪式，介绍大家相互认识并进行工作分工。

既来之，则战之。2 月 13 日晚上就目送一批白衣战士进舱的蓝玉培想，他们冒着随时可能被感染的生命危险在舱内与死神抢生命，我作为类似教导员身份的指挥部一员，只能在后方做组织协调、管理物资、联络宣传、团队建设等工作；虽然不能进舱"拼命"，但可以竭尽全力为大家"擂鼓助威"，助力精神之花绽放。

## 二

悲意何慷慨，清歌正激扬！当天晚上，武汉寒冷的深夜，房间里一部电脑，一台打印机，一个身处异乡的年轻人，正拉开战斗序幕。

和其他医疗队比，厦门医疗二队驻地条件较差。有队员说，看到别的队员发穿有酒店浴袍的照片在朋友圈，自己都不敢发，怕家人看了担心。面对艰苦的条件，蓝玉培意识到，这时最紧要的莫过于凝聚人心，让队伍更有战斗力。

次日醒来的队友们，便在置顶工作群收到一封来自蓝玉培的消息——

## 致致援鄂医疗二队全体队员的一封信

各位同仁是厦门医疗各条战线的精英骨干，因为一颗共同的爱心和担当，主动请缨来到武汉。准备是仓促的，行程是紧急的，但你们没有犹疑；或许当初请缨时没想到前方的艰苦，但越是艰苦的地方越能锻炼人。正是存在这样那样的问题，我们奋战在武汉一线才更具价值。让我们不忘初心、牢记使命、全力以赴、坚决完成任务，决不辜负厦门人民的厚望和重托。当繁花与共，疫情结束时，武汉人民会感谢你们，你们也会感谢自己今天无悔的选择……

昔我往矣，杨柳依依；今我来思，雨雪霏霏。高强度、严密闭的一线工作，使医护人员刚开始出现喉咙痛、晕厥、呕吐等身体状况，以及想家的现象。蓝玉培想用过生日的方法缓解大家的不适，增加团队凝聚力与幸福感。于是，他快速找出队员身份证号，把当月生日的人找出来，连夜制作电子贺卡并分享到工作群。队员们看到温馨的电子贺卡，纷纷送上祝福。

二月份第一个收到电子生日贺卡的马敏医生在群里回复说："一大早就收到这么多暖心祝福，超开心，超感动！谢谢各位战友，谢谢我们二队这个温暖的大集体，让我在异地他乡度过最难忘的生日，这将是我人生中最珍贵的记忆。希望我们能早日战胜疫情，平安凯旋！"

一句"平安凯旋"，饱含多少抗疫一线与死神抢生命的心酸故事！哪怕是一场简单的集体生日会，蓝玉培也要为前方的白衣战士们点燃温暖之灯，让勇气前行。

有了想法就要马上执行。蓝玉培在群里发完每月集体办一次生日会的通知后，心里却开始打鼓，前方物资那么紧缺，蛋糕能不能弄到？为了不让队员们失望，他提前十天就开始四处张罗。

2月22日，第一个简单温馨的生日会顺利举办。八位二月份过生日的队员一起合唱生日歌，再把分切的蛋糕和长寿面各自打包带回房间。既是会议室又是仓库的房间里堆满了易燃易爆医用物资，大家只能用手机闪光灯代替燃烧的蜡烛。当队员们一边挥舞着手机灯，一边唱着生日歌，并纷纷感慨"这是在异地他乡度过的最难忘的生日"的时候，当有人满怀感动地说"幸福来得太突然又太及时"的时候，当爱与被爱、温暖与被温暖闪闪发光的时候，蓝玉培自己也是哽咽的！

厦门医疗二队前线指挥部以厦门大学附属中山医院副院长尹震宇领队为首，在武汉52天就开了52天会议，每天晚上8点准时进行，复盘前面24小时收治病人、队员情形、物资供应等工作。最初，各种状况层出不穷，为了将问题理顺，会议从刚开始每天三四个小时，到后来每天半小时闭环。蓝玉培作为后勤保障方，亦夜以继日地全力以赴。

一批又一批物资从厦门大后方运到驻地仓库，又从驻地仓库转运到病区，蓝玉培每天都披挂上阵，负责卸货、搬运。整个楼层从只有一楼有两台微波炉变成每两个楼层就有一台，居住和生活条件逐步改善的过程，也是工作人员与酒店不断沟通的过程，酒店方从最初的不理解到后来主动提出改进……

工会"娘家人"，让关爱直达一线，让队员们感受到"家"的温暖，蓝玉培一直在创新。

厦门市援鄂医疗二队138人，党员有61人，占比45%左右；65人写入党申请书，占非党员人数85%左右，7人火线入党，又发展积极分子一批。蓝玉培作为厦门支援武汉医疗队临时党委委员，医疗二队临时

党总支委员，积极开展一线党的建设工作，参与临时党总支党支部划分和支部班子建设，让党旗在抗疫一线高高飘扬，让党员的精神力量感染身边的抗疫"战友"们，为抗疫一线党组织带来新的战斗力量。

三

没有进舱的英雄还有一个心愿，那就是调动医疗队的积极性，通过文字、图片、视频等形式，把一线发生的点点滴滴，用爱的方式传播出去。

为你捏着一把汗，嗓子也为你呼喊，冲着你放声高歌，抗疫时你能听见。于是"娘家人"当起了"战地记者"，号召来自11个不同医院的负责人从各组选出一名通讯员，协助收集材料、挖掘线索，同时鼓励所有队员积极写抗疫日记分享点滴感受。他自己也会不时深入病区，采集医病患之间的点滴故事。就这样，一篇篇、一幅幅厦门医疗二队在武汉最帅模样的"写真"，开始呈现在大家面前——

如果不是手机里跳出备忘录，都忘了今夜原本是她的婚礼。希望疫情早日结束，还她一个最好的婚礼，做最美的新娘。《如果没有驰援武汉，今夜她本该是最美的新娘》，很快让美丽的护士曹曼众人皆知；

1949年，四野军人秦德高强渡长江参与解放武汉；2020年，身为护士的孙子秦志远主动请缨增援武汉。《相隔71年，祖孙同为武汉而战》让身为中华民族的我们为这对爷孙俩感到骄傲；

《厦门"逆风天使"收到战友来信：我们等你凯旋！》，让海军陆战某旅女兵队的退役女兵林少龄护士那张被严密防护服勒出深痕而又默默无闻的脸更加充满了力量；

《与子同袍，武汉小学生们画了138件涂鸦文化衫感恩厦门医疗二队》，传递武汉人民浓浓的情谊以及厦门医疗二队为病患鞠躬尽瘁的奉献精神；

《坐着吹纸条、趴着练"蛤蟆功"厦门医疗二队指导重症患者进行4S呼吸康复训练》，让我们看到了新冠肺炎疫情期乐观有爱的医患关系融洽无比；

"早上哪吒给我送的饭好好吃""中午姐己来换点滴挺利索的""晚上容嬷嬷给我打来了开水"……在厦门医疗二队负责的病房里，病人们正兴奋地谈论着医护人员防护服上的绘画。从《哪吒传奇》《西游记》到《还珠格格》《葫芦娃》，蓝玉培也没想到队友们的防护服上的创意绘画会在社会广为传播。

一个个温馨的故事，牵动所有人的心；一首首动人的旋律，鼓舞着战疫英雄的士气。寄托爱与希望，蓝玉培的擂鼓助威让闽鄂这两块中华大地更加心连着心，情谊连着情谊。

点点滴滴攻坚克难的奉献精神，生与死的较量、医患关系爱的回流，让他每天像打了鸡血一样，常常工作到深夜，第二天早上6点一样能精神抖擞投入工作。

从隔离病房的工作场景，到医患之间的温情互动，再到重症病区实现"清零"……蓝玉培妙笔生花的厦门医疗二队英雄故事，被全国各级新闻媒体采纳160余篇，其中国家级媒体16篇，省级媒体25篇，市级媒体120余篇。蓝玉培又自己搭建自媒体平台，发布队员们的抗疫日记、感人瞬间等189条内容，阅读量达到100多万。与蓝玉培相识17年的厦门广电集团广播中心记者俞林榕曾感叹说："厦门医疗二队老有名气了，原来是有蓝玉培做战地鼓手。"

3月22日本该是无锡马拉松开跑的日子，看到跑友在感慨，蓝玉培也发朋友圈感叹："2017年4月在武汉协和进修一个月，深深喜欢上了这个城市，于是报了两次武汉马拉松。猜一猜，明年能中签吗？"并附上两张2019年、2020年度武汉马拉松未中签的截图。第二天，领队尹震宇告诉他，他将他的朋友圈转发给了武汉市副市长刘子清，对方回复，会专门探讨援汉医务人员直通参加武汉马拉松的事！

这趟援鄂之旅对爱跑步的蓝玉培来说，就像是跑人生另一场马拉松，每一次都全力奔跑、奋力冲刺，只是以前3小时15分钟就跑完全程，而这次用了近50天，但这是他最好的战绩。

抗疫的路是艰辛的！勇敢的心伴随着有趣的灵魂，踏着荆棘，不觉得痛苦，有泪可落，却是满满的爱的记忆。

在大部队撤离武汉之前，蓝玉培策划签名"战袍"当礼物，送给每日负责开车接送大家的师傅。当师傅穿着这件特殊"战袍"开车的时候，他激动地说："为你们开车是我的荣幸！"全车队友们几乎异口同声回应："感谢与我们并肩作战！"

武汉是江城，厦门是海城，江海合流，大家一起并肩作战，厦门医疗二队打造了光谷救治样板。

3月28日，工作进入收尾阶段，17支援鄂医疗队会与同济本部团队在光谷院区后花园"抗疫纪念园"栽培18棵桂花树。蓝玉培用颤抖的笔见证并记录了这一即将载入史册的重要时刻。

3月30日，武汉同济医院光谷院区厦门医疗二队接管的病区最后3名患者出院，该病区清零。蓝玉培用激动的心完成在武汉的收官报道——《厦门支援湖北医疗二队所接管病区实现"清零"》。

五

当队友们平安凯旋，回厦门统一休养隔离期间，仍有人依依不舍地将抗疫工作群设为置顶状态，每天醒来的第一件事和睡前的最后一件事还是习惯性查看群消息；甚至还有队友，回到厦门后见到水龙头仍然会条件反射想要洗手……

不忘初衷，慎终如始。蓝玉培工会"娘家人"如期策划的第三期集体生日会在隔离酒店正常进行。

在武汉的第三十几天，蓝玉培因牵挂女儿，曾联系一同驰援武汉的队友梁金凤护士做了一个特殊礼物，送给北京师范大学厦门海沧附属学校的孩子，并在防护服上手绘祝福语："北附娃，耐心学习是你美德""同学们，奋斗路上的你不要怕吃苦"。收到祝福的北附师生、家长们受到鼓舞，隔空喊话"英雄就在身边"！

厦门人民迎接援鄂人员凯旋的仪式仍然镂骨铭心，蓝玉培的朋友圈自回来后就发了一张家里窗户张贴"欢迎回家"的照片。他悄悄地将所有武汉的故事深深地埋在内心与记忆里。他说，所有的过去都只是人生的一场经历，回来了就该画上句号。

一切重新开始，再出发！

# 抗疫阵前的"联络官"

## ——记厦门市援鄂医疗二队队员洪顺攀

文◎张　宇

凌晨一点，天空灰蒙蒙的，很冷。

电话响了："小洪，今天要协调搬运到达物质。"凌晨2点，电话又响了："小洪，今天要降温，落实一下防寒服的发放情况。"凌晨3点，电话再响："小洪，问一下隔离点的车早上什么时候来，72床的病人手续办完了，要去隔离区。"凌晨4点，战时医务处来电："小洪，明天开始执行第三版诊疗标准。"凌晨5点，接到电话通知："小洪，下午请院区专家防护服培训，通知护理组进舱人员参加。"

2月9日，洪顺攀和医疗队到达武汉后，疫情形势非常严峻。为了同死神抢时间，医疗队需要分秒必争，以最快的速度高效运转起来。而初来乍到，一切都是陌生的。洪顺攀虽然不是需要直接进病房的医务人员，但他是厦门市援鄂医疗二队的联络员。据说当时每一支援鄂医疗队至少都要有 30 个医生、100 个护士、一个领队加一个联络员的刚性配置。

一

在逆行者的背影中，人人都是战士，个个都在冲锋，没有旁观者。面对越来越严重的新冠肺炎疫情，厦门大学附属中山医院医务部的医务管理人员洪顺攀曾经想过各种可能会发生的事情，但就是没有想到，并不是医护人员的他，会荣幸地成为厦门市援鄂医疗二队的联络员兼同济医院光谷院区战时医务处成员，被队员们亲切地称之为两军阵前的"联络官"。

联络员主要工作是负责医疗队病区医务协调管理工作。做好全队的后勤保障等各项事务的总调度和总协调，参加院区医务处工作，包括各种医疗制度和流程的制定和组织实施以及"上传下达"工作枢纽的职责。晚上回到公寓还要继续整理每日数据报表、工作日志记录、信息报送等。

领队尹震宇副院长是这样评价他的工作："小洪做了大量内联外联工作、后勤保障工作、组织协调工作、医务沟通工作、数据上报工作、物质调配工作，功不可没。"他为此感到特别自豪。

那些一个接一个的电话铃声至今还在他的耳旁不断地响着，他也从这不停息的铃声中迈出了不停息的脚步。也许将来洪顺攀会忘掉他生活中的一些琐事，但人生中这段难忘的经历，他将永远铭记在心。

刚到武汉，洪顺攀两眼一抹黑。50 个重症患者马上要送到重症病房，100 多名医护人员的生活必须得到保障，还有防护服、呼吸机等物资也得马上到位；当时第二批队员包括院感主任、护理主任、心理疏导、后勤等后续人员还没有过来，洪顺攀基本上是一个人在跑，任务异常艰巨。

过去外出无论是乘飞机还是坐高铁，或者是市内大巴，洪顺攀都喜欢看窗外风景。这次他完全没心思，下了飞机直奔驻地，沿途原本车水马龙的大街空寂无人，就像到了无人区，队员们的情绪都有些低落。洪顺攀的情绪也不佳，但他顾不上这些，也顾不上去找自己的房间，他要先去处理抗疫物资。

随航班过来的抗疫物资足足有五车，没有搬运工人，只能自己一点一点扛进酒店。洪顺攀年轻，他说力气活不怕，多扛几箱罢了。关键是还要指挥和分派，而当时他连中山医院的 30 余个队员都认不全，更别说来自其他医院的 100 多个队员。直到抗疫物资搬运到指定的仓库，登记完已经是晚上 11 点多了。洪顺攀立即协助医疗队领队召开厦门医疗二队前线指挥部第一次会议，协助医疗队建立了大大小小的微信群。

基本工作忙完，离天亮只剩一个小时。洪顺攀怎么也睡不着，他揉了揉眼睛朝窗外望去……

那几天，洪顺攀感到整个人都快被电话炸碎了，手机一直响，很快没电；充上，再响，像警报一样尖利。他一个一个地接，没有喘息的机会。当时他产生了一种惶恐，觉得自己似乎快顶不住了。

最多的时候洪顺攀一天要接 100 多个电话，协调几十个微信群，所有内容都是与死神抢时间、抢速度，一刻也耽搁不得。一天下来，一个身强力壮的小伙子累得两脚都快站不稳，几乎一步也迈不动了。

平时喜欢打篮球，在场上可运球自如，笑着满场飞的洪顺攀，从来没喊过累。此刻却筋疲力尽地说："我真累了。"

后来洪顺攀说，他当时最怕的不是累，而是自己生病。他怕万一自己生病了，影响了医疗队的整个救治工作，那他一辈子都会心存愧疚。

由于事情太多，他自己的行李是第四天后等第二批保障队员到达后才开始整理的，之前是在哪儿忙就在哪儿打个小盹。实在撑不住的时候，他就打开几罐厂商捐赠提神饮料补充一下能量。刚去武汉那会儿，三天就喝了十罐提神饮料。可能有点心理作用，他说喝下提神饮料感觉能缓解一点。接下来，他又继续接电话，继续发微信，继续到处跑。

二

作为"联络官"，他每天穿梭于驻地和院区之间，是全队每天往返

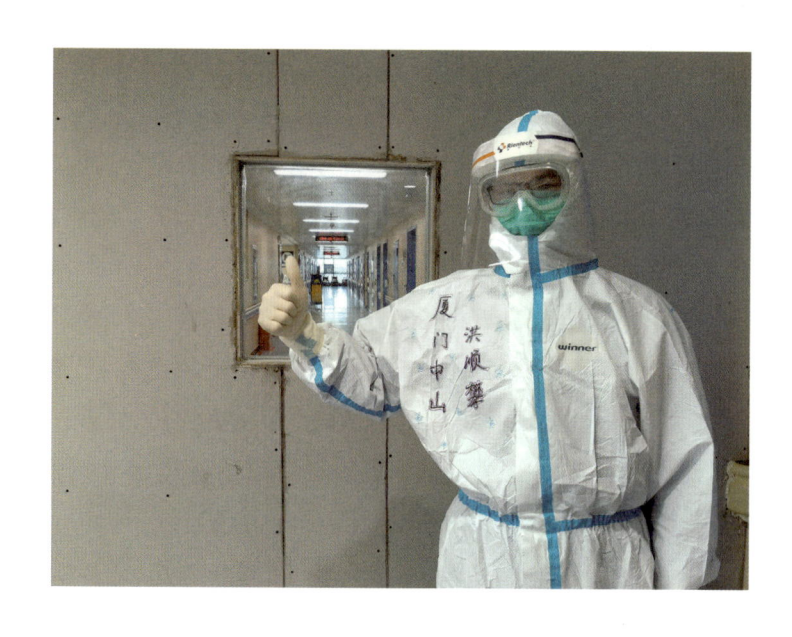

院区最多的人。他要实地了解医疗队患者救治过程中遇到的问题，将其及时传达回医疗队，实现与院区间的无缝衔接，确保病区的医疗工作有条不紊地进行。包括患者就诊、转诊、出院流程，以及麻醉药品管理、医疗队队员就诊绿色通道等。为了保证队员上班通行方便，同步医护上下班时间，制订班车时刻表，建立交通沟通群，保障医疗队出行需求，在同济医院光谷院区，洪顺攀共参与制定制度流程20余项，反馈并处置医疗队存在问题40余项，形成工作日报表及工作简报50期。

关谷院区的领导至今对援鄂厦门医疗队印象很深的一件事情，就是每天夜里10点左右都会接到厦门医疗二队联络员洪顺攀的工作电话。电话中，他会很详细地把当天战时指挥部会议的内容，比如在救治期间出现的问题和需要院区予以支持的事情及时上报，使得所有问题都在把控之中，形成一个救治病患的良性闭环。一共52天，每天如期进行，雷打不动。他们感慨地说："这么多医疗队，只有厦门队这么认真。"后来，院区领导还专门把厦门医疗二队的经验作为样板推广。

厦门援鄂医疗二队的队员们都戏称洪顺攀为医疗队的"摆渡人""邮差"。医生护士见到他，问他最多的是今天"鸡毛信"里的内容是什么。

如果哪天一时半会没见到他，或者微信里没有他的回复，没及时看见"鸡毛信"，大家都不习惯，心里会有些没着没落似的。

所以，洪顺攀几乎就是一个抗疫方队运行开启"按纽"，一个垂直管理的"纽带"，每天的工作量几乎是超负荷运转，凌晨启动，一直到夜半三更都停不下来。

厦门市海沧医院纪委书记、厦门市援鄂医疗二队联络员蓝玉培还在社交网络上开了一个名为"抗疫一线/疫情中的逆行者"的账号，发表近200篇信息，记录了许多队员们在抗疫期间的好人好事，其中一篇《医疗队的摆渡人》，用生动的语言表现洪顺攀每天24小时满满当当的工作内容。现在读来，如同战时日记，弥足珍贵。

上午8点，医疗队医生微信群中开始交班工作。

上午9点，将每日工作简报汇总至战时医务处。

上午11点，到酒店后厨监督饭菜配置。

下午1点，到病区与医护交流了解情况以及需协调处理事项。

下午2点，参加战时医务处会议，汇报医疗队工作情况。

下午3点，参加院区疑难病例讨论。

下午6点，上报病区收治病人情况。

晚上8点，召开医疗队前线指挥部会议，传达战时医务处会议内容，记录医疗队提出需要解决的临床工作问题。

晚上9点，参加病区医生会议，讨论患者救治方案。

晚上10点，整理上报每日工作汇报……

当把这一切事情做完，基本上已是子夜了。在这短暂的寂静时光，洪顺攀知道他还有一个最重要的电话没有接，也是一个让他时时刻刻牵肠挂肚的电话，但这个电话响起时被他挂掉了。面对援鄂医疗队千头万绪的工作，他实在是顾不上，也没有时间去接这个电话。其实他知道，电话那头的妻子小原正眼巴巴地等着他接电话。

洪顺攀和小原是福建医科大学公共卫生学院医院管理专业的大学同学。去年底，他们有了一个非常可爱的女儿。洪顺攀来武汉的时候，孩子才刚满五个月，奶不够吃。小原独自忍着疼痛去医院催奶治疗，孩子又开始长牙，整天哭闹不止。小原本来身体就不好，这下更加精疲力尽。她很希望丈夫能在身边，或者在电话里倾诉几句。

无奈之下，小原试着给丈夫打了几个电话，但洪顺攀都处于忙音或是直接挂掉，因为他怕有医疗队急事时电话被占用。

后来，医院工会的领导得知小原在中山医院治疗，特地跑来对她说，洪顺攀在前线压力大，要小原多跟他联系、多予以鼓励。小原如实回复说："他都没空跟我通话，我每次打电话过去，他都在忙，顾不上接我电话。"洪顺攀内心也挺难受的，因为他知道，参加援鄂医疗队，小原对他的支持是最大的。

在武汉支援期间，小原独自撑着这个家，从来都没在洪顺攀面前抱怨过，她只是说："在武汉好好干，宝宝我会带好的，你放心。"

洪顺攀又何尝不希望能在家里陪伴妻子，照顾女儿。

但是疫情不除，焉能谈归？洪顺攀望着手机上妻子打来的电话，在心里对她说："辛苦你了，再坚持几天，我们一定会战胜疫情，让我们一起等着凯旋的那一天！"洪顺攀在武汉一共52天，他每天在心里给妻子送去一个凯旋。

说起那段经历，洪顺攀有些激动。

三

洪顺攀在医疗队除了被称为"摆渡人"之外，还有一件被队员们津津乐道的事情。而且这件事情是他悄悄干的，实打实地当了一回无名英雄。

在武汉工作期间，特别是接管病区的重症病房进入紧张的医疗救治以后，队员们不仅辛苦，还承受着非常大的压力。晚上大多辗转反侧，睡不好觉。

在洪顺攀的手机里，存有许多队员们工作时的现场照。他们穿着防护服，戴着防护帽、护目镜，不能吃、不能喝，十分疲惫。他说他看着就想哭。他敬仰这些队员，他说今生能够与他们并肩战斗，是这辈子最荣幸的事情。

有次他在医疗队微信群里看到有队员不经意说起附近经常有汽车的警报声断断续续响起，让人无法休息，便默默记在心里了。洪顺攀决定一定要把这困扰大家的噪声给解决了，他赶紧跟当地政府驻点工作人员打电话协调解决。当地工作人员答应帮忙解决，但过了两天还是没有消息。洪顺攀心里焦急，便自己去查。后来终于有队员发现那辆"肇事车"，洪顺攀一刻也不耽误地赶紧联系当地的民警，冒雨赶到现场，找到车辆。但车主不在武汉当地，无法将车辆转移，后经多方联系沟通，才找到人帮忙把车辆的警报器给解除了，终于让队员的休息不受这个噪音的影响。

3月8日，困扰队员们大半个月的汽车警报噪音终于解决，女队员甚至把此事作为三八妇女节的礼物，并送他打油诗一首，以表感谢。

> 楚雄大道停车处，
> 夜半警笛到公寓；
> 男神女神寻声去，
> 阿攀拆铃保睡眠。

洪顺攀过去在中山医院医务部工作，解决过九年的医疗纠纷。在多年的问题处理中，遇到过各种形形色色的事件，经常遭遇突发事件，他都能从容面对和正确处理，避免许多本来快要激化的矛盾。这些纠纷每年高达70多起。他为了履行好自己的职责，专门利用业余时间考了法律相关的证书，在处理问题的过程中，以法律为依据，尊重客观事实，对当事人动之以情、晓之以理，使纠纷迅速得以化解。为此，当事人都对洪顺攀竖起大拇指。另外，还有当事人送来锦旗，对他表示感谢。

这次到疫区，病人病情复杂，怕难免会遇到什么情况。洪顺攀自己已经做好了思想准备，随时准备去处理任何一桩医护人员与病患之间产生的纠纷，为抗疫顺利护航。但"遗憾"的是，厦门市援鄂医疗二队创造了病区零投诉的好成绩，使他没了"用武"之地。

洪顺攀今年33岁，属于"80后"，与他上面的"60后""70后"相比，他是小老弟；但与他下面的"90后""00后"相比，他又被称为"大叔"。洪顺攀认为，在这个要么"瓶颈"，要么"逆袭"的人生转折阶段，需要找到一个能支撑精神和思想的正确的价值观。

幸运的是，洪顺攀在这次援鄂抗疫战斗中，完成了自身的涅槃。他亲眼看到了党、国家、政府在关乎人民生命的危亡关头是如何的尊崇"人民至上""生命至上"，从而力挽狂澜，不遗余力。

在院区，每天都能听到"降低死亡率，提高治愈率"这样强有力的声音。这不是口号，而是具体到对每个危重病人所采取的治疗方案的所有细节。连使用康复血浆、激素、呼吸机等所有数据都必须每天如实上报，已死亡病例的抢救措施也必须进行反复讨论，反复"回放"，希望能够杜绝死亡。

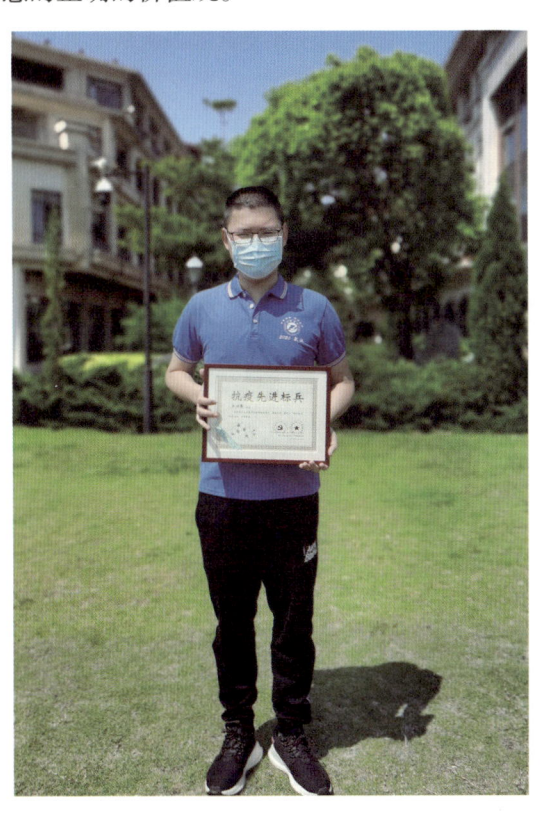

点点萤火，汇成星河。在这场武汉保卫战中，我们相信，平凡而勇敢的"洪顺攀们"，将会被历史记住，载入中华民族的光荣榜。

# 我是你最美的样子

## ——记厦门市援鄂医疗二队队员韩秋英

文◎张 宇

一

初见韩秋英，觉得她不愧是做了十几年的护士长，明媚的笑容，甜美的嗓音，温柔的举止，病人遇见她一定如沐春风。

韩秋英作为厦门市援鄂医疗二队武汉同济大学光谷院区的护理领队，比厦门医疗二队首批人员晚到四天，属于前方告急，急需增援的"援军"。所以，韩秋英是扛着重任来的，其压力是空前的。能否做到"来之能战，战之能胜"，她当时并没有十分的把握。

厦门市援鄂医疗二队是个临时组建的"杂牌军"，全队 102 名护士来自厦门 9 家综合及专科医院，"90 后" 56 名，"95 后" 14 名，护士长有 10 人，专科医院护士占 30% 以上。

由于护士人数较多，又来自不同医院，出现了彼此不熟悉，护士长"扎堆"、人员结构不一、医疗流程有差别、工作经验不尽相同等问题。大多数护士还都没有重症和感染的护理经验。

当时武汉疫情属于爆发期，许多情况不明了。有一些护士早上不敢吃太饱，不敢喝水，再加上身穿几层防护服，行动稍微大一点，就会被撕破，只能"端着"身体小心翼翼地行走。而且护目镜戴久了会模糊不清，这给正常护理带来不利的因素。

由于体力消耗大，出汗多，又不能及时补充水分和能量，身体透支厉害，工作起来远比想象中的困难。许多年轻的护士产生了焦躁的情绪。

在隔离严密的重症病房 24 小时内，大多时间只有护士和病人，没有其他家属可以依靠，病人的护理以及治疗程序的每个环节都得靠医护人员，护士的规范操作以及自身情绪等就显得尤其重要。所以，这支队伍的素质作风、护理水平、战斗能力、精气神儿都关系着这场博弈的成败。

厦门市援鄂医疗二队的领队也是厦门大学附属中山医院副院长的尹震宇快刀斩乱麻，当机立断，要求立即再增派一名资深护理管理人员"顶上去"。

韩秋英是厦门大学附属中山医院的护理部主任，是 1500 名护士的领头雁，有着 25 年护理经验的学科带头人，在救死扶伤的战场上驰骋征战多年，还参加过抗击"非典"。过去 20 多年间，许多媒体曾报道过她的事迹。

侠之大者，义无反顾。韩秋英当即火速启程，果断逆行，于 2 月 13 日赶到武汉。在厦门医疗二队整建制接管华中科技大学附属同济医院光谷院区 E3-9 的重症病区，尹震宇领队坦诚地对她说："这批护理队员年轻的多，大多是主动请缨来武汉的，很勇敢，有热情，都是好样的。但他们缺乏经验，情绪不够稳定。时间不等人，急需我们带一下，你在这方面是专家,能来太好了。"尹震宇话说得很明白,要把这支"杂牌军"在最短时间内打造成能打胜仗的"王牌军"。

接过领队的重托,韩秋英立即开展工作。她发现当时因为防护、隔离、发烧产生的恐慌心理以及因为防护用品造成脸上压痕化脓、手上起水泡等原因已经减员七八个护士;还有一些年纪小的护士惧怕进舱,在被安排上班后偷偷哭泣。

对此,韩秋英很心疼,但她很清楚这些都是很正常的反应,谁都不是超人,谁都有血有肉,谁都不是天生的英雄,谁都有一个成长的过程。对这些主动请缨到疫区抗击疫情的年轻护士,目前重要的是如何做一个"定海神针",稳定他们的情绪,让他们能尽快适应疫区严峻的形势。

"孩子们,我来了"。

韩秋英到厦门医疗二队担任护理领队的消息一传开,好多认识她的护士都高兴得纷纷通过微信表达对她到来的期待和欣喜。

"主任,我知道您明天会来,激动得一晚上没睡。"

"主任,我好喜欢您,听说您要来,我们好定心。"

"主任,一直都很喜欢您,好开心您能来跟我们做伴。"

面对队员们的热情,韩秋英很感动。她知道从此在武汉的日子,她不仅仅是护理领队了,按她自己的话说,她还是"妈"。自此以后,她把队里102个护理人员都称作"孩子"。

二

韩秋英迅速与全队所有的护理同仁建立微信联系,立即制作《驻点护士问题追踪记录本》,记录护士每一天的身体工作状况,对明显存在紧张焦虑的队员采取点对点的心理辅导以及生活关怀。这些"90后"的队员有些是瞒着父母说走就走,也没有带什么行李衣物。韩秋英就在衣、食、住、行等方面,千方百计为队员提供更好的工作和生活环境。对一些存在心理恐慌的队员循循善诱,耐心呵护,及时帮助缓解工作压力,鼓励他们树立信心,在这个生与死的战场上,用青春、用担当来守住武汉这座城。

接着,她以最短的时间了解全队护理人员年龄、工作经验以及心理状态,快速搭建管理架构,形成了"护理部主任—护士长—护理组长"三级管理模式。本人以身作则,坚持每周三次的床旁护理查房,并现场教授她自己积累多年的护理技能。

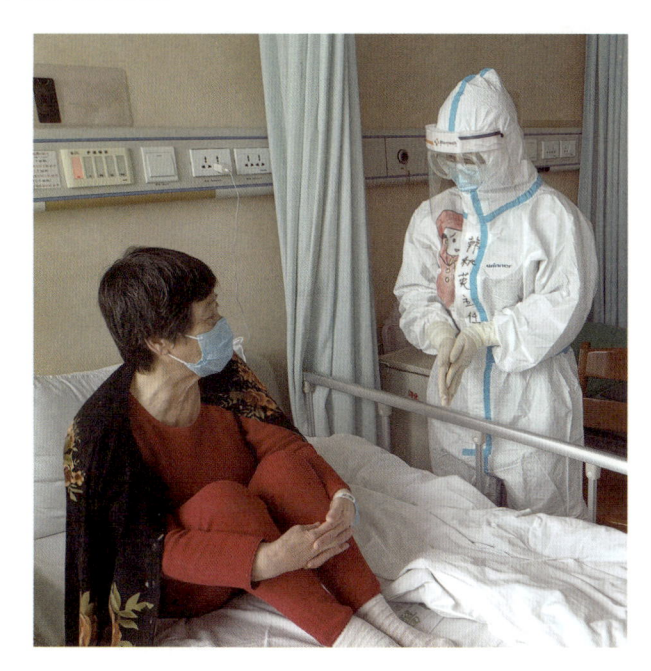

看着那么多的重症患者,韩秋英心里着急,但她在病人面前展露出她那标志性的微笑,镇静的态度,轻柔地行走,耐心地喂药,温柔地穿刺,熟练地翻身。由于许多病人方言交流起来很困难,她不厌其烦地询问病情,细致入微地安抚他们的情绪。小护士们受到她的影响,心稳了下来,也放缓了脚步,越来越觉得病人就是自己的亲人,逐渐克服了恐慌情绪,一步一步做得非常到位。

同时,韩秋英在前线作为临时一支部党委书记,积极发现工作表现优异的队员,加强宣教和引导,激发了护理人员积极向上的政治情感和奉献精神。一支部共计火线入党了3名预备党员,17名入党积极分子。

经过磨合和努力,队伍基本稳定,不安情绪也逐渐消失。102名护理人员很快适应了各自岗位职责,并创新多项护理服务内容。比如,最早在全院病区实行7S病房环境管理,最早落实的督查员制度,最早在院区开展患者呼吸康复训练,最早实行护患互动"安心卡"项目等等。

26岁的队员张楠和梁金凤有艺术天赋，多才多艺，她们尝试着在看着"压抑"的防护服上画上治愈系的漫画。开始是武汉小吃系列、厦门小吃系列，虽然是画的，但"色香味"俱全；《封神榜》上的哪吒、雷震子、妲己等神话人物来到病房护理病人，一下子引起病区的关注。

韩秋英发现这些漫画有助于克服队员们的烦躁情绪；同时也给病房带来暖意和爱，可以给病人自身恢复予以心理支撑，便给予高度重视和积极肯定。

两位"画家"一发不可收拾，接着创作了黄鹤楼、鼓浪屿、郑成功、葫芦娃、多啦A梦等17个系列的漫画作品。厦门医疗二队的队员从上到下都穿着画有美味佳肴、历史典故、神话传奇、卡通童话、英雄人物的漫画。行动起来，像一块块流动的水彩画，给压抑低迷的病区添加了一份温情。

甚至在病人出院之时，护士们也在自己的防护服上"送"上一幅，以表祝贺和纪念。

队员许金玉就在自己的日记里记载了这样一段感人的事情。3月12日，志愿者"小怂"出院，小护士们把喜爱的歌词写在防护服上："好事总会发生在下一个转弯"。出院了的姐姐、阿姨们搂住她们落下泪来，说最大的遗憾是以后再也看不见她们的模样。

有一位专科医院的护理人员，第一次见到病患病情突然恶化死亡，难以接受，经常失眠。于是，她在防护服画上老家漳州的小吃四果汤。不断有病人问她什么是四果汤，她一一解释，并描绘四果汤的味道；在不停地交流中，逐渐缓解了内心的阴影。

这些漫画和"90后"独特的表述方法在同济医院光谷院区引起轰动，连病人都十分喜欢，说看见这些画，好像病都好了一半。一位患者因为想念和担忧自己的女儿，不配合治疗，结果梁金凤问她要了她女儿的照片，照着画了一张惟妙惟肖的卡通像在防护服上，使这位病患惊喜不已，天天盼着护理人员过来。

韩秋英后来总结，这些漫画与其说是给病人的心理支持，不如说是给队员自己的心理支持，对他们走出初期的阴影起到了很好的疏导作用。这也形成了厦门市援鄂医疗二队在疫区的救治工作中体现出来的一种温暖的人文精神和抗疫文化。

## 三

没有了思想包袱之后，年轻的护理们越来越自信，在工作中十分投入。他们观察到部分病人情绪低落，总是认为别人都带病毒，对穿防护服的医护人员也排斥。经详细了解，他们大多是因为隔离见不到亲人，对病情不乐观，焦虑抑郁所致，或多或少在接受治疗方面都有一些负面情绪。有一个老年患者，一家七口人都确诊了，分别在七个不同的病区治疗，他内心的痛苦可想而知。

所以，既要医病，更要医心。2月20日，经指挥部会议讨论，厦门医疗二队请来了厦门市仙岳医院副院长、心理专家丁丽君，在心理专家的指导下，她们制作了很多安心卡，上面写道："请您放心，我们对您进行各项治疗前，均已做好消毒处理，在进入您的房间前已再次消毒。病毒由我们负责打败，您负责吃好睡好！祝您早日康复！"这段话配以漫画，粘贴在每辆操作推车上，厦门医疗二队成为同济医院光谷病区首个开展心理干预辅助治疗的医疗队。

在三八妇女节期间，韩秋英组织护士们给患者送上自己绘制的节日贺卡，举办病区"自助超市"，练习八段锦、手语操等，通过护理人员和患者的良性互动，使患者增强恢复疾病的信心，减少死亡，早日康复，使武汉凛冬散尽，春色烂漫。

3月4日早上8点，厦门医疗二队护士曹曼手机跳出一条备忘录："今晚要做一个美美的新娘喔。"她这才想起她的婚礼原定在3月4日，因为主动请战支援武汉，婚礼取消了。到武汉后，每天只关注排班进舱时间，要不是之前预定婚礼时设定了备忘录，她早就忘了。曹曼现在是患者眼中亲切的"小曼护士"，她把病人当作自己的亲人，经常主动问他们有什么需求，只要她能做到的她一定尽全力去做。甚至自己有什么好吃的，都带去分给患者们吃。

至于推迟婚礼，她说一点儿也不后悔。她觉得她最骄傲的就是能成为厦门市援鄂医疗二队的一员，与队友们一起为病人喂药、翻身、拍背、擦洗、换点滴、打针、倒便盆、喂饭，虽然辛苦，但看着那些重症患者一天天好起来，越来越多的病人陆续出院，真是满满的自豪感。虽然现在脸上被防护用品压得"惨不忍睹"，但她相信，很快会好的。回厦门再补办一个婚礼，一定还是一个美美的新娘。

她记得有位85岁的患者，刚入院时已是白肺，几乎不能动，上卫生间都需要护士搀扶，医生给他进行药物治疗，并使用无创呼吸机。医护人员予以精心护理，每顿饭都给他喂食，后来病人一顿能吃好几个包子，不到一个星期就出院了。

还有一位36岁的男士，除了感染新冠肺炎，自身还有心梗，安装了临时起搏器。这种情况给护理带来了很大的难度，但在医护人员共同努力下，他也奇迹般的好转了。

再有一位有精神病史的患者，面对病情十分恐惧，失去安全感，一晚上每隔15分钟要喊一下护士。二队的护士们并没有因此不耐烦，而是主动安慰他，像小孩子一样哄他，按照心理专家的建议，找党员护士来和他谈心，直到他安静入睡。后来他出院告别的时候，拉着护理过他的护士的手久久不松开。

厦门医疗二队的护理团队还护理过瘫痪的新冠肺炎病人和每天都要做血透的新冠肺炎重症患者，这些患者都在她们无微不至、亲人般的护理下得以康复出院。

凡人之躯，比肩神明。从开始的不敢进舱，到后来的争着进舱，从害怕到独当一面，从不自信到自信，韩秋英说"孩子们"长大了，每个人都能挑起肩上的重担了，而且干得非常出色。

厦门医疗二队的这些"孩子们"在抗击疫情的战场上即战胜了病毒，又锻炼了自己。队员都说，在武汉50多天，作为厦门市援鄂医疗二队的一名队员，在尹队的信任和韩队等无微不至的关心下，他们得以淬炼，

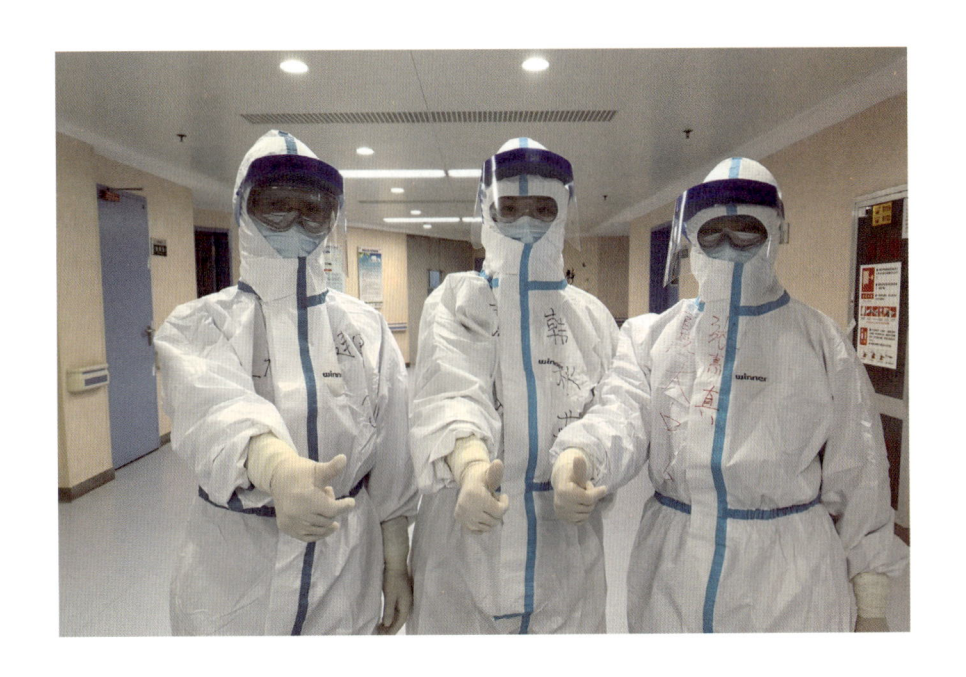

得以成熟，懂得了人生的价值，懂得了医者的博爱。而在一个多月以前，他们中的许多人连牛奶都不会煮，问韩秋英牛奶怎么不是热的是凉的，因为他们在家都是喝父母煮好的牛奶。他们也不会做饭，于是，厦门医疗二队就组织厨房美食大赛，韩秋英亲自教他们炒菜，后来一个个都炒得有模有样的。韩秋英说组织这些活动实际上也是给他们心理支持，让他们尽早克服恐慌和不安的情绪，分秒必争，与死神赛跑，致敬自己的青春。

凝聚青春正能量，众志成城战疫情，结果自然是圆满的。这些抗击新冠肺炎疫情的年轻勇士们，都经受住了血与火的考验。韩秋英在心里给他们打100分。

四

世间其实并无英雄，也无所谓资历和年龄，只要倾尽全力，在国家危难之际，敢于挑起千钧重担，不计报酬，不畏生死，为国为民分忧，为众人抱薪者就是英雄。

韩秋英除了是"孩子们"的"妈",还是厦门医疗二队后勤保障的"管家婆"。如何与后方物资精准对接,如何保证队友们工作和生活需要,她建立了库房清单以及出入库登记表,每一笔调拨和捐赠物资都详细登记在册。她还设立了物资库存预警机制,保证提前 10~15 天向大后方提交紧缺物资申请计划,以保证前线防护用品的充足供给。

同时,韩秋英在驻点一共举办了 3 轮防护技能培训,共 400 余人次接受培训和考核。在忙得团团转工作间隙,韩秋英认真梳理工作思路,及时总结,积极参与撰写新冠肺炎相关论文 3 篇,参与包括国家护理中心举办的全国性线上授课 2 次;还作为全国 21 名护理专家组员,共同参与制定了中华护理学会牵头的《重型危重型新型冠状病毒肺炎患者整体护理专家共识》。

在 52 天里,厦门市援鄂医疗二队累计救治患者 142 人,治愈出院患者 128 人,取得了治愈率名列 17 支国家医疗队之首的优异成绩,光荣凯旋。

回厦门以后,韩秋英要和她的"孩子们"说再见了。有意思的是,当朝夕相处了 50 天的"孩子们"摘下口罩,她却一个也不认识。她只记住他们一双双防护镜下面清澈的眼睛,以及防护服内里汗湿的脊背,却没能记住他们的样子。

但韩秋英知道,他们的样子,就是中国的样子。

# 零距离之外是春天

——记厦门市援鄂医疗二队队员傅建国

文◎张 宇

"怎么回事？讲过无数遍，这是拿自己的生命开玩笑啊！"

同事们从来没有看见过院感科一直比较温和的副主任傅建国发火，但这次他是真的想发火了。

一

傅建国，福建安溪人，中南大学湘雅公共卫生学院流行病与卫生统计硕士毕业后，一直在厦门大学附属中山医院做医院感染管理与预防保健的工作。傅建国个子不高，一说话，两只眼睛里就有笑容，待人接物都比较温和，在一些气宇轩昂、语言犀利的人面前，一不小心很容易被人忽略。但他其实属于那种满瓶水不晃荡的"硬核"人物，踏踏实实地做了十几年的感染防控和传染病管理，其实力不可小觑。有时候别人问他平时都干些什么，他很坦然地调侃自己："上管天，下管地，中间还要管空气。"

没想到一语成谶，这次他之所以想发脾气，就是和这一次防疫战的流程管控息息相关。而这又是大家容易忽视的地方。"我穿好了防护服。戴好口罩，戴好手套，我就是安全的了。"反而忽略了三区两通道的控制，忽视了手卫生落实，忽视了预防气溶胶的传播。

与病毒博弈要看前方，但后方的环境和保障也很重要，甚至有时候比前方更重要。

在傅建国看来，战疫需要的是全流程的管控，关注每个流程，认真落实好每一个细节，人人都要成为狙击病毒的堡垒。

2月9日，厦门市援鄂医疗二队整建制接管同济医院光谷院区E3区重症病区，二队领队尹震宇副院长根据当时面临的防护服穿脱不规范而面临的风险，立即调兵遣将，十万火急增补"院感"专家赶赴武汉。于是，傅建国一刻也不敢耽误，在接到通知后的2月13日火速到位，第二天就到病区进行巡查。

他通过视频监控，果然发现一些问题，一个年轻同事的动作引起他的高度警觉。可能是在隔离病房里工作了太长的时间，又饿、又累、又困，这位年轻同事一进入缓冲间就松懈下来，下意识地把鞋套一下子扯下来，脱防护服也没有分里外层，一把抓住就急急忙忙一股脑地往下拽。

这在别人眼里也许是不经意的细节，但逃不过干了多年感染防控专业的傅建国的火眼金睛。他知道这样做，不仅外层的病毒会污染到内层，还会增加气溶胶产生的风险，一旦出了纰漏，后果不堪设想。

当时抗疫处在"胶着"状态，与病毒的较量近乎血战，几万名白衣天使正在用自己的生命阻截疫情。而傅建国的使命，就是牢牢地站在他们的身后，保他们平安，护他们周全，以确保这场战役攻坚战能取得最后的胜利。

所以，他不仅在现场发了火，还在当天的指挥部会议上，严肃提出了批评，同时在医疗队里面发出了提醒，敲起了警钟。

他认为，目前所有援鄂医疗队面临的是"零距离作战，空气中绞杀"的严峻形势，必须严格按照防控的要求，一丝不苟，认真执行，生命攸关，不能抱有丝毫的侥幸心理。

从2月14日到武汉那天开始，傅建国不仅每日反复苦口婆心地"唠叨"，还亲自把穿脱防护服的步骤贴在墙上，形成制度，写进流程让大家规范操作，杜绝感染。

作为一名感控专家的傅建国，和病毒打了十几年交道，深知其中的凶险。而这次的新冠病毒更是来势汹汹，邪恶莫测，是个很危险的对手，所以他十分清楚这些防护用品对深入传染病区治病救人的医务工作者来说，几乎就是关乎生死安危的防线。

尹震宇领队对他的唯一要求是要让医护人员像穿着盔甲一样去和病毒搏杀，要万无一失，不能有丝毫的失手。干什么吆喝什么，守住这一道生命的防线，也正是傅建国多年为之努力的职责所在，尤其在这场没

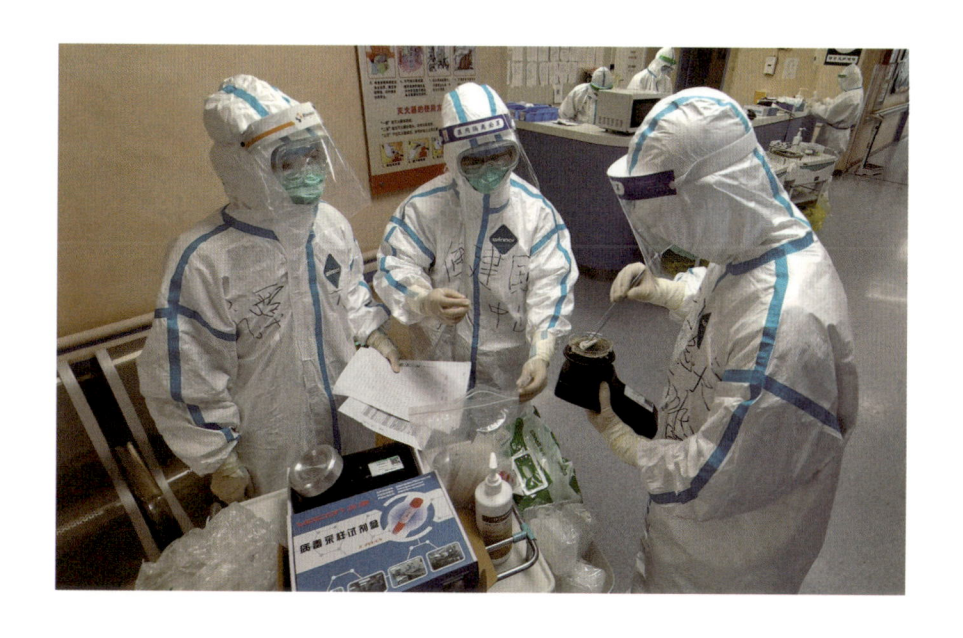

有硝烟的空前残酷的硬仗中，更容不得他出半点差池，他必须严防死守，别无选择。

二

为了这一切，傅建国默默告别了年迈的父母和两个幼小的女儿，把家全都"扔"在爱人纤弱的肩膀上，毅然出征。

傅建国的父母亲已经年过八旬，两周岁的小女儿也都跟着爷爷奶奶，家里老的老、小的小。父亲长期患有慢性肺气肿，去年因为病情加重还住了两次院；母亲患有糖尿病，需要长期用药。老家地处偏远的小山村，开药、购药很不方便。傅建国接任务后走得匆忙，又是瞒着父母，他也不知道父母备药是否足够，血糖是否能控制好，这些都来不及准备。自古忠孝不能两全，望着年迈父母佝偻的身影，傅建国只能在心里对父母说一声对不起。

其实早在疫情发生初期，傅建国凭借多年工作经验和职业敏感性，就已经组织重点科室学习秋冬季节呼吸道传染病防控知识，尤其是不明原因肺炎的处置流程。

随着疫情的发展，1月22日，厦门有了第一例新冠肺炎确诊患者，接下来的情况不容乐观。傅建国越来越担忧，更是提前进行了"热身"性质的"实战演习"。

他在医院疫情防控领导小组的安排下，开始有目的地组织各种培训、演练。

在什么情况下需要穿戴哪些防护用品；防护用品是否符合标准，是否规范使用，尤其是防护服怎么穿和脱；预检分诊怎么做，患者就诊、检查、检验路线怎么走；怎样才能避免交叉感染；患者使用后的物品怎么处置，环境怎么消毒等等，在傅建国的培训和演练中都有涉及。总之，能想到的他都先在脑海里过一遍。他知道到疫情战场是什么情况都可能发生的，既然是阻击战，就不能没有准备。

医院隔离病房开始使用后，傅建国更是天天泡在医院，强化医务人

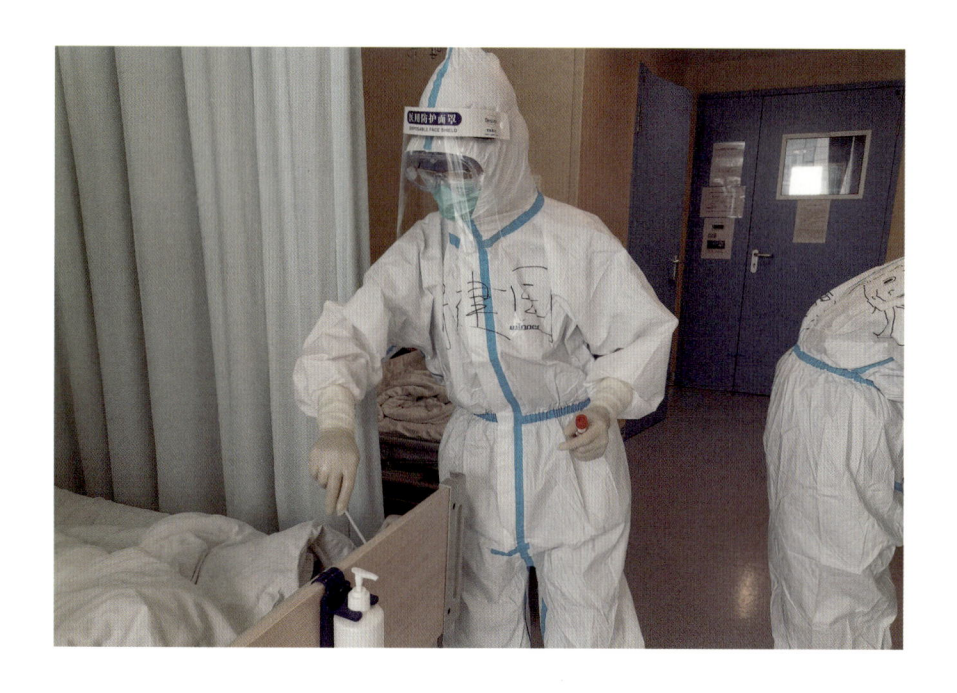

员穿脱防护用品的培训，进一步梳理优化流程。除夕当天，是隔离病房开始使用的第二天，他还不放心，把隔离病房的三区两通道按照不同颜色予以标识。各项流程、制度和措施都落实到纸面上，医务人员防护用品穿脱的规范都要全部落实到位。

傅建国连年夜饭都是跟隔离病房值班人员一起吃的。年夜饭挺丰盛，但傅建国吃不出味来，武汉的疫情迅速蔓延让他夜不能眠、食不甘味。

得知医院组织援鄂任务后，傅建国在第一时间递交了请战书。他认为现在武汉疫情危急，急需传感专业人员驰援，他义不容辞。三两句话，没有水分，表白心迹。第一批走了，没有他，但他相信他绝不会与这场抗疫大战失之交臂。

果然，2月12日晚上7点左右，傅建国在医院忙完一天的工作，正准备回家的时候，接到支援武汉的通知，并且要求立即出发。

傅建国什么也没有说，带着对父母、妻小的内疚，踏上了厦门飞往武汉的航班。飞机起飞的那一瞬间，他握紧拳头，对自己说："加油，傅建国！"

## 三

　　同航班随行的防疫物资达 11 吨，傅建国深知这些防疫物资对于医务人员和病人的重要性。为了三支医疗队的物资能够准确、及时抵达各自的驻地，与死神抢时间，与疫情抢生命，到达武汉天河机场后，傅建国主动留下来负责物资的清点、分装。当最后一件物资进入驻地库房时，已经是晚上 7 点了。

　　夜深了，傅建国和厦门市援鄂医疗二队的同事们住在离病区 6 千米远的一个公寓酒店里，感到异常的静寂和寒冷。如果说他过去对抗疫的感觉在鹭岛暖阳下的"热身"还是温热的，还有"演"的成分在里面，那么此时的"战场"迫使他褪去所有的想象而变得冷静坚硬，他知道他要和新冠病毒零距离、面对面地交手了。

　　第二天早上，傅建国乘坐 7 点 30 分的班车到达病区。一出门，就深深感受到疫区一线的紧张气氛。

　　酒店门口都搭着几个帐篷，用于统一放置医务人员从疫区回来以后外出的衣服。而在光谷病区，所有病房采取了最严密的隔离措施，里面设置了四间缓冲间，用于穿防护用品的分区脱卸。由于有严格规定，从病房出来需要半个多小时，一步都不能走错，每一层防护服也得按顺序脱，严防外层的病毒进入到内层。

　　傅建国到武汉的第一天，就发现一些队员在防护上存在的问题。

　　在清洁区的空气中除了空气消毒遗留的臭氧味道外，他还闻到有一丝透明胶带的化学味道。对此，他有些困惑，这气味从哪里来的呢？

　　经过仔细观察，原来一些医务人员在穿戴好防护用品后，都要再使用透明胶把护目镜、手套、靴套跟防护服贴在一起，甚至连口罩上也要贴一条，很不规范。

　　原因是厦门市援鄂医疗二队的医务人员来自 11 家医院的不同专业，包括 3 家专科医院，3 家民营医院，90% 以上没有穿着防护服治疗病人的经验。再加上环境改变，压力剧增，对防护和消毒信心不够，不少队员以为捂得越严实越安全，一个个像包粽子一样，一层一层地把自己裹得密不透风，出了隔离病房恨不得全身用消毒液泡一遍。回到了驻地，各种喷洒，各种消毒，在心理上产生一种过度防护依赖症，无法摆脱。

由于心理、生理负担太重，又防护过度，许多人已经感到不适。

一些队员因为穿了用消毒液泡洗过的衣服，造成皮肤大面积过敏。一位下夜班的队员在工作中感到恶心，还没来得及出隔离病房脱下里层的防护服就出现了呕吐，只好在第四缓冲间脱掉口罩，造成了暴露的风险。

傅建国高度重视，立即汇报领队、科主任、护士长，同时了解事件发生的过程，对暴露的风险进行评估、分析原因，并按照报告流程报告院区，启动职业暴露应急处置预案，给予预防用药及必要的隔离措施。由于措施及时，没有造成本人和其他人的感染。虽然如此，傅建国并没有松口气，而是真正意识到了这场抗疫战争的艰巨性和自己肩上的担子有多重。

四

为了在队员中树立科学防控理念的重要性和紧迫性，傅建国第一时间跟院区院感科进行联系沟通，同时以身作则，到武汉的第二天就进入隔离病房，找到医护人员穿脱防护服存在的问题，了解隔离病房的流程，现场纠正，示范防护用品的规范使用。

比如从病房出来，经过那四个缓冲间和一个防护用品存放室时的注意事项；18次洗手的步骤；哪一个房间脱哪一层防护用品，哪一次洗手用什么消毒液都有严格规定，所有人不能越雷池半步。

傅建国和护理部的韩秋英主任及队里的健康督导员组成防护培训小组，定期开展全队人员的严格培训。他要求全队人员掌握消毒隔离知识、隔离病房三区的划分、护理人员防护流程、隔离病房医疗垃圾的处理、病人生活垃圾、排泄物的处理等。在驻地开展多轮防护流程训练，初期要求人人掌握、人人合格后方可上岗，中后期强调防护意识再深入，注重细节和优化后的流程再培训，后期则突出视频和现场督导存在问题多的个人和关键流程的培训。全队共开展三批次400余人次的穿脱防护服培训，共计500人次接受脱防护服现场及视频监督。

这期间，傅建国有一句"名言"，叫作"不该走的地方坚决不走，不该做的动作坚决不做"。

采访者问过他不该走的地方是什么地方，不该做的动作是什么动作，傅建国回答："不该走的地方主要是其他防御区和隔离区，不要以为自己穿了防护服就可以畅通无阻，这样自由行走仍然会传播病毒，增加疫情的扩散。不该做的动作是不能重拍自己或是队友的肩以及后背，这样也会造成病毒'飞扬'，再一次蔓延。"

在感控核心组例会的讨论上，傅建国每天都"婆婆妈妈"地反复唠叨：防护用品不得离开相应区域；戴好口罩后要进行密闭性检查；严格做好手卫生；使用防护用品动作要轻柔缓慢；不得在口罩上贴胶布；不得聚集饮水用餐；不需要常规簌口，不常规消毒鼻腔、外耳道；不要对个人衣物喷洒酒精等消毒液……

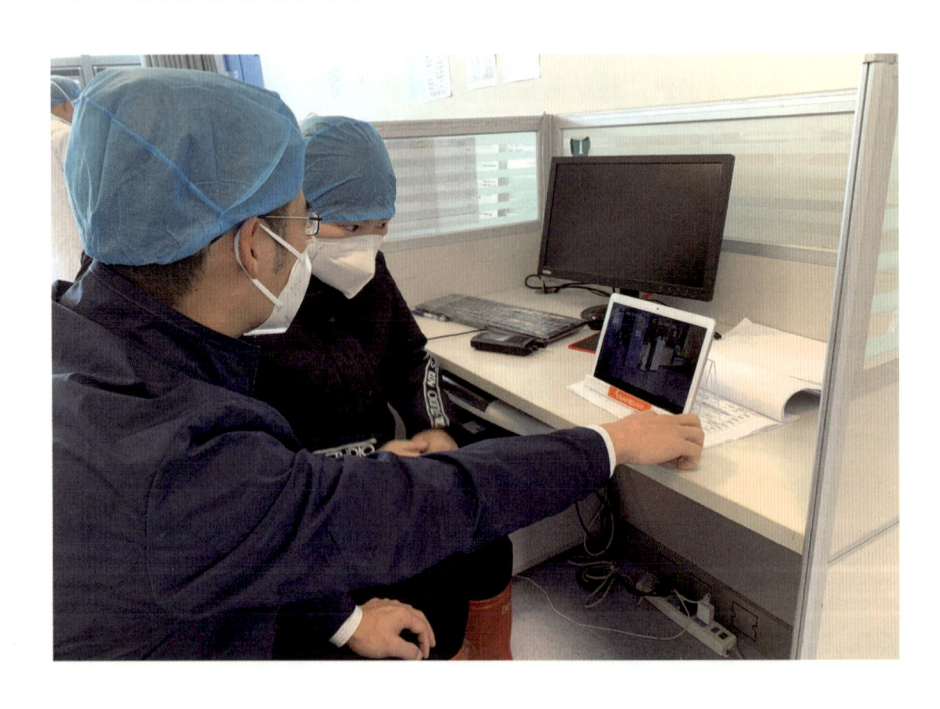

为了把这项工作落到实处，不走过场，傅建国在领队的支持下专设监督员。这些监督员每天守在监控面前，记录医护及其他人员每天穿脱的防护服的过程，及时发现问题，及时纠正，防患于未然。

功夫不负苦心人，经过多次严格的培训和实战训练，队员们熟悉了病区防护流程，大都能比较规范地穿脱防护服，动作也越来越快，甚至称得上是越来越"潇洒"。

五

傅建国发现新的问题又来了。随着抗疫战斗不断深入，医护人员有了一些防控的经验，穿脱防护服的动作已经非常自如和流畅。但往往这个时候特别容易使人麻痹大意，比如只凭感觉做事，而疏于流程管控。

从口罩到面罩，穿戴防护用品一共有十几道程序，尤其是脱防护用品，每脱一层就要进行一次手卫生的规范流程。然而，有的队员在"娴熟"之中省略掉了。另外，随着武汉气温上升，队员们身着几层防护，里面全是汗，太热，受不了，有的在重症病房里忍不住把头套取下来扇风。

傅建国意识到这是一个危险信号，不能掉以轻心，必须立即提醒大家引起高度警觉。于是，他再次强化培训，发出"内外夹弓大力腕""所有动作轻柔缓慢""里外层避免交叉"等15条温馨提示，提醒队员们重视流程管控，不要因为自己的麻痹大意前功尽弃，给医疗队带来无法弥补的损失。

关注防护服的安全其实是关注医疗队的安全，队员的健康是医疗队最为关注的焦点。在抵达武汉初期，气温骤降，天气寒冷，出现了大雪天气，有队员因从厦门过来不适应这严寒的气候，出现发热、咳嗽等症状，其中一人甚至高烧不退。见此情况，傅建国心里焦急万分，意识到队员们健康监测的重要性和必要性。

2月14日，也就是他到达武汉的第二天，傅建国立即提出建立健康监测制度。为避免密集型感染，体温计发到个人，每天监测体温两次；同时，监测咳嗽、咳痰、胸闷、乏力、腹痛、腹泻等呼吸和消化道症状以及皮肤损伤、职业暴露风险等，并根据实际情况进行调整。

监测的第一天，就有发热 1 人，咳嗽 4 人。傅建国在医疗队指挥部会议上汇报后，成立医疗队健康监测处置专家组，专家组由呼吸、消化、心脏、心理、皮肤专业的专家组成，对每天上报情况进行评估处理，必要时联系院区进行筛查。在武汉开展监测的 48 天，共监测 11066 例次，处理呼吸道、消化道、皮肤损伤等症状 259 起，进行筛查 9 人次。在实现患者归零的同时，厦门市援鄂医疗二队未发生一例感染，保障了这支有生力量在抗疫战场上无感染、无减员。

在 52 天里，厦门市援鄂医疗二队累计救治患者 142 人，治愈出院患者 128 人，取得了治愈率名列 17 支援鄂医疗队之首的优异成绩。

厦门市援鄂医疗二队取得多项成绩第一离不开医疗、护理、感控及后勤保障的紧密合作，作为感控组组长的傅建国由此感到欣慰。病毒隔离不了人心。他在零距离的生死阻击中，"躬身入局"，以自己的专业知识严防死守，为武汉的春暖花开、为厦门市援鄂医疗二队取得的这枚军功章尽了自己的心血和力量。

# 兰之猗猗　扬扬其香

——记厦门市援鄂医疗二队病区行政主任陈兰

文◎张　宇

春天，本是"京口瓜州一水间，春风又绿江南岸"的季节，但今年疫情蔓延，武汉告急，一场没有硝烟的战斗已经打响，四万多白衣战士舍弃家人，坚毅逆行，从四面八方星夜驰援，会师武汉，厦门市援鄂医疗二队的病区行政主任陈兰就是其中一个。在平时，她的身份是妻子、母亲、女儿，但此时，穿上防护服，她和队员们就是一个战士。

一

在我的印象中，医生，特别是高学历的副主任医师级别以上的女医生，大多皮肤白皙，神情严肃，不苟言笑，总是穿着白大褂悠然独行的高冷范儿。所以，对于本次的采访对象——厦门市援鄂医疗二队的病区行政主任陈兰，事先也有这样的想象。

陈兰是德国柏林洪堡大学夏洛蒂医学院医学博士，在柏林待了整整三年，主攻肾内科，按理说和新冠肺炎风马牛不相及。但是医院在抽调骨干去杏林新冠定点医院和千里驰援武汉的厦门医疗队的派兵布将中，大家都不约而同地第一个想到她，连她同属中山医院胸外科的丈夫亲自打电话要求替换都没成功。

不由揣测，这是一个怎样"幸运"的人呢？

见到她本人，并未觉得特别强势，反倒像是比较随和的那种人。我注意到她涂了一点唇膏，颜色不是那种夺目的亮，而是呈现出一种知性绽放的外柔内刚。谈吐间有思路、有决断，如同她的名字，传递出一种"兰之猗猗，扬扬其香"的信念和力量。

后来通过了解，陈兰虽然不是呼吸科和重症科专业，但她务实认真，具有很强的协调能力和学习能力，在面对突发的局面和相对陌生的领域，具有很好的应急能力和把控力。

陈兰是福州人，福建医科大学内科学肾脏病学专业硕士研究生毕业。福州离厦门其实不远，但也五年没有回去过年了。今年本来有一个机会，和父母约好大年三十不见不散。

1月22日，已经是除夕前一天下午4点。

也就在这个时候，医院召开了新冠肺炎疫情工作紧急部署会议，会上通报了疫情蔓延的最新情况。紧急、隔离、封城、驰援等这些词汇频频出现，局势好像不容乐观。

散会后，陈兰内心很不安，她意识到接下来的事情一定和医务人员有关。突然，医院医务部彭主任的电话打了过来，说院长找她有个很重要的任务。

陈兰马上返回。尹震宇副院长神色凝重："经研究，杏林医院已确定为厦门市新冠定点医院，现在医院需要立即派一个医生和一个护士去杏林医院支援，我们能想到的最合适的人选就是你了。但新冠病毒传染性强，会有风险，所以需要征求一下你的意见。"

陈兰毫不犹豫地说："感谢信任，我听从医院安排。"

后来情况有变，陈兰没有去杏林医院。

她顺利回到福州，但第二天就返回厦门。在父母担忧和关切的眼神中，与其说是团圆，不如说是"告别"。

在等待与忐忑中，陈兰去了中山医院的感染病房，提前"热身"。这个时候，她觉得她和新冠病毒面对面的"绝杀"可能会是她人生的宿命。

2月8日上午，陈兰在微信朋友圈看到一则全国各地医疗队会师武汉的消息，进一步激发了战胜疫情的斗志。她认为，这是一个千载难逢的学习机会，如果能去武汉，那是自己的骄傲。

事情也巧，晚上10点，科室主任关天俊来电，他急迫地说："医院通知，我们科要出一名医生去武汉，明天就出发，你看下安排谁，怎么谈话？"

作为科室副主任的陈兰当即回答："不用找别人了，我去吧。"

关天俊主任以为听错了，追问一句："确定吗？"

陈兰回答："确定。"

"那我就上报了。"

"好，我去整理行李。"

一切来得这么突然，但又在意料之中，并没有出现想象中会有的一些大起大落的情绪。

丈夫得知妻子明天去武汉，非常吃惊，半晌没说出话来。当他反应过来，又做了一件让陈兰吃惊的事情。他说："不行，我去。"

陈兰当时反而吓了一跳，马上说："医院说要内科的，不需要外科的。"

但丈夫不由分说，马上打电话给医务科，说能否换成他去。对方坚持原来的决定。

丈夫无奈，只好帮着收拾东西。细心体贴的丈夫还去超市给她买了两套保暖内衣、两包纸尿裤，陈兰心中暖暖的。

想到明天会走得很早，陈兰轻手轻脚地走进房间，想看看十岁的女儿，提前给她说声再见。

女儿已经醒了："妈妈，我刚才好像听到你说要去武汉？"

"是啊，明天就走，不知道什么时候回来，可能要一段时间。妈妈会想你的噢！"

"妈妈，记得带上我的照片，想我的时候可以看看我的照片。"

这些年，每次陈兰外出，女儿都会在她的行李箱里塞上自己的照片，怕妈妈把她忘记了。其实小姑娘挺坚强的，后来她联系妈妈，说现在她理家，爸爸归她管，要妈妈放心。

## 二

2月9日上午，陈兰到办公室把她保管的科室内的所有钥匙都统一上交，还把手上一些没有完成的大小事情都托付给其他医生。过去她出差或是休假从来没有这样啰唆，但这次她意识到，可能会发生点什么。但哪怕是牺牲，她也不会停下脚步。

在机场，厦门市委、市政府的领导来为"最美逆行"者送行，希望所有人"零感染"，早日平安还乡。找了个空闲，陈兰给父母发了一条信息，告知他们自己要去武汉。尽管心里有许多话想说，却只发出去"放心"两个字。

下午3点，飞机到达武汉天河机场。陈兰朝外张望了一下，除了厦门医疗队的人，没有其他人。仅有的工作人员都穿着防护服，全身上下遮得严严实实。机场的上空天色黯淡，冰雪未融，寒意逼人。一切好像被新冠病毒的魔掌重重地按下了停止键，生命的沸腾和喧嚣都消失了。

一道同风雨，江城是吾乡。陈兰感到内心有一种疼痛。

驻地其实是一个公寓住宅，大多数服务员都走了，只剩下4个工作人员。领队的车坏在半路，无法及时赶到。陈兰自告奋勇站出来和酒店对接，取房卡、分房卡、指挥大家入住。晚上8点，她又安排所有人通过仅有的两部电梯搬运行李，直到晚上10点才结束，整个人几乎累晕过去。

2月10日上午8点，陈兰第一次来到医院。路上，她得知自己被"临危授命"，担任华中科技大学附属同济医院光谷院区E3-9重症病区主任。当时武汉医务人员有3000多人感染。陈兰在此时接下这副重担，可谓是"受任于疫情之际，奉命于危难之间"，但她没有丝毫犹豫。

作为白衣战士，治病救人，护佑生命就是职责所在，就是使命和担当。她当年考上福建医科大学，就在校园内的希波克拉底塑像前宣誓，要做人民的好医生。这次虽然有巨大的压力，但对自己也是一种挑战。陈兰坚信"乌云不可遮月，疫情不可挡春"，哪怕用自己的生命去打这一场阻击战，也要和新冠病毒拼一拼。

当天晚上，50名重症病人和危急病人要交到厦门医疗二队手上，需要陈兰立即排班，确定第一批进病区的医务人员。如何排？谁进？几个人进？几小时一班？陈兰有点紧张，手心里都拽出汗来了。

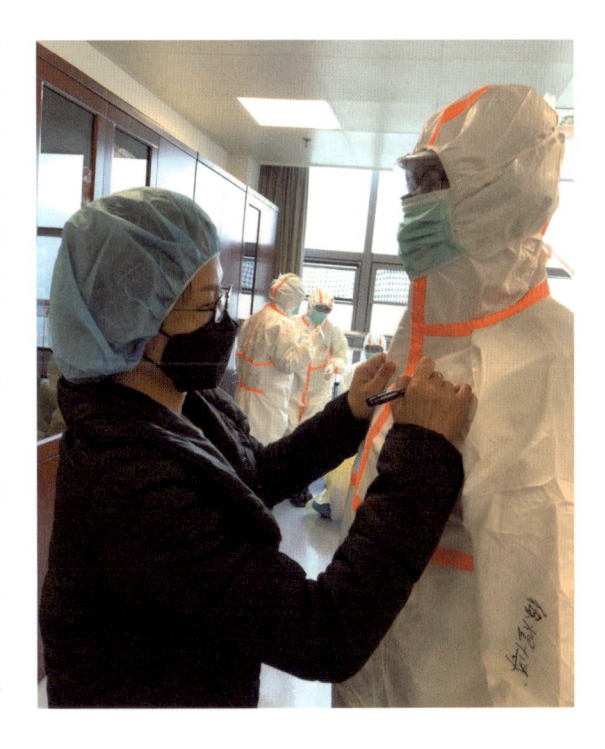

作为医疗队的病区行政主任，陈兰到武汉就进入光谷病区，当时的感控主任和护理领队还未抵达。前两天连续48小时通宵奋战，按照指挥部会议上领队提出的思路来管理医疗、护理和人员进舱的排班，为此她必须保持清晰的思路和准确的判断，尽快熟悉同济医院工作系统、流程、设备配备，比如检验条件、感控管

理、防护服配备等各种细节，最重要的是必须得到第一手资料。

在和领队反复研究后，通过人员摸底，再从素质、职称、资历、年龄、能力等方面进行搭配，选拔出16名超"豪华"阵容的骨干团队，马上进行紧急的强化培训后即刻进入病区。

2月10日晚8点，陈兰带领第一批人员到病区门口，先换上同济医院的工作服，穿在最里层，然后按照墙上的流程，一步一步地穿防护服。由于是第一次穿，比较慢，等全部穿完后，大约花了1.5个小时。穿完陈兰不放心，逐个从上到下检查，确信安全之后，再逐个在防护服的前后都写上单位和名字。

记得那时抗疫电视节目里经常有这种镜头画面，大部分观众只觉得新奇好玩。但陈兰说："我记得写名字时我哭了，眼泪一直不停地流下来，控制不住。因为真的不知道病区里面是什么情形，我就把我的队员就这样送进去，真的非常担心和恐惧。我真的很佩服她们。记得有一句话很流行：'当我们每每感叹岁月静好的时候，可曾想过是有人在为我们负重前行？'过去我对这句话印象不是很深，但这次在武汉抗疫期间，我是真的有体会了。"

三

2月11日凌晨1点30分，陈兰下楼去院区门口送第二班的医护人员进舱，同时接第一班的医护出舱。出舱非常严格，要经过四个缓冲间，一层一层地脱防护用品，一共要洗18次手。

由于提前准备，一切进展都在陈兰的掌控之中。正当她以为可以去安排下一个阶段工作的时候，意外出现了。

2月11日凌晨3点，一个医护人员在病房里呕吐，冲到缓冲间扯下口罩，把自己暴露在病毒感染的环境中。医护人员紧急处理后，将其送去隔离14天。这还没有真的刺刀见红，队伍已经自动减员。

陈兰的心情很不好受，但容不得她多想。接下来，除了查找、分析原因以外，她还要排出第三班、第四班、第五班……由一个个招之即来、来之即战，不畏生死，前赴后继的医务人员组成的攻坚堡垒，与病毒展开正面阻击。

2月11日清晨7点，陈兰下楼接第三班的医护团队，她宣布："一定要审核合格了，我才会写上医院和名字，才会让你们进去。"陈兰想尽自己所能，成为一道隔绝病毒的屏障，让队友们安全地、无后顾之忧地进舱与病毒搏杀。

2月11日上午8点，制定病区的管理模式。在过去，各种程序都是既定的，只要按照流程走就可以。在这里，各种流程都要自己制定，而且是马上制定，没有太多时间去思考。

整整48小时，两个通宵，在与疫情赛跑、与死神赛跑的过程中，陈兰一直都咬牙坚持着。采访者曾问过她："你在这52天里面，有没有产生过无助、绝望、崩溃的时候？"

"没有！一分一秒都没有！我绝对不会让我有这种负面情绪，因为我有许多迫在眉睫的问题要解决，有许多生命要及时抢救。我必须保持必胜的信心和饱满的战斗力，这是我对自己的要求。"

身着白衣，心有锦缎。过了最紧张的两天，陈兰心中有了些把握。经厦门二队每晚8点雷打不动的战时指挥部会议讨论，决定为了保存体力，给大家充分休息

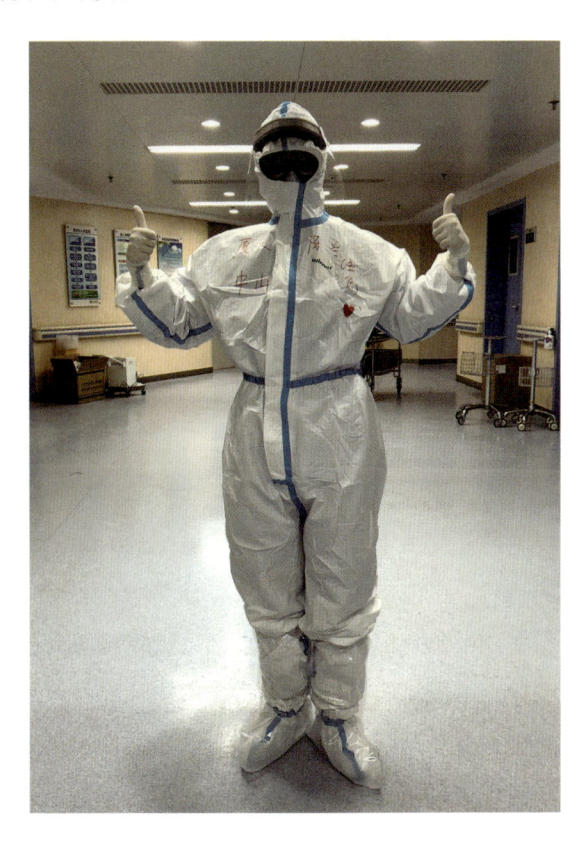

的时间，第三天就缩减医生的数量为每班 3 人，并实行呼吸专业、重症专业及其他专业搭配，每班 6 小时，二线医师负责制；同时，分配了诊疗组，每组医师管 6 张床，实行一对一的精细化管理模式。

由于厦门市援鄂医疗二队是"杂牌军"，大家都是各种不同专业的医生，容易出现八仙过海各显神通，各走各的流程，各用各的治疗方式，给治疗造成混乱局面。陈兰认为必须在厦门医疗二队所辖病区形成同质化管理模式，简单说就是一个新病人进来做哪些检查，用哪些药物，什么时候复查等，都必须达成诊疗共识，统一执行。这样一来，救治水平迅速得到提升。

四

在这次新冠肺炎患者的治疗中，有许多患者兼具其他基础病，给救治带来难度。同济医院每天都举办疑难病例讨论会，全国 17 支医疗队同台竞技，在场讨论的专家都是全国知名的教授、权威人士。这是个很好的学习机会，尹震宇领队鼓励她上去一试身手。

2 月 16 日，陈兰代表病区第一个站在疑难病例讲台前，汇报了厦门医疗二队的第一例疑难病例，没想到这个病例引发了在场专家的热烈讨论。后来，陈兰带领医疗团队坚持做汇报，共计发言交流 11 次，名列 17 支援鄂医疗队之首，引起各方关注，让许多大医院的专家、学者对厦门医疗二队疑难病例的处理刮目相看。

连同济大学的陈孝平院士和同济医院光谷院区院长杨继红都予以高度赞誉，把厦门医疗二队所接管的 E3-9 病区作为样板病区向外推广。

除了全院疑难病例讨论，陈兰还每天查房，在指挥部会议上把危重的患者、困难的患者找出来，让诊疗组讨论、分析，让大家在治疗上落实领队的治疗思路。厦门医疗二队敢于创新，敢于突破，把氯喹羟氯喹、肠外营养支持等新的治疗模式运用到治疗流程中，极大地降低了死亡率。

在光谷病区，上呼吸机是新冠肺炎危重症患者常用的治疗手段，但是厦门二队从来没用过，硬是在上呼吸机之前就把那些危重病人从死亡线上拉回来了，并在 2 月 18 日让两个重症病人率先治愈出院。当时整个光谷院区都还没有制定出新冠肺炎病人治愈出院的流程。

在这次抗疫战场上，为了挽回更多的生命，陈兰从细节入手，以高标准、严要求、精益求精的救死扶伤精神，打造了厦门医疗队医者仁心、倾尽全力救治病人的良好形象。

同济医院的院领导至今还记得陈兰在厦门市援鄂医疗二队办公室墙上挂的那块小白板，上面是陈兰用水笔画的一个表格，时间从周一到周日，写着拟出院、查核酸、查 CT 名单，以及方舱值班表等项目和数据。这种网格化管理让病区所有医护人员一目了然，心中有数。但为此付出多大的心血，只有陈兰自己知道。

陈兰所在的厦门市援鄂医疗二队，在武汉的 52 天战斗中，取得的多项突出救治成绩和队员自我防护成绩：从 2020 年 2 月 10 日接管病区到 3 月 30 日病区患者"清零"，累计救治患者 142 人，治愈出院患者 128 人，因其他疾病转院 12 人，成功救治病危患者 13 人，参与院区疑难、死亡病例讨论累计 11 例，均名列同济医院光谷院区 17 支援鄂医疗队中第一名。病区主任陈兰因表现突出被授予"全国卫生健康系统新冠肺炎疫情防控工作先进个人"。

如今，陈兰已经随医疗队凯旋。一袭白衣麓战，鹭岛满城颂歌。对于荣誉，她说她很感谢领队对她的充分信任，很感谢队员对她的全力支持。荣誉归大家，厦门市援鄂医疗二队个个都是英雄。

而她，生活在继续，仍然有风也有雨，但春色不败，幽兰依旧。

# 悬崖之花

——记厦门市援鄂医疗二队病区护士长张素真

文◎王永盛

张素真从来没想过自己今后的人生里，每一次午夜梦回，眼前挥之不去的，不是她工作了 26 年的厦门大学附属中山医院血管外科，而是离她千里之外的武汉同济光谷院区 9 楼病房，以及那不被时光淹没的 52 个日日夜夜。

在那栋灰色楼宇的第 9 层，仿佛有一个时间黑洞，吞噬了她整个医护生涯的坎坷艰难。张素真的身体离开了那栋楼，记忆却长久地停驻在那里。彼时隔离病区里患者的每一丝呼吸声，如今仍不时在耳畔响起。

一

2019年参加学术活动，张素真曾在武汉待过一天。"当时的武汉非常热闹，生机勃勃，还有很多好吃的。武汉人很喜欢说'蛮好蛮好'，听起来很亲切。武汉人行动干练，说话快，做事情很高效。我也是个急性子，我很喜欢武汉人。"张素真笑着回忆道。

今年再到武汉，张素真却是以另一种方式。2020年2月9日，她临危受命，担任厦门市援鄂医疗二队病区护士长。当天，湖北省的确诊病例是27100例，武汉超过了15000例。

面对突如其来的疫情，张素真想过可能会来支援武汉，但没想到这一天会到来得这么快；也想过身为护士长要做表率，但没想到要管理一整个病区和100人的护理分队；也想过工作起步会非常困难，但没想过是如此举步维艰……

行李还没有放下，命令已经下达。仅不到三个小时就要踏入战场，时间的紧迫让她瞬间绷紧了神经。她要从100名护士中迅速排班选出24人，作为当晚的首战人选。

三个小时内要让护士顺利上岗，需要克服四个难题：第一，不熟悉团队人员的能力；第二，面对环境陌生，不了解医护流程；第三，对人数存有疑虑，寻常晚班只需要两名护士，而这次需要24名；第四，也是最重要的一点，绝大部分医护人员没有穿脱隔离服的经验。

张素真在短暂的心理调整之后，迅速想到了对策。她让十家不同医院的领队，在各自队员里按照比例挑选，再由领队提交名单。确定第一班医护人员名单后，她们在晚上8点钟就到了医院，开始培训穿脱防护服。

羸弱的肩膀要撑起无法想象的责任与希望，这些稚嫩的面孔和娇小的身躯，被防护服和口罩、护目镜层层遮盖。也只有武装到病毒无孔可入，才能让张素真感到踏实。

"一套防护服，穿上、脱下再穿上，不知穿脱了多少次。每一个人都不敢大意，因为这套衣服是她们最核心的保障。"为了保证密闭性，护目镜和口罩边缘要紧紧压实，还用胶带粘牢。不久，这一张张稚嫩的脸上，都将布满深深的勒痕，甚至红肿、水泡和溃疡也将出现在原本俊俏的脸庞。

当 24 个臃肿的背影笨重地走进污染区的通道，慢慢淡出张素真的视线，她发现自己脸上不知什么时候浸满了泪水。护士们脚步轻缓，但每一步都踩出了坚定。"勇敢是处于逆境时的光芒。"那一刻，张素真重新定义了勇敢和悲壮。

目送第一批勇士们进病房后，张素真让剩下的护士继续练习穿脱防护服。她拿来纸笔，把所有 100 人的名字都写下来，按照 24 人一组的标准，继续排班。

时隔多日，张素真回想在武汉的第一个夜晚。"我忘了自己有没有上过厕所，有没有吃过饭。只记得当时没有电脑，在跟各个医院领队了解每个护士的情况后，手写名单排班，赶在天亮前完成全部排班工作。"

那一晚，张素真一直守在同济医院的清洁区。通过那里的监控屏幕，她可以看到隔离病区里所有人的状态。那扇隔离门和深邃的走道是两区的分水岭，好似无法跨越的鸿沟，但张素真知道，巨大鸿沟仍无法隔挡她的无尽牵挂与忧思。

好在，污染区内还有五位老师在指点第一班的护士们。"顽强的毅力可以征服世界上任何一座高峰。"而那时候，她们已经连续工作了 12 小时。"在灾难面前，她们的敬业精神已经不仅仅是美德，而是与死神致命搏击的正面抗衡。"张素真这样评价。

## 二

1994 年 7 月那个炽热的夏天，张素真从厦门卫生学校毕业。尽管只是一个中专毕业生，她却从来没有放弃过学习和进步的念头。皇天不负有心人，她通过努力自学，先后取得了福建医科大学专科和本科文凭。

26 年来，她在工作中不断学习、成长，直至蜕变。除了提高自身学历之外，张素真每年都逼自己学一门技术，考取相关证书。1998 年以来，她分别取得育婴师、催乳师、保育员、心理咨询师资格，并获得了国家育婴师、保育员考评员的资质。她是福建省海峡医药卫生交流委员会血管外科专业委员会委员、中国微循环学会周围血管疾病专业委员会护理专家委员会第一届委员、厦门市护理学会第八届理事会外科护理专业委员会委员、厦门大学附属中山医院质量控制委员会委员。同时，她还是国际血管联盟中国分部护理专家委员会委员、第二届理事临床心理委员会副主任、糖尿病足联盟委员。

众多光环与经验加身，在这场战役面前，张素真却与大多数"80后"和"90后"无异——一切都将从零开始。

张素真接到奔赴武汉的召集令后，故作轻描淡写地把这个消息告诉她女儿。正在备战高考的女儿突然变得出奇地安静。知道母亲爱美，女儿站起身来拿了两盒面膜往张素真行李箱塞。"到那里没时间敷面膜的，而且行李箱装不了这些。"张素真说。女儿不情愿地取出面膜，换成两条拉拉裤。

周遭的空气瞬间凝固。如此氛围就像张素真在武汉的第一个夜晚，空气仿佛敏感又脆弱，任何细微的声响都会将其击垮，到处弥漫着担忧、恐惧、焦虑、无端的臆想……

张素真的思绪慢慢拉回现实。

"我们必须别离，但我们一定要完好地重聚。"凌晨的光谷医院清洁区里，张素真一边在心里给自己打气，一边感觉自己像是赤足行走在冰凉的大理石地面上，毫无实感，患得患失，灯光也好似也变得昏暗异常。

天，怎么还不亮啊？

终于等到了早上8点钟，澄澈柔和的曦光撒在陆续走出的24个年轻脸庞上。经历了一整夜与死亡搏击之后的她们，紧张与恐惧已经慢慢消失，取而代之的是无法掩饰的疲惫。

"真正的坚忍是当一个人无论遇到什么灾祸或危险的时候，他都能够镇静自处，尽责不辍。"一张张年轻的脸上爬满了略显可怖的勒痕，那是无私付出、坚韧不拔烙下的勋章，让张素真永生难忘。

换好防护服的张素真与第二班的队友们一同走进了感染区的病房。

就在到武汉的第一个漫长的夜晚，张素真在冰冷的走廊里暗暗做了决定："我每天都要跟她们一起进病房！"她没给自己排班，而实际上，每日轮值的名单上，她的名字又无处不在。

她这样做，既是为了鼓舞士气，也为了以身作则。仅仅从隔离区的小窗里监视走廊，从监控屏幕上观察病房，这些根本无法减轻张素真的心理负担。

面对未知的病毒，每个人都会感到害怕。张素真说："队里年轻的护士很多，我看见她们就像看见了我的女儿，所以我很心疼她们，也很理解她们。我每天都进病房就是为了要让那些孩子知道，我每天都能在她们身边，我要减轻她们的恐惧。"

进了病房之后，她马上理解为何需要超出平时这么多倍的护理人员。"穿着隔离服整个人会变得很笨重，走不快，视线也很狭窄，工作效率变得很低。"就连最简单的护理工作，也因为戴了两三层手套导致手指变得笨拙，动作变得很缓慢。

而且一线护士工作的范围极其广，没有护工，患者也不能接受家属照顾，所以除了正常的护理工作，她们有时还要负责喂饭、喂药、帮忙如厕等日常琐碎的工作。

时间一久，张素真的业务水准便体现得淋漓尽致。她对每一个病人都很上心，会详细记录下她们在不同时间的状态。她常和其他护士说："我们来了也没有地方去活动，整天关在屋子里面还不如把这个精力用在去病房看病例。"

把每一件简单的事做好就是不简单，把每一件平凡的事做好就是不平凡。渐渐地，她提供的信息受到了全体医护人员的欢迎。在厦门市援鄂医疗队指挥部的微信群里，人们纷纷夸赞："张素真提供的信息总是最多最全的。"

医生和护士紧紧连接在一起，才有更好的治疗思路。拥有了良好的配合，病房里的紧张正悄然退去，剩下的只有愉悦和信心。"我们团队里有两个人很会画画，她们都在隔离服上画，有很多小吃、有建筑物、有卡通……我们团队的隔离服是最'缤纷'的。"说到这里，张素真脸上才开始有了轻松的笑意。

但是，春风得意之时毕竟是少数，就像每日走出病房时最美好的晨曦，也只不过停留短短的一瞬。更多的问题和压力，仍然需要她这个护士长一个一个去攻克。

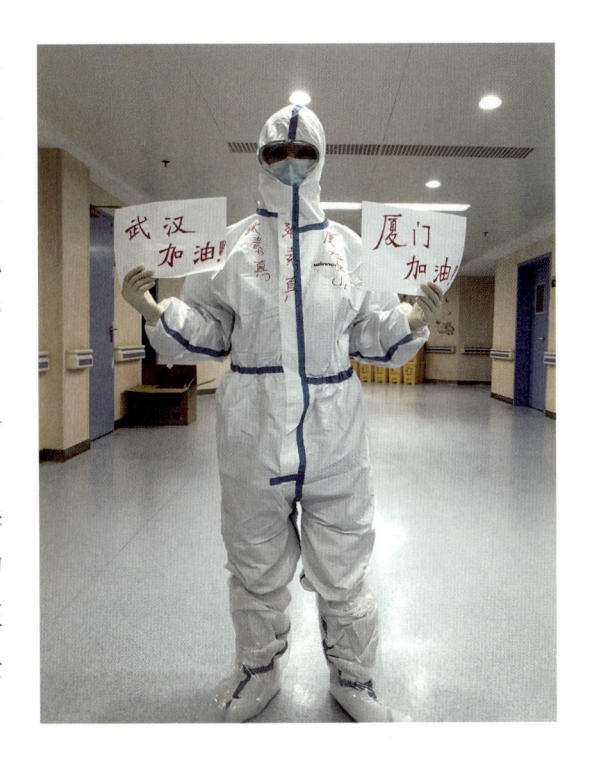

## 三

排班时张素真考虑得非常全面，每个班次都有一个组长，再把24个人按照男女搭配或者以老带新的原则分成12组，两人一组进病房。这样安排，既能够在穿脱防护服时互相帮助和监督，又可以及时观察组员是否存在不适症状，还能在护理过程中有个照应。

有一天，一个高个子男护士从病房慢慢走到了护理站的椅子边，瘫坐下来，耷拉着头。等到组长发现他的异常时，男护士已经来不及跑到安全房间去吐，而是直接呕吐在口罩里了。

经过后续治疗，心理医生说他是"惊恐发作"。于是，这个小伙子被迫隔离观察了14天。他感到十分自责，觉得自己成了全队的累赘。但他也非常坚韧勇敢，在隔离期间，每天一个人坚持练习4个小时穿脱防护服。

医护工作者对自己是如此地严苛，对患者又是尽心尽责。

253

05床的阿伯已经88岁高龄，蛋白仅有21克，身体极其虚弱。查房的医生说："这又是一个病危的老龄患者，血管又细又脆，穿刺是一个很大的挑战。但如果不做，他肯定撑不过去。"于是，几个护士几乎是趴在老人家身上反复找血管。终于，一名年龄大的护士，凭着多年的工作经验摸到了一条血管，果断穿刺成功，一屋子的护士都欣喜不已。

　　阿伯的牙齿松了，无法正常吃医院配的餐食，护士给他冲了家乡带来的营养品，喂他一口一口往下喝；他的身体太虚弱，连衣服也没法换，两三名护士共同协助穿衣；担心他单独上厕所不安全，护理人员帮他更换每片纸尿裤；脱衣要尽快穿上，害怕他着凉；排便时，由两名护士搀扶他下床，解决后给他擦拭干净并整理好裤子，再慢慢移到床上……

　　如此细心，不嫌不弃。06床患者都感动了，他说："虽然护士们穿了厚厚的防护服，戴了好几层口罩，但我还是能看出你们都闻到了臭味，却仍然没有松开扶着阿伯的手。你们真是太不容易了！"

　　莎翁曾言，人生如花，而爱便是花的蜜。张素真感受到，人世间的爱是可以传递的。爱，可以超越一切艰难险阻。虽然与阿伯的语言沟通不畅，但是阿伯一定能感受到爱的温度。在大家的悉心照料下，阿伯慢慢痊愈，终于要出院了！

　　临走时，他招手要来纸和笔，坚持用那双饱经岁月沧桑的手，歪歪斜斜地写了一封感谢信。走出病房那一刻，他边走边竖起大拇指，眼里饱含泪水。张素真安慰道："老爹爹不哭，应该高兴才对啊！"殊不知，言毕，她自己却早已泪流满面！

　　"爱别人，也被别人爱，这就是一切，这就是宇宙的法则。为了爱，我们才存在。有爱慰藉的人，无惧于任何事物。"

　　因天气太热，站立时间过长，纸尿裤会掉下来；护目镜戴久了，汗水与呼吸的雾气会模糊视线却不能擦；脸上的勒痕创口让所有女孩子在摘下口罩之后都不想自拍；还有那些被剪短的长发……

　　生理的困难都还好克服，心理的创伤呢，不知何时才会愈合。许多护士没有见过死亡，却每天顶着巨大的压力与死亡搏斗，为了病危的患者去跟死神抢夺。

张素真不知道，多年以后的她们，会将这些记忆当成璀璨的珠贝珍藏，还是会成为夜半纠缠的梦魇。

张素真一步一步见证着医护人员为抗疫做出的努力，从紧张到平静，她也努力将自己的适应期缩到最短。"我的心情平静、感动、温暖！在驻地看每个房间透出的灯都是暖的。"张素真回忆道。

电影《十面埋伏》里面有一句经典台词："我陪了你三年，还比不过他认识你三天。"在张素真的职业生涯中，真的也可以用这样的话来表达。她在厦门从事了 26 年的护理工作，经历了很多，也看见过很多，却敌不过这一次武汉的 52 天。

那是刻骨铭心的 52 天。每一天，每一人，每个细节，都能在不经意间想起。也许是那段日子里的某一场倾盆大雨，也许是悄然开放在病房窗口的野花。

四

众多患者中，让张素真印象最深的是一个八口之家。

这个大家庭由两家人组成，爷爷、奶奶、外公、外婆、爸爸、妈妈和两个孩子。外公外婆先后被感染，然后是妈妈、爸爸……庆幸的是孩子们都没有患病，被送到好心人家中寄养。其他六位患者，被分别送往六个治疗点。

爷爷就在张素真的病区。他很健谈，也很关注自己身体每一点细微的变化，着急早日康复出院，每天都嚷嚷着要去看孙子。护士们都劝他："你要安心养病，治好了才能去看孙子。这个时候不能回去，孩子会被感染的。"

有一天查房时，张素真发现爷爷突然变得安静了。为他准备早饭，他不语。再问，他硬生生吐出两个字："不吃。"这与平日里爱说话的爷爷反差太大。爷爷木然的脸上流下了泪水，就那样无声地流着，没有抽泣，没有嚎啕，空气里弥漫的全是悲伤的气息。

原来是爷爷的老伴在另一个病区过世了,他接受不了,生前连最后一面未能见!

"千古艰难惟一死,伤心岂独息夫人。"得知爷爷的情况之后,医护人员都很难过。张素真偷偷流泪后,更担心爷爷的身体,新冠病毒很考验人的意志力和免疫力。

张素真留下了一名经验丰富的护士陪伴爷爷,嘱咐她好生疏导爷爷。从爷爷断断续续的讲述中,张素真了解到,爷爷与奶奶结婚几十年,感情一直很融洽,虽说生活没有大富大贵,但家庭和睦,含饴弄孙,倒也快乐。现在奶奶突然不在了,少时夫妻老来伴,执手一生,却不能在永别时送行,他开始对自己以后的日子感到迷茫。

经验丰富的张素真,请来了心理医生对爷爷进行心理干预。

医护人员联系爷爷家人,在药物治疗的同时,一起对爷爷进行疏导和鼓励。苦心人天不负,爷爷身体终于痊愈,顺利出院。

病房里求生欲望最强、经历最曲折的,是一位有两个孩子的年轻父亲。1月28日,他身体出现不适,开始寻求就诊。因为病人确实太多,根本排不上号。2月5日,他的症状开始加重,强烈要求住院,但因床位紧张,还是被拒之门外。2月7日这一天,年轻父亲感觉自己已病入膏肓,拼着最后一口气,几番波折终于住进定点医院。2月8日,在湖北疫情防控指挥部的协调下,他被确定为重症病人,住进了同济光谷医院。

第一天查房时,年轻父亲用双手支撑着身体,试图坐起来说话,但没一会儿体力不支,气喘得连说话都费劲。张素真连忙让他躺下,加大吸氧量,教他大口吸气,均匀呼气。稍作缓解后,她方才询问病史,并且立即针对他的病调整治疗方案。把他列为交班的重点患者,护士们每天要观察他咳嗽、咳痰量,有变化立即发到沟通群进行讨论。还要督促病人俯卧,锻炼呼吸情况,每次15分钟。

几天后,患者出现了气胸症状,呼吸越来越粗重,医生需要为他做一个紧急CT以判断病情。病房出动了四名护士,一名抓着抢救用品,一名在前头开路、按电梯，还有两名带着氧气桶在他两侧护送，一路狂奔去CT室。她们在厚重的隔离服里早已气喘吁吁，护目镜被汗水浸透模糊了，但没人喊苦喊累，她们说："这是跟死神赛跑，当然要拼尽全力。"

治疗了近两周时，一天夜里，年轻父亲又突然出现了腹痛的症状。在恢复期间的病人又有新症状，每个人都捏了一把汗。病人更是焦虑，甚至出现自暴自弃的想法，夜深人静时竟写下了遗书："感谢医疗队的帮助。我仍深爱着这世界，离不开爱人和孩子……"

所有的医护人员仿佛沙漠中的行人，带领着患者一同寻找生命的绿洲。面对任何一名患者，就算前路漫漫，她们都不能放弃。

张素真把他的病例作为疑难病例上呈到院部，让专家帮助制定详细的治疗和护理方案，让他保持适当的运动，给他提供特制的饮食；每天拍下他的视频，观察细微变化；允许他和家人视频，取得家人支持和鼓励，共同参与治疗。

年轻人十分配合，也很笃定勇敢，经过40天的奋战，终于转危为安！

出院时，他向病房的护士们一一鞠躬致谢。然后，他征得张素真同意，为她拍了5分钟的短视频，发到朋友圈里，写了一句话："大难不死，必有后福。因为，我遇见了你们！"张素真欣慰地回复："再见武汉，再见樱花，再也不见于传染病房。再见，我们必然是有福之人！"

五

回忆起彼时，"婀娜拔香拂酒壶，惟有春风独自扶"，武汉的樱花已然绽放。虽然她们每天忙碌于医院与住所间的两点一线，看不到武大樱花缤纷的胜景，但是，当她们每一次拼尽全力、尽其所能抢回生命的时刻，樱花都在内心盛开，成一树烂漫，一城锦绣。

她们不是战士，却在用血肉之躯拼搏在沙场；她们不是英雄，却在一次次与死神博弈时创造奇迹。

她们就是战士！她们就是英雄！

2020年3月6日，张素真被授予"全国卫生健康系统新冠肺炎疫情防控工作先进个人"。在与百人团队的努力下，创下了收治、出院病人最多，参加疑难病例最多，死亡患者较少的抗疫病区记录。

生命中两次结缘武汉，一次擦肩，一次驰援。

张素真说，她与其说是来帮助，不如说是来自救。"疾病是全人类的敌人，我反而要谢谢武汉。武汉同济医院的老师们，只要我们开口想要什么，他们一定会努力提供；驻地的车队师傅们，只要我们需要车辆，不论什么时间他们都会出现；在宿舍为我们煮饭的阿姨，除了平日的三餐，看我们辛苦，还会主动为我们煮宵夜……"

护士是千千万万的职业中最平凡的岗位，但奋战在照顾病患的最前线，是医患之间沟通的桥梁。张素真理解的护士职业，温暖且柔情，可以让她将爱心与善意播撒到每一位患者心间。每当看到病患痊愈出院，目光中闪烁着喜悦，总让她觉得自己的工作很有意义。她疗愈了病人的身体，而病人也疗愈了她的心灵。这种时刻，她会从内心里生发而成感

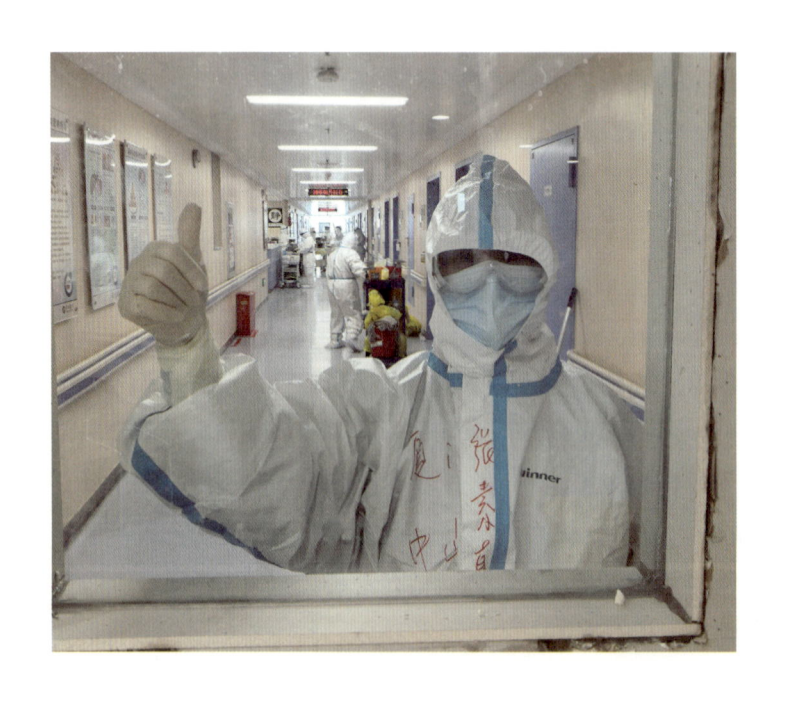

慨——原来，世界一直都是美好的。以怎样的心态看待世界，世界就会以何种姿态回报。

武汉，这座让人心生敬畏与怜惜的美丽城市，终于还是在落英缤纷的时候，在春天里，无畏地迎来了疫情退去的一天。那些举全国之力奔向它的人们，以真情为剑，披荆斩棘，还原了这座城市的繁华盛景。而那些与病毒抗争、与死神较量的医护工作者们，凭借对这份职业的热忱，在一度被死神缠绕的悬崖之上，绽放出生命中永恒的英雄之花。

# "愿以寸心寄华夏"
## ——厦门市援鄂医疗二队队员苏方方

文◎王永盛

新冠肺炎肆虐横行，湖北武汉封城。

来自厦门市援鄂医疗二队的护士苏方方，作为坚守在援鄂抗疫一线的医护人员，在同济医院光谷院区治病救人的52个艰辛日夜，写下了30多篇日记，笔者读罢，感动之情涌上心头。

犹如山风吹过湖面，平静的水面有了层层涟漪。苏方方日记朴实无华，却似有星光在闪烁。作为一名普通的医护工作者，苏方方从国家和个人的角度出发，用日记表达了抗疫的坚定信心，情真意切，感人至深。

## 一

2020年2月10日 18:00

出发前夜。全院上下从各级院领导,包括护理部黄银英主任、王彦龙主任、黄元秀护士长,到科室所有同事姐妹全员行动起来,彻夜未眠,准备物资,对我们关心备至,倾其所有,感到前所未有的温暖。

到达武汉后,市卫健委和院部科室仍然在竭尽全力准备第二批物资,科室上上下下全员动员准备,保障前线物资供应。中山医院尹震宇副院长、张素真护士长、郭文兴队长给予队员无微不至的关怀,不管工作还是生活,最重要的是给予心理上的安慰和支持。前路艰险,未来无知,但内心却温暖有力量。

今天剪掉一头长发,剃了光头。有些心疼,但工作和安全第一。

摘自《苏方方日记》

2月8日晚上11点30分,厦门市妇幼保健院正替同事值夜班的苏方方,接到第二天去武汉的通知。2月9日到达武汉,2月10日一早进行紧急院感培训后,苏方方回到宿舍就毫不犹豫地和另一位护士互相剪掉一头秀发。

哪个女子不爱美,不爱秀发如柳丝?英武如花木兰,代父从军归家后,第一个动作便是"当窗理云鬓,对镜贴花黄"。

身能负起千斤担,无法承受一缕丝。

尽管苏方方很在意自己的齐肩发,但为了方便穿脱防护服,为了节约时间以照顾病人,为了自己也为了同一战壕里的战友,保护自己就是保护别人;保护自己,才能更好地护理病人。

既如此,剪掉心爱的秀发又何妨!

在当时,厦门市妇幼保健院的防疫压力也很重。但是,医院对去武汉一线的医护人员,消毒液、防护用品优先保证;同事和好朋友千方百计买到的紧缺的N95口罩,毫不犹豫地给了即将赶赴前线的"苏方方们"。

在隔离病区穿的衣服是绝不能带回酒店,保暖内衣裤必须用消毒液浸泡后才能清洗。酒店狭窄阴冷,没有阳台可以晾晒,苏方方日常衣物的换洗,成了一大难题。科室闻讯给医疗队送来了烘干机等应援物品,如久旱甘露,解了燃眉之急。

苏方方所在科室护士长几乎发动全科室的姐妹,买了好几套保暖内衣,连同平时她们自己用的艾灸保暖贴,一并托厦门市卫健委带给了苏方方。

"岁寒知松柏,患难见真情。"穿上保暖内衣,贴上保暖贴,苏方方仿佛感受到姐妹们滚烫的心,从头到脚温暖着她。

何其有幸啊!本就容易伤感的苏方方,不禁潸然泪下。

唯有努力才能报答,苏方方擦干泪水,再次投入到抗疫工作中去。

然则术业有专攻,作为妇科护理护士,苏方方对重症呼吸道传染病知之甚少。她需要用更多的时间,去学习新知识,去克服心里的恐惧。

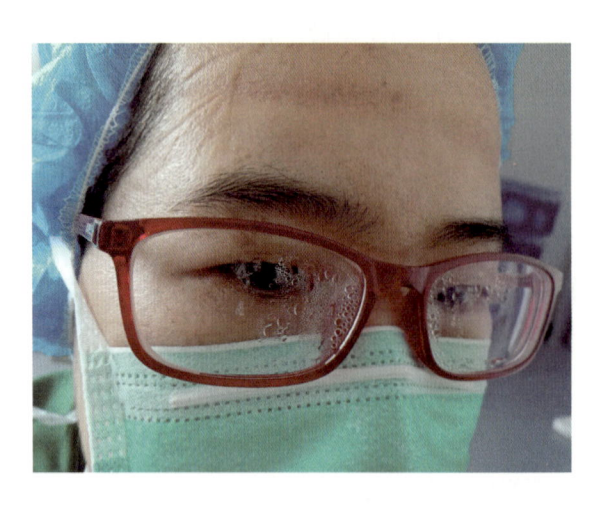

苏方方犹记刚进病区时,担心防护服没穿好、不密闭,走起路来小心翼翼,生怕刮破防护服被感染。防护服一上身令人呼吸困难,全身热气腾腾,身体需要3~5天适应,心理恐惧须得10天左右才能慢慢消除。加上早期大家对新冠病毒的认识还不全面,比如穿防护服、护目镜用胶带密闭(最外层用宽胶带,里面用医用的纸胶带),护目镜不透气,胶带气味刺鼻,很多医护人员出现身体不适、呕吐胸闷的症状。

苏方方除了要克服这些困难,还要加紧学习专业护理新冠肺炎患者的知识，学习使用以前不曾使用过的医疗器械——无创呼吸机、有创呼吸机呼吸、除颤仪、血气分析仪等等，利用网络资料自学，积极询问专业人士。学习专业知识，既是对患者负责，更为了不给团队拖后腿。

原先的恐惧担忧都是源于对未来的不可知，学习能力很强的苏方方，渐渐地适应了新氛围，工作起来也泰然自若。

"片云凝不散，遥挂望乡愁"。工作刚刚自如的苏方方，对家人的思念却开始在她的心头萦绕。她担忧在武汉社区当志愿者的父亲的安危，牵挂在厦门从未离开自己身边的儿子……

对病毒的恐惧、对专业的忧患，以及对家人的担心，都凝结成日记里清瘦的几行小字。

## 二

2020 年 2 月 11 日 11:00

到达隔离病区，看到病人现状带来的震撼以及心里的焦虑，让我想到自己能做的，最多就是基本的护理工作。我们要做到给予患者更多的：①生活上的帮助，包括打水、倒水、喂饭、喂药、协助如厕、端屎、倒尿等等。②心理上的安慰和支持，让病人尽量观看娱乐节目或电视剧，少看新闻；多与家人和护士沟通，病人间互相加油打气。③指导病患保证充足睡眠，好好吃饭，多喝水，多吃水果，增强抵抗力。④在病房里适度运动，活动身体，增强体质。⑤指导病患配合治疗，接受治疗。

摘自《苏方方日记》

住在 54 床的老爷爷，是一位 85 岁高龄的新冠肺炎患者，伴有糖尿病并发症。苏方方一进入病区，就开始负责老爷爷的护理。老爷爷一直处于病危状态，生活不能自理，他不想吃饭，拒绝吃药。病人躺在床上不停地呻吟，喊叫着说头晕、胸闷、腹部疼。

大家以为，也许这位老爷爷将不久于人世了。

苏方方看在眼里，急在心上。她跟同组的护士对老爷爷格外照顾，除了治疗用药，也管他的日常生活：不厌其烦地哄他吃饭、吃药，给他翻身拍背，协助他排尿排便，帮他清洗便盆……

在武汉同济光谷医院，在隔离治疗区，"苏方方们"的身份是护士，是护工，还是"儿女"。不当班时，苏方方会在工作群里关注着老爷爷的消息，为他病情反复而难过，为他状态好转而欣慰……她们的奉献与努力，让人肃然起敬。

终于，在苏方方所在护理小组的精心治疗和护理下，老爷爷由病危转为病重，再由病重转为一般患者，创造了小小的奇迹。初愈的老爷爷开始偶尔和护士们有说有笑，跟当初唉声叹气的他相比，完全变了个样。

"谢谢你啊，苏护士！"老爷爷一脸认真地说，"没有你们的照顾，也许我早就不在了。"老爷爷记住了苏方方的细致入微：经常给他喂饭、喂药，还帮他通便……老爷爷不断用他的湖北话表达着对医护人员们的感谢之情，尽管苏方方有些听不懂，但她明白他的感受。这里面既有大难不死的欣喜之情，也有对犹如再生父母的感恩之心，虽然这些护士年龄比他的孙女还要小。

老爷爷出院那天，专门跟苏方方道别，再次表达感谢。

苏方方真诚地祝福他："老爷爷，祝您健康长寿。"

不知不觉在病区奋斗了一个多月，3月18日这天值小夜班，苏方方像往常一样，穿好防护服进入隔离病区。一个多月的磨炼，穿脱防护服用时只需当初的一半了。

一进病房，38床的阿姨着急地坐起身，示意苏方方到她身边，亲热地拉起苏方方的手，说："姑娘，你是厦门来的？你是妇幼的？"接着，阿姨抹起了眼泪。在苏方方疑惑不已时，阿姨又开口说："姑娘啊，我知道你们是厦门医疗队的，昨天我就很激动了。我像是看到了自己的亲人似的，很有安全感。我孙女就是在厦门妇幼出生的，我是厦门人。老母亲病危我赶来照料，不幸的是我却感染了病毒，还是没能送老母亲最后一程……"

他乡遇故知，竟无语凝噎。每念及此，苏方方心中不禁想到，其实

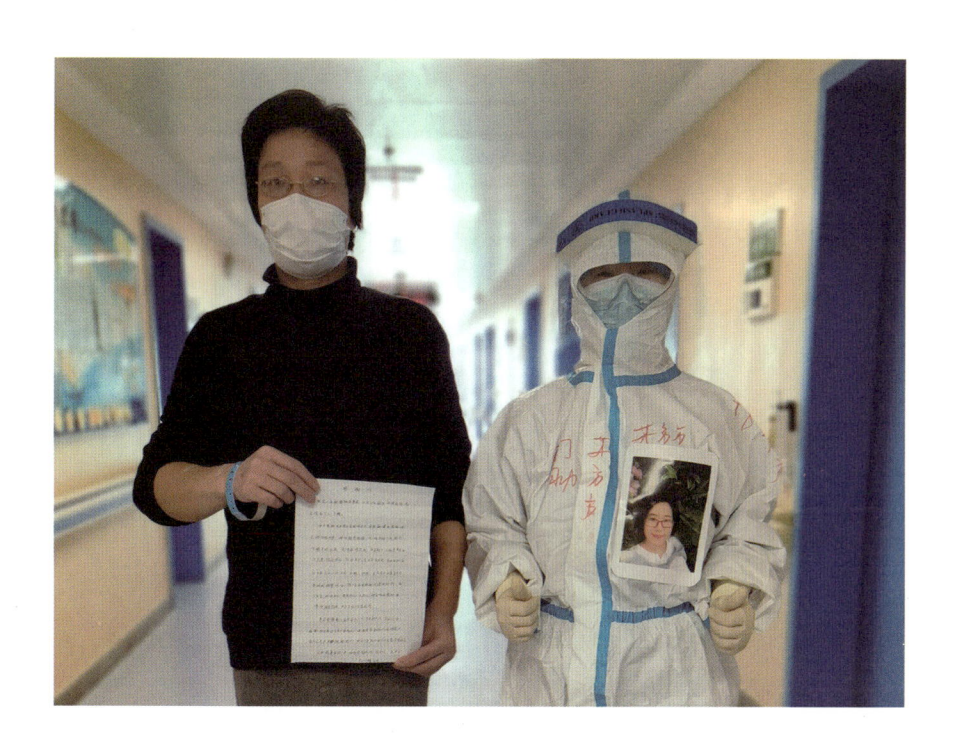

每一位患者都不是一个独立的个体，身后是一个个家庭……责任心、使命感油然而生。

后来，阿姨给苏方方护理组写了一封感谢信。她先用微信编辑，觉得不那么正式，又找了一张纸，一个字一个字工工整整地写好，请求苏方方把感谢信带给厦门医疗队的领导。

古有灵辄知恩图报，妾父结草衔环。寥寥几行字，苏方方却能感受蕴含其中的千斤重。医者仁心，总以救死扶伤为使命；患者有情，感恩戴德为重生。苏方方更加坚定了斗志："我愿以寸心寄华夏，且将岁月赠山河，愿与吾辈之青春，守卫这盛世之中华。"

## 三

2020 年 2 月 14 日 4:30

下班回到酒店，呕吐到胃痉挛；在隔离病房，心悸、呼吸困难；六年未发的痔疮再次发作，失眠到绝望。现在是人生中史无前例的艰难时刻，但是我从未后悔入行护理专业，而且我从未如此强烈地感受到我会如此深爱着祖国母亲，如此地热爱着身边所有出现的人。如果能有幸平安回到厦门，这将是我第二次新生，我会带着爱和希望再度出发！祝福祖国，祝福武汉，祝福每一个祖国的同胞，祝福并肩出生入死的战友们！

摘自《苏方方日记》

之前，苏方方在厦门市妇幼保健院的工作主要是迎接新生命，对于新生的对立面——死亡，她是陌生又忌惮。

死亡，是无法避免的不幸，但还是有病患离世。病患去世当天，苏方方没有当班。她设想，若恰巧是自己值班，作为医护工作者，必须要承受最坏结果，哪怕她柔软的内心留下阴影。苏方方回忆，她在第二天早上醒来时，看到群里说有一名病患猝然长逝，顿时崩溃地大哭一场。

雪莱在他的诗中提到："我们的感情也由它而生，死亡必然是可怕的一击"。患者来来往往，幸运的人重获新生，不幸的人终究要从繁杂的人世间谢幕。除了挽救生命，减少死亡，感情细腻的苏方方比别人感受多了一层，她想好好陪伴每一个可怜的患者，努力去记住每一个认真活着的生命。

时间转眼到3月6日，一早收到45床阿姨明天要出院的消息，苏方方百感交集，兴奋、骄傲、感动充斥着脑海。

大约半个月前，苏方方所在护理小组接收了这位特殊的病人。和其他渴望接受治疗和护理的病人不同，这位阿姨对护士们表现出极大的抗拒，拒绝测量任何指标，拒绝采集样本。更让人不解的是，阿姨根本不听劝阻，不时把口罩取下来，放言不需要救治。

阿姨平时的行为也非常怪异，经常一个人长时间默默地坐在卫生间，或者偷偷溜出自己病房在病区四处溜达；到了晚上不怎么睡，平均每小时按服务铃一次……

苏方方所在护理小组意识到，这位患者的情绪特殊，她们得先做好她的安抚工作。

"阿姨，您躺着会更舒服，我帮您。"

"阿姨，您家孩子多大了，在哪里工作？"

"阿姨，您的病不是非常严重，只要配合我们，很快就能出院的！"

……

精诚所至，金石为开。病人终于放下了戒备，配合治疗，像个孩子似的跟苏方方说："你们的话我一定会听，我知道你们是为我好！"

也许是双方配合默契，经过半个月治疗和细心护理，阿姨身体恢复得特别快，马上就可以出院了，苏方方喜极而泣。病人治愈出院是医护人员最开心的时刻，是对她们辛苦付出的最大肯定！

特殊的患者远不只一个。3月11日，病区收治一位37岁的帅气小伙，他是众多感染者中普通的一员，可他又是如此不同。作为武汉定点医院隔离病房改造的施工者，为了给患者赢得更多时间，他们日夜奋战，他们同样是伟大的逆行者。小伙是在病房改造完毕后的隔离期间，核酸检测呈阳性。小伙十分沮丧，不仅为自己，也为因此导致全公司几十人隔离在酒店不能回家而感到十分愧疚。

仿佛惺惺相惜，苏方方对小伙的救治护理更加用心。好在小伙身强体健，并且积极配合治疗，心态乐观向上，很快也康复出院了。

"为伟大的事业献身的人，永远不会被人们遗忘。"当祖国同胞心怀为冲锋陷阵、舍生忘死的医护工作者崇敬感恩之时，作为奋战在一线的护士，苏方方也想用自己的方式去表达感谢，感谢那些冒着生命危险的一线医疗设施建设者，哪怕用一个灿烂的笑，一个眼神的期许！

苏方方在心里默默为病患加油，为武汉祈祷，为祖国祈祷！

四

2020年2月19日 5:00

等待泡面中。

想念儿子、老公，担忧父亲。每一个流泪无法入睡的夜晚，一遍又一遍看着过去的照片和儿子的视频，才让我有机会在深夜凌晨缓解思念。

我想再次感谢我的老公。这么多年，我脾气坏，做事独断，感谢你对婚姻的坚持，感恩你在家中为我、为孩子、为父母、为朋友所做的一切。我亲爱的老公，你一个人在家带儿子辛苦了！

摘自《苏方方日记》

2003年，发生"非典"那一年。高三学生苏方方埋头苦读，努力圆她的教师梦。

那年，苏方方的班主任王老师是位地理老师。王老师上课从不带课本，粉笔在黑板上一划就是一幅标准的地图。

那时的苏方方特别崇拜班主任，她的理想就是当一名地理老师，奈何世情易改，"非典"发生后，班级在播放医生护士抗击"非典"的故事，让苏方方特别感动。此时，苏方方的理想陡然发生变化，她突然意识到成为敬畏生命、救死扶伤的医护工作者才是她更渴望的。

原本害怕死亡，恐惧血腥，从小立志当老师的苏方方，毅然决然将高考志愿全部填报医学院，对家里人直言非读医学院不可。

苦心人，天不负，她如愿以偿地考上了安徽医科大学。

2007年毕业后，苏方方来到厦门市妇幼保健院，一干就是13年。期间她也遇见了自己的爱情。也许苏方方天生与教师有解不开的联结，她的爱人是厦门翔安一所小学的数学老师，多少弥补了苏方方当年想当老师的愿望。

时间似乎会以一种奇妙的机缘重合，17年前的"非典"改变了苏方方的理想；17年后新冠肺炎，苏方方请缨奔赴武汉前线。兜兜转转，冥冥之中，自有定数。

对于苏方方来说，前往武汉支援有着更加迫切的意义。她将在那里和父亲并肩作战。

原来，苏方方有一位哥哥，父母跟随哥哥一家人，一直都在武汉生活。来厦门工作这么多年，苏方方每年都会到武汉跟父母、哥哥一家相聚。

今年他们早早约好，两家人和父母一起回老家安徽砀山过年。1月21日，苏方方的妈妈和哥哥一家先回到了安徽老家。苏方方的爸爸还在超市继续工作，准备23日返回安徽老家。

疫情爆发，苏爸爸决定不回老家过年，选择继续留在岗位，负责打包商品送到社区，并义务帮助小区做垃圾分类和消杀工作。

父亲决定留在武汉当志愿者，默默奋战在抗疫第一线，对苏方方触动很大。2月1日，厦门市妇幼保健院动员大家报名支援武汉，苏方方第一个报名。

苏方方说："现在想起来，报名真的需要勇气。特别是报完名后，心里特别忐忑。报名的时候，我毫不犹豫地第一个报，觉得自己跟武汉的联系非常紧密。但仅仅是报名的时候义无反顾，去的心理准备并没有那么充足。我觉得我的专业不是那么对症，所以让我去的可能性很小，疫情不会严重到让一个妇科护理专业的护士去。"

苏方方未去武汉之前很忐忑，担心缺乏专业知识会拖团队后腿。到了武汉她才发现，前线的医护人员人手极其短缺，而且大部分医护人员都是第一次面对特殊的医疗工作，第一次穿防护服，第一次接触呼吸机，第一次进入隔离舱的工作环境。所以，在特殊时期，专业是否对口已然不是必要条件，丰富的护理知识以及足够的耐心和热心显得更加重要。

许多前往一线战疫的逆行天使和苏方方一样，要从头学习专业防疫知识，克服各种困难。但他们如无畏的战士，在国家的号召下，义无反顾，扶危渡厄，用自己的血肉之躯筑起坚硬的堡垒，护国人安康！

泰戈尔有言："埋在地下的树根使树枝产生了果实，却并不要求什么回报。"这不正是无数奋战在武汉一线医护人员无私奉献的真实写照！

"苟利国家生死以，岂因祸福避趋之？"在病魔灾难前面替我们负重前行的医护工作者，她们温暖了整个寒冬。冬去春来，汉江澄澈；繁华依旧，已是新篇。

## "涂鸦"护士

——记厦门市援鄂医疗二队队员张楠

文◎尹雪帆

张楠，厦门大学附属翔安医院急诊科护师，毕业于牡丹江医学院护理系。这位积极向上的"90后"女孩来自闯关东的东北，从小感受着石油铁人的奋斗激情和北大荒精神的她，熏陶在陈嘉庚先生的厦大爱国情怀里。她的抗疫日记简单而有力量——"此生不悔入华夏，来世还做中国人。"

一

"患者在病房太无聊了，经常说分不清我们谁是谁，穿了防护服的我们都长一个样。于是，我便想着在防护服上画一些大家都知道的、耳熟能详的角色，缓解气氛，减轻患者恐惧。"

那之后，患者给家里人发消息的画风就变成了这样："今天是妲己给我扎的针""刚才雷震子给我扎针不痛""晚上小龙女给我打来了开水"……病区沉闷的氛围，因为张楠的"哪吒传奇"创意涂鸦变得活泼起来。

武汉期间，张楠经历了人生中很多的第一次，第一次穿防护服，第一次戴护目镜，第一次戴两层口罩，第一次面对未知的病毒，第一次为患者采集咽拭子，第一次惦记自己的患者到夜不能寐，第一次成功投入党组织的怀抱……2020年3月18日，她的事迹登上了《人民日报》；"5·12护士节"，张楠作为福建省唯一的"90后"医护代表登上了央视《朝闻天下》及《共同关注》两档栏目。

1月27日晚上，大家接到援鄂任务报名通知，有着强烈使命感的张楠第一时间给领导打电话，为有感染科和呼吸科工作经验的自己争取名额。

同为医院急诊科护士的男友陈前贵起初不忍心女友援鄂，但她说："申请入党这么多年我都能坚持，上前线是我的梦想，不去一辈子都会有遗憾。"看她如此坚定，他便在报名接龙里把自己的名字也写上，他说："我能给她的就是支持和陪伴。"

1月28日一大早接到医院电话通知，援鄂部队晚上就要出发。听说先出发的护士只有女友一人，男友急坏了，因为他当天在抢救室值班，无法帮忙准备物品。张楠的爸妈正开车从黑龙江来厦门的路上，到连云港时突然听说女儿晚上就出发，于是从连云港加速前进1400多千米，晚上8点终于赶到了翔安医院。

共饮长江水，不知归来期。许久未见的一家人来不及拥抱，爸爸只是默默地注视并支持女儿的决定，妈妈就只说了一句话："一定要平安回来。"

疫情就是命令，生命无法等待。一心想着马上去前线的张楠，却临时收到延迟出发通知。这一等就是一星期，每天看着新闻，感觉武汉疫情越来越严重，等待的过程漫长而又焦虑。

2月8日晚上10点多，张楠再次接到紧急通知，医疗队次日清晨出发。凌晨2点，她接到男友的电话："援鄂我跟你去，也算带你回我的家乡了。等疫情结束，我带你去我家转转，顺便看看武汉的樱花。"

2月9日清晨，一架载着满满的支援物资和满腔热血的白衣战士的飞机起飞了。

此前，张楠其实做了最坏的打算，万一回不来了呢？她在飞机上不动声色地用手机备忘录简单地草拟遗嘱，内容包括她所买的保险清单号、银行卡账户密码；对于家里的小猫，她知道妈妈不喜欢宠物，万一小猫等不到主人归来，希望闺蜜能领养它。坐在身旁的男友静静地看着她打字。她说："咱俩要是能活着回来一个，回来的那个人要负责照顾彼此的爸妈。"然后，两人手握着手，默默无语，泪眼良久。

## 二

原本张楠以为医护人员要住在医院，没有房间的那种。甚至她以为会经常吃不上饭，所以带了一些医院帮忙准备的压缩饼干和自己买的榨菜。

结果到达武汉后得知，不但有酒店住，而且酒店所有厨师和工作人员都是专门为疫情服务的志愿者。听说医疗队接管的偌大病区是同济医院在还未接到国家通知前就开始自费改造的，张楠内心肃然起敬，忍不住向所有武汉的逆行者们致敬！

所以当队友调侃住宿条件差、领的盒饭套餐冷的时候，心里原本做了最坏打算的张楠说："这些志愿者太不容易了，一切比想象中的还好一些！"

抵达武汉的张楠，内心并不害怕，唯有一腔热血还有一些不知所措，因为她不知道她要面对的病区房是什么样的，也不知道将会面对怎样的患者，有多少病人，各是什么症状……

当天晚上即进入严格的穿脱防护服训练与考核，次日白天再反复培训。有着感染科和呼吸科经验的张楠知道，五道门四个缓冲间方能进入病区意味着什么。为了快速便捷地投入战斗，她让男友帮忙剪去一头原本长及腰部的秀发。当男友将她前额和后脑勺大片的黑长发越剪越短时，她自己没有哭，他却忍不住哭了。

2月10日晚，张楠同第一批医护人员率先进舱。张楠说她有五六年感染科和呼吸科经验，必须要第一时间去，以便能把更多有用的信息带回给队友，为队友们争取时间。

医护人员在病区，要先戴上N95口罩，再戴一层外科口罩，两层口罩叠加，不只是呼吸不畅那么简单。张楠是近视，还须戴近视眼镜，然后再加上护目镜，接着穿上密不透风的防护服。鞋套不够用，就用黄色塑料袋裹上几层再用胶带缠绑。在封闭的舱内，护目镜里都是雾。穿着防护服的感觉，就好像把自己装进了密不透风的塑料袋，想要看清东西都成了奢望。

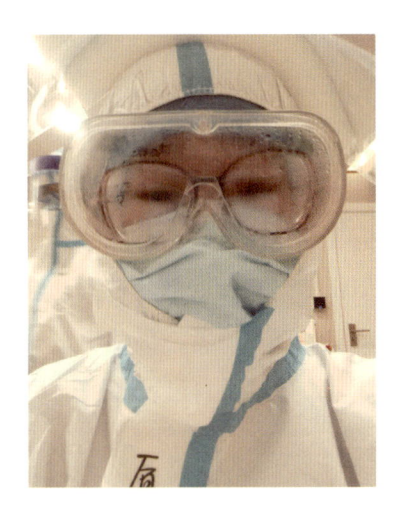

第一个班次是晚上8点到次日凌晨2点。说是晚上8点的班，队友们晚上6点就全部到了病区。说是工作时间6小时，实际上远不止，不包括从驻地到病区的公交车往来时间，每天进出舱穿脱防护服就要花2个多小时；遇上重症患者，延迟交接就得10小时以上。张楠清楚地记得，第一天进舱就接了44名重症患者，其中3名患者已下达病危通知书。新冠病房必须是负压病房，只能靠窗口的风扇向里抽吸新鲜空气，再通过特定管路把消毒过的空气排出去，每个病房虽然有一扇窗，但那扇窗不能开。

密不透风的隔离病房，患者们都很沉默，病房也特别压抑。

一个老爷爷站在病房里靠近门口的窗户看着走廊，张楠知道老爷爷似乎有话要说，便走进病房。老爷爷对她说："我很好，我没有发热。

我不想在这了。我害怕，我睡不好吃不好。我一把年纪了只想安度晚年。我不要在这了，小姑娘你让我走吧（出院）。"

张楠听着很是心酸，爷爷的核酸检测是阳性，她为自己不能满足爷爷的请求而难过，只好对他说："爷爷，你安心，不要怕。我们会一直陪着你的，只要你需要，我们就在。"老爷爷抓着张楠的手就像个不知所措的小孩儿，她把他扶到床上帮他倒了一杯热水。他的眼里有泪，张楠眼里也有泪。可是她不能哭，哭了护目镜就会更雾，更看不清东西。

三

连续两三天高强度工作，加上刚开始穿防护服特别不适应，2月13日，张楠进舱工作不久就出现头晕、头痛、恶心加呼吸困难，不得已提前了一小时出舱。虽然那天还有两位伙伴也因为差不多症状提前出舱，但张楠出来后就极其自责。她问自己："为什么不能再坚持一小时？病区里那么多患者，提前出来就等于把工作加在了队友身上，给队友添麻烦。"她感觉自己就像个逃兵！

在密闭的病房里，患者要么太无聊，要么就抑郁焦虑，或恐惧不安，或拒绝沟通。密密实实的防护服都长一个样，患者分不清医护人员谁是谁。其实，医护人员自己也分不清谁是谁，虽然防护服背后都写有名字。

看着患者一天天的焦虑和拒绝沟通，再次进舱的张楠清楚地知道自己来的使命。她要打破这种被隔离的沉闷，她决定做点什么，于是想到了在防护服上画一些大家都熟悉的图案，以缓解气氛，减轻患者恐惧。有了这个想法之后，张楠马上和队友沟通，大家积极响应，于是就有了最早一版的"哪吒传奇"。

以往防护服上只有简单的名字，病患会觉得隔阂，而将卡通人物画在医护人员防护服上后，患者们的新鲜和好奇感增加了，他们更愿意跟医护人员沟通了。虽然他们记不住医护人员的名字，但是都知道他们是厦门医疗队的。

病房，隔离得了病毒，却隔离不了爱与希望。从陌生人到一家人的距离，也许只是一幅画，或几幅画，却让砺砺尘路，相亲相爱。

医护人员防护服上的系列漫画打破了人与人之间的隔阂。从此，厦门医疗二队接管的武汉同济医院光谷院区病区里，笑声特别多，医患之间的对话总是让人忍俊不禁。原来，张楠和她的队友们又创作了"封神演义"系列，在防护服上画上"封神榜"里的人物，广受患者好评。

"紫薇格格又来给我们检查了。"

"大圣来给我打针了！"

……

因为反响热烈，张楠除了创作哪吒传奇、封神演义系列，又相继创作了西游记、还珠格格、葫芦娃系列等耳熟能详的动漫人物，深受患者好评，也获得媒体广泛报道。抖音上关于张楠作品的浏览量累计上百万、点赞数十万。

总有很多的惦记，藏在心里，说不出口，却可以画在衣服上，让病房温暖花开。此前并没有专门学过绘画的张楠，大学里只是有这方面的兴趣爱好，没想到特殊时期一个不起眼的涂鸦，竟受到这么多人欢迎。只要能让患者快乐，张楠愿意画更多的卡通形象。也有越来越多的医护人员跟厦门医疗二队一样，把故事画在防护服上。

有一个年轻的危重病人，才38岁，因为行动不便，刚开始日常的吃喝拉撒都需要帮助。患者有点不好意思，经常主动和护士聊天，一来二去，大家便建立了深厚的情谊。

一位刘姓患者，生病期间因为心理压力大，一度焦虑想放弃治疗，张楠主动承担起"心理导师"职责，为她提供心理护理，让她走出了焦虑和沮丧的阴霾。

还有一位90岁的老爷爷，他是病区年纪最大的患者。有一次，他很焦急地拉住张楠的手，说要给家里打电话，他的孙女很关心他的病情，在家里焦虑不安地等待。他也十分关心家中的老伴儿是否发烧，可是他不会打电话，也讲不清楚自己的事情，就让张楠帮他。张楠通过视频和爷爷的孙女进行沟通，解答了他们关心的问题，同时，又让他的孙女安慰爷爷。从那以后，每次进病区张楠都会帮爷爷拨通电话联系他家里人，直到他平安出院的时候，爷爷笑着拉住张楠的手让她至今难忘。

最让张楠感动的病人是一名人民警察。当她第一次走进他的病床，他给张楠敬了个礼，他说作为人民警察，以前总是处理别人遇到的问题；这次自己遇到了问题，医护人员从祖国各地奔赴武汉支援，他非常感动；希望张楠和队友们注意保护自己，一切都会好起来！

还有一次穿戴防护服时间过长，护目镜和眼镜上全是雾水，根本看不清东西。张楠给一个大娘测血糖时，实在看不清上面的数字，只好求助说："大娘，您能帮我看下这个数字吗？"大娘出院的时候对张楠说："住院期间最难忘的就是你当时戴护目镜的样子！"

还有患者搬着小板凳坐在病房里面靠近门口的地方等着张楠来上班，以及那一封封患者亲笔书写的诚挚的感谢信……150多件防护服，52天生死考验，只为温暖隔离的患者。用心关爱，总会看见花开。

在工作中，张楠与队长常常冲在最危险的一线；在采动脉血时，为减少对患者的损伤，她总是采桡动脉尽量不采股动脉，并做到"一针见血"零失误。

张楠在她的8000字抗疫日记中写道："到了武汉才发现有太多让人泪目的事，一路支撑我们走来的是爱和责任。我们不害怕辛苦，也不敢退缩，每一秒都是与死神在赛跑，能多坚持一秒，患者就多一份康复的希望。尽我所能，日复一日，无畏无惧，勇往直前。"

## 四

所谓念念不忘，必有回响。

从张楠第一次递交入党申请书至今已有 11 年，这期间因为轮转于不同的党支部多次错过了重点培养机会，先后 4 次递交入党申请书，写了 40 余篇思想汇报，也未能成功入党。在这次援鄂过程中，她终于在 3 月 14 日火线入党。那一刻，当张楠站在庄严的党旗下宣誓时，还觉得像做梦一样非常不真实。

张楠说："入党对我来说不是结束，而是新的开始。更多的是更重的责任！恰逢习总书记给'90 后'党员回信，作为'90 后'党员的我倍受鼓舞。3 月 18 日，我作为'90 后'火线入党代表登上了《人民日报》。在党和人民需要的时候，我责无旁贷。我和我的伙伴将不辜负习总书记的嘱托，以精湛的专业技能和对患者细心的关怀，向国家和人民交上抗击疫情的优秀答卷！"

张楠最终没能去成男友的老家，也没能一起去看樱花。谁曰华佗无再世，我云扁鹊又重生。张楠内心最大的收获，就是和队友们经过共同努力之后，目送一个又一个的病患康复出院。

或许是对生命的理解，或许是对命运的感叹，医护人员们肩负了不一样的责任，也承载了别人的希望，在武汉的日子里，张楠每一天都有不同的体会。

当满载着感动与牵挂如约而归，飞机平安落地厦门，大家接受航空公司最高的"过水门"礼遇时，那一刹那，张楠泪水模糊了眼睛，忽然松一口气的她心里居然闪过一丝从未有过的恐惧——如果我这次没有回来，爸爸妈妈怎么办？

52 天的紧绷心情，终于随着飞机，一起平安落地！

回到厦门隔离期间，张楠有幸代表"90 后"入党党员被厦视新闻采访，采访过程中，她多次哽咽。太多的感受，无法说清。

张楠说："2020 年对我来说是一个特别的年份，它教会了我成长，教会了我责任，教会了我承担。让我知道我所处的国家是最好的国家，是最好的中国。也让我了解了'此生不悔入华夏，来世还做中国人'这句话的真正含义。我的国家用它的责任和担当，用臂膀照顾着我们所有人。我为我们的国家骄傲，也希望国家有一天为我自豪！在这场没有硝烟的战役中，每一个坚守武汉疫区的人，都是在用自己的坚毅和勇敢支撑着和病毒的大作战，每一个奋斗在一线的人，每一个在家坚持隔离的人，都是这场战役里的英雄。世上没有从天而降的英雄，只有挺身而出的凡人。而我非常幸运，能成为那个挺身而出的人！"

# 身为父母亦为儿女的"逆行者"

——记厦门市援鄂医疗二队队员吴资瑶

文◎尹雪帆

吴资瑶，2010年本科毕业后就职厦门市第三医院ICU，福建医科大学在读研究生。低调做人，踏实做事，多次被医院评为"先进工作者""优秀工作者"，并曾参与厦门BRT受伤人员抢救工作。2020年抗疫一线火线入党，成为一名优秀的中国共产党预备党员。

一

"叮叮叮，叮叮叮……"

2020年2月8日，一个特殊的不眠之夜，晚上11点多，厦门市第三医院ICU重症医学主治医生吴资瑶接到医院紧接通知："第三批增援武汉的医疗队员名单已定，你抓紧准备一下，明天出发。"

虽然不知道一起出发的队伍有多少人，甚至连出发的具体时间也不清楚，但深知处于水深火热中的武汉正缺呼吸科、感染科和ICU重症医学科医护人员的吴资瑶，在接到通知的那一刻竟如释重负："终于轮到我了，感觉等了好久！"他对正在给孩子哺乳的妻子说："家里正缺人手，接下来，要辛苦你了！"

1月26日，当抗击新冠肺炎疫情驰援一线的号角吹响时，吴资瑶第一时间争先报了名。当时同事还劝他："你家丈母娘刚做完髋关节置换术，家里孩子也还没断奶，可以不去的。"吴资瑶却说："别人家也有困难，这时正是国家需要我的时候，怎能不去？"从小受家庭教育"在大是大非面前要敢于担当"熏陶的他知道，无论是妻子还是丈母娘，都会理解和支持自己的决定。

同是父母，也是儿女的他，选择了做防疫一线上的"逆行者"。平时就要下到ICU临床病房工作的吴资瑶，其实早就做好了充分的心理准备。他并不害怕恶劣的环境，也不担心艰苦的条件，他心里顾虑的是，到了那边能不能圆满完成任务？能不能发挥作用？

2月9日，轻车从简的厦门医疗队大部队人马护着一架载满医疗物资的飞机，自厦门高崎机场起飞，徐徐降落武汉机场。

除了防控人员，以及从各大城市飞抵过来的医疗队人员外，偌大的机场几乎空无一人。吴资瑶自下飞机那一刻起，内心除了震撼，好像还被拴了块石头似的，直往下沉。

2月9日晚，前线指挥部进行了简短的预备会议。醉里挑灯看剑，梦回吹角连营。预备会议其实也是稳定军心的会议。

次日即进入一整天的穿脱防护服训练考核，到晚上8点，ICU重症专业的吴资瑶成为大部队人马中第一批率先进舱工作的医生。

46个病床几乎全部住满。自进入病区那一刻开始，抓紧时间熟悉一切成为吴资瑶心里的当务之急。系统设备怎么开？病历怎么写？每一次病人的检查检验结果包括对应的情况如何应对？病人有没有需要处理的紧急情况……太多的医疗事项快速在他的脑海里打转，即便穿戴十几个严密步骤的防护服，却根本没有时间思考是不是适应，没有时间考虑口罩是不是戴得太紧，会不会漏风，没有时间思考耳朵会不会疼。

除了隔离舱病患，哪里再有这么让人着急和顾虑的事啊！

## 二

一位38岁的年轻病人，之前在家里生病近10天，发烧、咳嗽、咳痰不止，然后辗转多家医院急诊都无床位接收，等到好不容易挤到同济医院本部发热门诊时，呼吸已近衰竭，随时有撑不下去的可能。幸运的是，随着支援医疗队的抵达，2月9日，他终于在同济医院光谷病区找到可以容纳他的病床。

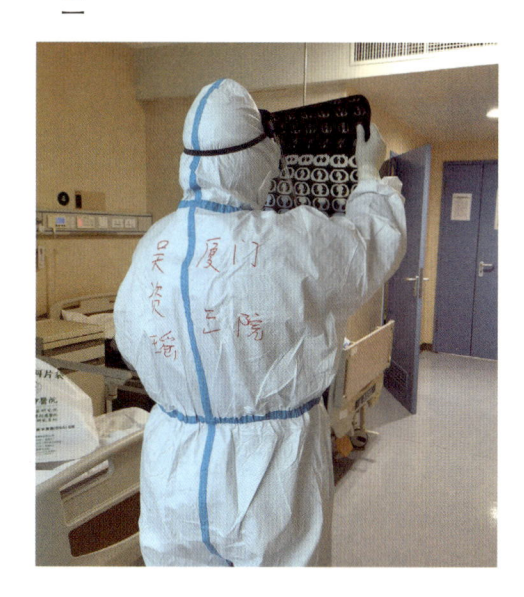

吴资瑶第一天进舱，就见男子正带着吸氧的大面罩，躺在病床上一动也不能动，喘得厉害，以至整晚无法入睡。病人家里就只有太太带着两个孩子，小的才1岁8个月。经历流离颠簸的入院过程后，求生欲望极强的他急切地对吴资瑶说："我一定会全力支持你们，配合你们的治疗，无论如何我一定要活下去！"

男子说着说着，就哭了；吴资瑶听着听着，藏在护目镜后面的眼眶也全是泪。

虽然只是男子的血管医生而非主治医生，他主动把自己的微信号给病患，然后加了他妻子、妹妹的微信号。整个治疗过程中，他尽可能用最详细又通俗易懂的言语给家属及时做反馈沟通与解释，并鼓励他们保持阳光心态，乐观面对……

苦心人，天不负。男子病情慢慢好转，终下可以下床走动了。正当他和医生们都以为很快就可以出院的时候，中间又突发病毒性肺炎并发症，出现气胸、卡血等症状，从晚上喘得睡不着觉，到能下床走动，又不得不重回病床，躺也不行坐也不是，病情反复的男子突然就有些绝望了，他的坚强一下子跌到谷底。

住院46天，这位求生欲望强烈的男子，最终战胜新冠病毒，迎来晨曦的欢呼。出院那天，他万般感动地特意录了感谢医护人员的视频，吴资瑶回厦门后还一直珍藏着。

3月31日，当厦门市援鄂医疗队从武汉撤离回厦门，他和妻子一直微信向吴资瑶表达感激之情，并为自己正处于出院隔离期无法送行而深表惋惜和遗憾。他的妹妹也通过微信感言说："是你们把我哥从死亡边缘拉回来，你们是他一生的救命恩人！"

有情水送云，缘定往来频。再乘彩月去，见醉广寒亭。青年男子与吴资瑶微信约定，待疫情过后，春暖花开，或厦门，或武汉，大家再相见！

还有一位治疗比较久的74岁阿婆，在感染新冠病毒前患有脑梗死后遗症，已有一年多躺在床上生活不能自理，她的肺也不好，之前在家都是老伴在照顾。新冠肺炎疫情检测让这一对老年患难夫妻被隔离，入院期间她因长期卧床导致尿路感染，加上肺不好，经常要吸氧。

生活不能自理的阿婆，刚开始对医护人员极度没有信任感，很不配合。不能吃饭怎么办？医护人员便给她安胃管喂营养。大小便失禁怎么办？护士给她穿纸尿裤，定期清洗更换，并定时为其翻身按摩。后来阿婆尿路感染，尿排不出来，医护人员还要为她把尿再冲洗膀胱……在阿婆身上的治疗措施很多，也反反复复，而每一个治疗措施都伴随着队友们被感染的巨大风险，但大家不厌其烦。

后来，阿婆的病情终于好了，连续五次核酸检测都确认为阴性，肺也见好转。但在给她办出院时，因为生活不能自理，她的起居、饮食、大小便甚至定时身体按摩都需要专人照顾。此情形，所有集中观察14天的隔离点都不便接收，队友们便层层沟通汇报并帮忙协调，直到帮她申请到让她的老伴一起进隔离点陪护照顾。

特殊时期，特殊温暖。阿婆从开始入院没有信任、配合感，到出院时感激涕零。出院这一天，她坚持要用自己那双颤颤巍巍的手，给大家写感谢信。

最让人难忘的一个病人，是一位56岁中年男子。他是中午住的院，当天晚上吴资瑶交接班时还好好的，等到下半夜查房，却已经不行了。吴资瑶最怕见到的情形，就是病人的抽血指标还没出来，病毒就已经发生变化；前一秒病人还与你有说有笑，后一秒你发现连抢救的机会都没有，让人措手不及。

每天在ICU病房经历生死的吴资瑶，在新冠疫情面前更加感慨：作为医生，特别是ICU重症室的医生，总是想尽一切可能去延长一个人的生命，以便让他有机会去做更多的事情。但有时根本还来不及付诸行动，对方的生命就像流星一样在你面前一划而过。

## 三

凡事皆有极困难之时，扛得住的，便是勇者；凡事皆有极重大之时，沉得住的，便是智者。

有人问吴资瑶，从厦门到武汉，从ICU重症室到新冠病毒隔离舱，几乎每天都有可能经历生死，每天都那么辛苦，后悔选择这个职业吗？

有缘善写红十字，立德常学白求恩。他说："大学期间我确实也感觉医学很枯燥，但自从毕业进入ICU重症科工作那一天起，我的想法就改变了。每当有些连医生都断定没戏了的病人，通过我们一点一滴努力最后又被救活的时候，当一个病人从不能动弹到恢复走路并康复出院时，我心里的成就感无法用言语来描述；当我每治好一个病人的时候，我就积极思考，如何把更多精力投入到下一个病人身上，所以根本没有时间去思考这个职业到底累不累！"

在未正式进舱之前，吴资瑶曾与同济本部的一名护士聊天。得知在支援医疗队抵达之前，武汉当地的医务人员每天坚持12个小时工作，物资又极度匮乏，为了节约防护服，他们不得不穿着纸尿裤上班，且上班前只吃巧克力之类补充能量的食品，然后一进舱就是12个小时，不吃饭也不上厕所。

还有一位更早进武汉支援金银潭医院的同事，在吴资瑶出征前告诉他："抵达当天，我看到电梯里有个抱着箱子，戴着口罩和玻璃镜帽子的武汉医生，因为看到我们来了，终于有支援了，当场哭得稀里哗啦！"吴资瑶一行当天抵达同济医院时，好些医务人员也哭了。

每天必须面对诸多无法想象的艰辛和困难，吴资瑶更为钦佩武汉最早逆行的所有医护人员。他说："他们比我们更不容易！"说着说着，就哽咽了。

抗疫期间，所有医护人员都要经历极大的身体挑战和随时有可能被感染的风险。每次进舱，要穿十几道工序的防护服，严严实实密不透气。吴资瑶本来就怕热，每次穿着厚重严实的防护服来回走动、查房、检查，经常感受到汗滴汇聚在袖套里，像小河流水一样来回流淌。

护目镜因不透气容易起雾，在没找到更好去雾效果之前，每每眼珠外围起雾了，大家便把头甩一甩再继续工作……

每每一班下来，出舱时脱掉防护服，内里的衣服全湿透，鞋子里也全都是汗水。然后通过四道防护门，每出一道脱一层，直至穿着湿透又单薄的内衣至清洁区，消完毒再换上干净、干燥的衣服。又凉又冷又只能穿湿透了的单薄内衣的过程，约半小时之久。

体质弱一些的医疗队成员，有出现或泌尿系统感染，或消化道系统问题，以及低烧、呕吐、缺氧、晕厥、头痛、失眠等不适应症状。期间还有一位医生连续发烧五天，好在核酸检测是阴性。

每天太太微信问平安，从来只报喜不报忧的吴资瑶会轻描淡写地回她："挺好，别挂念"！

一直在ICU重症科的吴资瑶，对防护服更具免疫力和适应力。他很庆幸自己承受住身体挑战，并表示："如果说进入隔离舱不害怕，那是骗人的话！但最幸运的事，莫过于大部分患者经过我们的努力都康复出院了,且厦门医疗队所有队员零感染。"

在武汉同济医院光谷院区的近两个月时间,吴资瑶所负责的病床先后共收治20多名重症患者,占病区患者量的五分之一。

初到武汉时,为了救治病区里的重病患者,病区引进了有创呼吸机,这台机器一般只放在重症监护室,而且与高流量吸氧并非同一概念。但病区里大部分医生跟护士对所引进的有创呼吸机的操作、原理及病人建立有创呼吸支持后的管理均处于白纸状态。

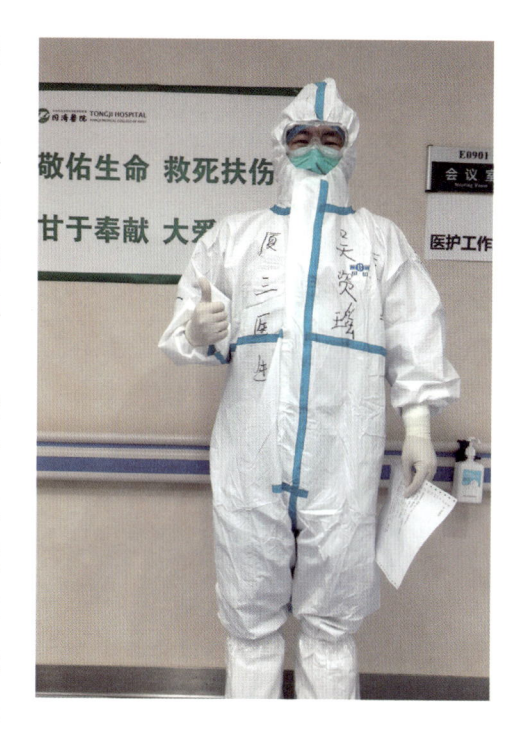

于是,吴资瑶利用上班前的时间,提前对呼吸机进行调试,并结合自己的经验,及时对病区医生和护士展开相关培训,确保日后工作中大家能对严重呼吸衰竭的病人进行有效抢救,同时也能更好地保护自己避免被感染。

随后,病区又引进了高流量吸氧机。吴资瑶又在第一时间接手高流量吸氧机的组装和调试,帮助队友尽快熟悉设备。

他一边努力用简而易懂的语言对三四十名医护进行培训和讲解,一边和同院的另外两名队友额外承担了对有创呼吸机和高流量吸氧机、呼吸机附属设备如吸痰器等的维护职责。

有一位典型患者,新冠肺炎导致合并心功能不全,又刚做过冠脉搭桥及主动脉瓣置换术,其入院时心率快、血压低,胸闷明显,处于休克的早期状态。对于这一病例,鉴别类型最快、最方便且无创就是床边超声,但当时病区超声科人手不足。吴资瑶又自告奋勇,利用自己所学,结合实际情况，为这位患者进行心脏、肺部、胸腔、下腔静脉等部位超声检查，明确其为心源性休克后，立即调整治疗方案，加强强心、利尿措施。经过他半个多小时的努力，患者心率开始下降，血压回升，休克得到控制，病情好转。

"抢救病人就是我的职责所在。无论在武汉工作，还是在厦门，都是一样的。"吴资瑶刚进病区时其实心理压力也很大，但他调整后很快就适应了，他把病区里的每名患者、家属都当成厦门市第三医院重症医学科里的患者和家属一样对待。

四

早在2月9日出发前一晚，吴资瑶就已向厦门市第三医院党委提交了入党申请书。到达武汉的所见，让他深感震撼，也更加坚定了要入党的决心。于是，他又重写入党申请书，并向驻地临时党支部提交入党申请。

3月15日，在厦门市援鄂医疗队又一场特殊的入党宣誓仪式面前，在战"疫"中越加淬炼成长的吴资瑶，面向党旗庄严宣誓时感言说："在这个特殊的抗疫日子里，成为一名预备党员，对于我来说，是人生新的里程碑。今后我将继续严格要求自己，努力成为一名优秀共产党员。"

"我确定自己会'从医而终'。"火线入党，让吴资瑶更加坚定了从医的决心。

3月31日，厦门市援鄂医疗队撤退之时，在乍暖还寒的季节，武汉的疫情在经历慢慢长痛之后正悄然褪去，城市逐步解封。相比刚来时的冷清与空无一人，街道喧哗热闹了些许，已然有很多车辆及行人；天气相比2月9日抵达当天的灰蒙蒙，现在已是晴朗如春。

当手里拿着有武汉吉林小学孩子们手工绘画图案和爱心签名的T恤时，当出发时佩戴着同济医院本部颁发的具有特别纪念意义的工牌时，当抵达厦门机场面对亲迎归来的领导们和爱心志愿者时，当回到家中舒适地洗着热水澡时，吴资瑶一颗悬着的心，终于落地了。

武汉春暖花开，所有医护患人员都平安回家，真好！

# 让病区"温暖花开"

——记厦门市援鄂医疗二队队员梁金凤

文◎尹雪帆

梁金凤来自厦门市莲花医院、厦门市莲花爱心护理院,工作已十年,现为莲花医院内科护士、护理院护士长。她虽然身材瘦小,但内心坚强。情怀女儿身,巾帼英雄魂。

一

2月11日,第一次进舱就遇到一位除了新冠肺炎还有糖尿病、高血压的奶奶,大小便失禁,衣服、床单、被套全部湿透。她当时烦躁不安,把点滴、氧气、口罩还有心电监护全摘了,还满口脏话。梁金凤走近跟前,说:"奶奶,您配合我一下。我需要将您抱起来坐椅子上,给您更换所有的床单、被套和衣服,这样您才会更舒适。"奶奶似乎感受到了善意,安静地配合。衣服、床单、被套换好后,梁金凤已满头大汗。当她把病患重新抱回床时,奶奶一直紧握着她的手不停地说谢谢。金凤便对奶奶说:"我们是厦门医疗队来帮助大家的,您一定要积极配合治疗,早日回家,我也能早日回家。"奶奶笑了,从此乖乖地配合治疗护理。

2月28日,厦门市援鄂医疗队一场特殊的入党宣誓仪式面前,作为第一批火线入党的六名队员之一,历经抗疫一线血与火的淬炼,面向党旗庄严宣誓的梁金凤发表感言说:"对于一名预备党员来说,'火线入党'是一种自豪,也是一种幸福。但这也对我提出了更高的要求。'火线入党'的党员要更加严格地要求自己,要更加能经受住考验,要树立更加高远的成长目标,因为我是在抗击疫情中锤炼出来的战士!"

时光如流,在一次又一次进出病房的防护服穿脱中,武汉从寒冬苏醒,迎来春暖花开。

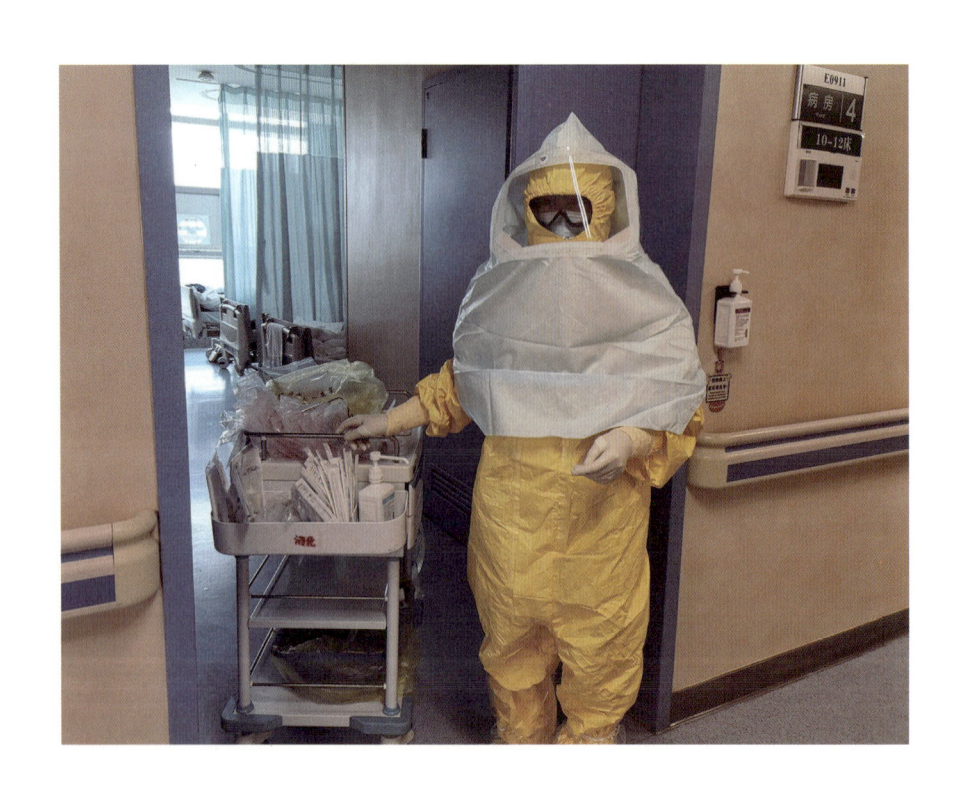

梁金凤从最初的忐忑不安到后来锤炼出强大意志，她的"涂鸦版"防护服背后的故事登上了学习强国版面，她身后有很多感人的故事。

中国人的记忆里，没有春节不是流动的，没有春节不是走动的。但2020年春节却是那么特殊。

坐在电视机前看新闻，武汉医护人员人手不足，他们的皮肤被压得乱糟糟的……同为医务人员的梁金凤，那一刻的心被新冠肺炎疫情紧紧揪住着。1月26日，当抗击新冠肺炎疫情驰援一线的号角吹响时，她在第一时间报名。

直到2月8日晚上11点左右才接通知，次日就要出发。事先并不知道女儿报名，直到出发前一刻才知道的妈妈，极不情愿。她因此安慰妈妈："我一定会保护好自己，平安归来！"

安慰完妈妈，梁金凤突然就有些犹豫，还有些纠结——莲花爱心护理院的那些老人怎么办？我很清楚他们谁爱吃泡面，谁爱喝肉汤，谁爱喝银耳汤，谁爱吃包子。我走了，谁来给他们买吃的？

2月9日，简单收拾行李踏上驰援湖北的医疗队出发前，梁金凤被临危受命担任莲花医院第二批支援武汉医疗队领队。10名队员中最年长的才33岁。作为厦门11支驰援医疗队中最年轻的一支队伍且又是仅有的三家私立医院代表之一，不辱使命和担当的她意识到，哪怕心有忐忑，也要对团队负责，都要活着回来！

前往驻地酒店的路上，冷冷清清，除了接各大医疗队的大巴车，街道几乎空无一人。大巴车上也没有一个人讲话，一路都让人沉闷得喘不过气来！

梁金凤又害怕了：我还有很多事情没有做，要是感染了怎么办？妈妈本来是不愿意自己来的，作为女儿都没怎么尽孝道，万一感染了，爸妈不得气晕过去？还有最敬爱的爷爷，都还未来得及给他扫墓；还有莲花护理院的老人家，我走时他们都舍不得，有的还哭着特别交代快点回来……

一切都来不及思考。到了驻地酒店，找好房间，卸下行囊，又马上进入前线指挥部预备会议，然后大家通力协作搬运厦门增援武汉的物资至深夜，次日即进入严格的穿脱防护服专业训练和考核。

忙碌起来的梁金凤，却不恐惧了。责任和使命告诉她要做得更好，要走在队员前面做表率，要给病患最好的陪伴和护理！

无论是第一批进舱，还是第一批学仪器，她都冲在最前面报名。她说只有自己学会了，回来才好与队员沟通，队员们才知道要做什么，注意什么。

## 二

2月10日晚，梁金凤本来是要第一批进舱的，到了病区才知道医护人员不宜太多，只要六个。护士长让她转下一轮，她只好帮另一位队员穿好防护服，目送她进去。回到酒店后，一直惦记舱内的情况，以至整晚无法入眠。次日清晨，她第一个就进舱了，因为知道病区一般白天会比晚上更忙，她想早一点儿了解舱内情形。

进舱时，有个护士出来，用很低沉的声音说，有个患者走了。梁金凤说："没关系，你先出来，接下来有我们。"

离去的病人约五六十岁，因为整个城市都在隔离，走的时候身边没有一位至亲。梁金凤突然想起最疼爱自己的爷爷，当初他走的时候，自己未赶得上送一程，爸爸也未赶得上送他一程。那一刻她心有戚戚焉，泪咽却无声。

平日工作习惯和病患亲密无间地接触。但是，自进舱第一天起，梁金凤发现病患根本不愿意交流，不愿意说话。即便她想去摸摸病患的手，对方也会下意识地躲开。

在密闭的环境下，当所有病患和医护人员都沉闷着不知如何交流时，平日并不怎么擅长出点子的梁金凤却觉得自己一定要做点什么——不能让病患感受不到我们的服务，既然已经来了，而且我们是真心实意想要服务大家，我必须尽我所能帮到他们！

如果在防护服上画些什么，会不会缓解病患的情绪和焦虑？一想到又有新的事情可做，梁金凤下班后兴奋得睡不着觉。但是画什么好呢？想到自己代表厦门医疗队，想到厦门的风景名胜，只在小时候做过手抄报却从未学过绘画的她，试着用黑色水笔，在防护服上连夜勾勒了一幅日光岩草图。

记得那天是2月15日，同济医院本部的护士长第一个发现梁金凤的作品，惊诧地说："你居然想到在防护服上绘画！"

进舱后，又有一位三十几岁的年轻病患开始主动打招呼，说："你这画的不是日光岩嘛！"

梁金凤喜出望外："你去过？"

对方说："去过，去过两回了！"男病患说的时候还有些小骄傲。

尽管如此，她还是满心欢喜，借机与他聊厦门的风光。紧接着，病房里其他病患也积极加入聊天话题，又问她："还会不会画点别的？"

她说："当然没问题。"聊着聊着，病患们对医护人员的态度也发生了变化。

其实最初不光是患者不愿意交流，连医护人员也是如此。光谷院区医疗队本就来自17家不同医院，大家平时开会都戴着口罩，连吃饭也是各回各房，防护服一穿便谁都不认识谁，根本无法交流。

从那天起，梁金凤就开始在防护服上画起了厦门的风光、美食，从日光岩到胡里山炮台，从双子塔到沙茶面，她希望这些涂鸦可以让患者心情开朗一些。

无心之举，却成就了非同凡响。身边开始有越来越多的同事和同济医院的医护人员主动找梁金凤，让她帮忙在自己的防护服上绘画，她绘制的漫画情节生动，如"郑成功来也，病毒哪里跑""保生大帝在此，莫要慌，你们出院指日可待"等，既打破了病房的沉寂，又让医护人员和患者们信心满满，其乐融融。

安徽省医疗队也来向梁金凤取经，将当地的美丽风景画在防护服上，为患者带去温暖的力量。

自第一张防护服"日光岩"涂鸦打破医患之间的隔膜后，梁金凤开始越画越多，也越画越顺手，越画越好。一位陈姓患者在病房播放大家都熟悉的《三国演义》电视主题曲，她下班后就连忙在自己和同事的防护服上画《三国演义》的人物，后来又有《海贼王》，以及年轻人都喜欢的"漫威"系列。

这期间，厦门医疗二队张楠护士，和她一样也在防护服上相继创作了"封神演义"系列，以及大家耳熟能详的哪吒、还珠格格、葫芦娃等卡通形象。

看到防护服上的画，患者们开心极了，纷纷为护士们点赞！梁金凤利用业余时间先后创作了150幅防护服涂鸦画，用创意的巧手以及这种独特的方式打破了医患之间的隔阂，让温暖直达患者心中，让病房充满了乐观和希望。

从此，在武汉同济医院光谷院区的抗疫一线，不时可以看到医护人员防护服上各种色彩斑斓的创意涂鸦。患者们愿意跟你聊天了，愿意给你拍照了，愿意与你合影了，然后大家发微信、抖音，引来数十万点赞和累计上百万浏览量……休息时间，还有病患自告奋勇给大家拍卡通人物"一家亲"，画面温馨又感人，几经传载，梁金凤的卡通人物画亦被《中国摄影报》选登。

## 三

2月21日，细心的梁金凤发现，同济医院胡兰护士长除了后勤保障工作，每天还要在密不透风的防护服外多穿一层保护屏负责高风险咽拭子采集，她说："这活挑战太大了，要近距离接触患者完全开放的气道，被采集者或咳嗽或呕吐稍不注意就有可能全喷到你身上，危险性极高，交给你们我不放心！"

想到在驰援医疗队到来之前，包括胡兰护士长在内，许许多多的武汉医护人员穿着纸尿裤接连工作十几个小时，梁金凤明白，在疫情面前没有人可以置身事外，唯有勇挑重担才能战胜疫情。

她对胡兰护士长说："这个事情总要有人做，不然你把它交给我吧。"

我也要学这个活,你教我,等我学会了,你只要管好后勤保障就行了。"于是,一个做,一个学,采集十几次咽拭子之后,梁金凤基本可以独立操作了。

每一轮忙下来,梁金凤都会有缺氧症状,然而患者的一句"谢谢,你辛苦了",就能让梁金凤的心里溢满幸福和感动!

一个身单瘦弱却勇挑重任的小姑娘,从此主动担起众所周知的高风险活。她成了同济医院光谷院区咽拭子采集数量最多的护士,也是操作技术最熟练的护士。坚守52天的她,累计为患者采集咽拭子近200次,成为同济医院广为传颂的佳话。

每次出来,胡兰护士长都守候在那里,摸着金凤的后背说辛苦了,真是辛苦你了。那般温暖,那般呵护,就像一位母亲对女儿,万般疼爱。

在与疫情争分夺秒抗争的战场上,梁金凤郑重写下了入党申请书,决心把人民群众的身体健康和生命安全放在首位,甘于奉献,宣誓必将竭尽所能,迎难而上,冲锋在前,圆满完成疫区护理工作,为打赢打好这场疫情防控攻坚战贡献一份力量。

经历过为大小便失禁的老年患者清洗,经历过病患的离世,经历过皮肤被压伤,经历过大家从不愿意说话到主动沟通,主动担当高风险咽拭子采集的梁金凤,已然从一个犹豫、纠结、害怕的小护士成长为一名积极乐观勇敢的战士。

有一位近90岁的大爷出院,他笑着跟梁金凤招手,笑得很开心。她对大爷说:"你指甲好长,我帮你剪短了再出院吧。"大爷说:"不用你剪,你带着那么多层防护,剪不好的!"金凤告诉他自己护理老人有十年了,于是他放心地把手伸出来让她剪,待十个指甲干干净净修剪完毕,老人家端详了片刻,眼里全是泪。

还有一位90多岁的爷爷,每次逮着梁金凤就问,你这画的是什么,能跟我讲一讲吗?然后她就与他聊厦门的风光。等到出院那天,这位长得极像梁金凤爷爷的老人家,已和她亲如爷孙。

更有一位89岁患有老年痴呆的奶奶,白天头脑清醒,每次都知道

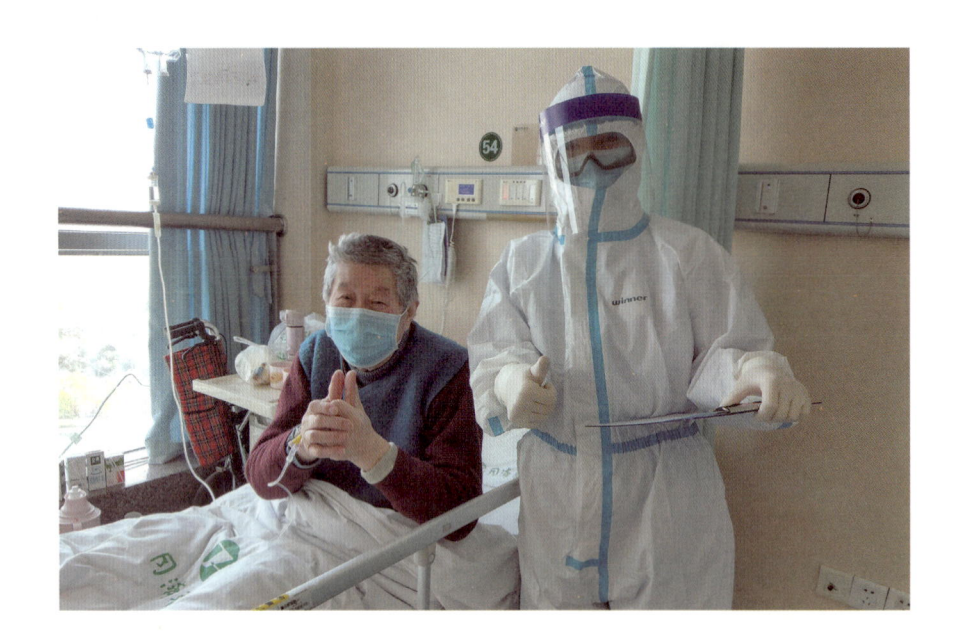

把被子叠得整整齐齐，但一到半夜三更就起来洗手，不断重复。梁金凤就顺着她，经常教她洗手，可她怎么都教不会，梁金凤就重复教。

直到老奶奶康复出院，梁金凤问奶奶："想不想回家？"

奶奶说："不想回家，因为家里就我一个人，没有人在。"

梁金凤说："我在，我是你的孙女！"

奶奶说："你不是我孙女，我的孙女不会在这里，她不会穿成你这样！"

就是在出院的那一刻，老奶奶居然落泪了，也许在她老年痴呆后的人生里，暖心的梁金凤和所有医护人员是她一辈子的记忆……

"善良地对待你身边的每一个人，别人对你好，你更要加倍地对他好！"冥冥之中，爷爷从小教育自己的这句话一直牵引着梁金凤。有着十年老年人护理经验的她知道，不管多健忘多难相处的老人家，只要温柔一点、和蔼一点、多爱一点，人心都是肉长的，最终都会被感化。

四

身为莲花医院援鄂医疗队十名队员的领队，平日不但要护理好每一位患者，更要关心身边的队友。在紧张的工作之余，梁金凤牢记院领导嘱托，用心关注每位队员的防护工作及身心健康。因为长时间穿戴面罩和防护服，有些队友的鼻子起泡，脸上起疙瘩，身上也有了湿疹……看在眼里，疼在心上的她只能不断地用暖心话语鼓励大家："上班照顾好患者，回寝室相互照顾好身体。我们平平安安来，一定能平平安安回去！"

把苦、累、怨留给自己，将乐、安、康送给病人和队友。当一遍又一遍被人尊称为"老师"的时候，当回来接受厦视新闻采访的时候，梁金凤超开心，她为私立医院的自己和队友们让湖北人民看到了同样勇不可挡的白衣战士精神而骄傲。

在武汉的一切时光都是磨炼！

离别之际，有太多的舍不得。舍不得同济医院的老师，舍不得病人，舍不得一起驰援武汉的战友们……

梁金凤在防护服上画上了同济医院光谷院区，同济医院的院长及各大主任纷纷称赞，并在上面签字、挂墙、合照留念。那一刻，梁金凤哭了，好多人都哭了！

医疗队撤离当天，胡兰护士长送梁金凤到电梯口，太多的舍不得，不知用什么话来表述，两人紧紧相拥，又哭了……

2月9日穿着冬天的羽绒服出发，历经50多天奋斗，至3月31日圆满完成任务，从武汉飞抵厦门。在春暖花开之日，大家终于卸下厚重的"防护服"，平安凯旋！

当听到武汉市民泪洒阳台，齐声高喊："再见了，谢谢白衣天使！"的时候，听到这朴实却又蕴含着真情实感的话语，梁金凤在心里默默地感谢所有队友攻坚克难的精神，感谢所有患者发自内心的支持，感谢自己挺身而出的勇敢，感谢莲花医院众志成城的决心，感谢祖国在危难时刻守护人民的坚强后盾！

# 后记

2020年9月8日上午10时，全国抗击新冠肺炎疫情表彰大会在北京人民大会堂隆重举行。中共中央总书记、国家主席、中央军委主席习近平向国家勋章和国家荣誉称号获得者颁授勋章奖章并发表重要讲话。

国家功臣，国礼待之！

以国之名，致敬抗疫英雄！

这是一场致敬英雄、表彰先进的大会，也是一场总结经验、启示未来的大会。在这场举世瞩目的大会上，习近平总书记首次全面阐述伟大抗疫精神：生命至上、举国同心、舍生忘死、尊重科学、命运与共。

为了讴歌中国共产党强大的政治领导力，讴歌伟大的抗疫精神，讴歌勠力同心的伟大的中国人民，讴歌新时代青年，本书记录和描写了以28名厦门援鄂医护工作人员为代表的抗疫故事，旨在弘扬他们医者仁心的精神，弘扬他们视死如归的精神……这是文艺工作者对医务工作者高尚精神表达的感佩之心，更是对习总书记所阐述的伟大抗疫精神的真切回应。

多年以后翻开本书，若能让我们重新记起在这场没有硝烟的战争中所有作出努力和贡献的人们，若能让我们继续用伟大抗疫精神引领我们的工作和生活，那就是本书的价值所在。

由于篇幅有限，本书无法记全其他274名厦门援鄂医护人员的先进事迹，有遗珠之憾。

感谢为本书创作出版给予支持、帮助的所有单位和个人。